Christina von Braun

Die schamlose Schönheit des Vergangenen

Zum Verhältnis von Geschlecht und Geschichte

verlag neue kritik

CIP-Titelaufnahme der Deutschen Bibliothek

Braun, Christina von:
Die schamlose Schönheit des Vergangenen : zum Verhältnis
von Geschlecht und Geschichte / Christina von Braun. –
Frankfurt am Main : Verlag Neue Kritik, 1989
    ISBN 3-8015-0229-5

© by Verlag Neue Kritik KG Frankfurt 1989
Umschlag unter Verwendung des Gemäldes «schwarze Hand» (1980)
von Friedemann von Stockhausen
Satz und Druck Fuldaer Verlagsanstalt GmbH Fulda

Inhalt

Assimilation

Tu et moi
Tu es moi
Tu hais moi
Tuez-moi!

Vorwort

Die in diesem Band enthaltenen Texte stellen eine Auswahl von Aufsätzen dar, die zwischen 1985 und 1989 entstanden sind und alle um die Thematik »Geschlecht und Geschichte« kreisen. Sie hängen eng mit der Tatsache zusammen, daß ich vor einigen Jahren – nach fast zwei Jahrzehnten im Ausland – wieder in die Bundesrepublik gezogen bin und mich mit Fragen und Eindrücken auseinandersetzen mußte, auf die ich in Deutschland stieß. Es waren Eindrücke, die sowohl die deutsche Geschichte als auch mein Leben als Frau betrafen. Dabei wurde immer deutlicher, wie eng das eine mit dem anderen zusammenhängt. Diese Korrelation ist zu einem der Leitgedanken meiner Arbeit und der Aufsätze in diesem Buch geworden.

Rückblickend fällt mir auf, wieviel in diesen Texten, die eigentlich sehr reale politische Erscheinungen – Nationalsozialismus, Lebensbedingungen von Frauen, Liebeskunst – behandeln, von Literatur und Mythos die Rede ist. Aber eben dies scheint mir auch eines der wichtigsten Phänomene des 20. Jahrhunderts zu sein: War der mythische Hintergrund oder der »Sinn« sozialer Realität einst in der Religion zu suchen, so finden realitätserzeugende Mythen heute eher in Literatur und Film ihren Ausdruck. Das wird besonders deutlich an einem Liebesmythos, auf den ich in diesem Band mehrmals eingehe: dem Mythos der Geschwisterliebe, der seit der Aufklärung in der Literatur aller europäischen Länder eine wichtige Rolle spielt, ganz besonders aber in der deutschsprachigen Literatur, in der er zu *dem* Liebesmythos des späten 19. und der ersten

Hälfte des 20. Jahrhunderts überhaupt wird. In drei der hier abgedruckten Aufsätze wird dieser Topos behandelt – seine Bedeutung für das Verhältnis der Geschlechter sowie die Rolle, die er in der deutschen Geschichte, vor allem im Zusammenhang mit den antisemitischen Rassenlehren, gespielt hat.

Die Aufsätze stellen Vorarbeiten zu einer ausführlicheren Behandlung des Inzestthemas dar, mit dem ich mich zur Zeit – neben meiner Filmarbeit – befasse. Der Topos des Inzests weist eine Vielfalt von Aspekten auf, die alle darauf hindeuten, daß es sich bei diesem literarischen Mythos um eine Art von säkularer Religion, um eine Form von Religionsersatz handelt, der aus eben dieser Funktion auch seinen Einfluß auf die Wirklichkeit bezieht. Wenn sich heute immer mehr Psychoanalytiker, familientherapeutische Einrichtungen und Sozialarbeiter mit dem realen Inzest auseinanderzusetzen haben, mit den Folgen des sexuellen Mißbrauchs von Abhängigen beschäftigen müssen, so erklärt sich das auch mit der Macht, die dieser Liebesmythos auf die Vorstellungswelt des einzelnen – der Täter wie der Opfer – ausübt. Es ist ein Liebesmythos, der eng mit der Verwandlung des Ichbildes zusammenhängt, mit einer wachsenden Furcht vor der Begegnung mit der Andersartigkeit. Liebe, so besagt dieser Mythos, kann nur unter »Gleichen« entstehen. Wer begriffen hat, wie tief die (physischen und seelischen) Narben sind, die der reale Inzest hinterläßt - Narben übrigens, die, wenn auch auf sehr unterschiedliche Weise, von Zerstörungen sowohl bei Opfern wie Tätern zeugen - kann nicht anders als den Zusammenhang erkennen, der zwischen dem sexuellen Mißbrauch und der Destruktivität dieses »Liebesmythos« besteht.

Eine andere Frage, die hier an verschiedenen Stellen behandelt wird, ist untrennbar von der Inzestthematik und dem Verschwinden der Andersartigkeit: die Entstehung eines Frauseins, das sich als Projektion einer phantasierten Weiblichkeit von Männern umschreiben läßt. In der »Refabrikation« von Weiblichkeit, die auf das Verschwinden der Andersartigkeit folgt, ist meines Erachtens eine der Antworten auf die Frage zu suchen, warum in einem Zeitalter, in dem Frauen zunehmend (wenn auch oft widerstrebend) die Möglichkeit zugestanden wird, in Politik und Wirtschaft *ihre* Interessen geltend zu machen, als Schriftstellerinnen, Filmemacherinnen oder Künstlerinnen *ihren* existenziellen Belangen Ausdruck zu verleihen, warum also ausgerechnet in einem Zeitalter, in dem Frauen also zum ersten Mal seit Jahrtausenden Aussicht auf eine vormundsfreie Existenz haben, die depressiven Erkrankungen gerade unter Frauen zunehmen.*

Solche Erscheinungen lassen sich nur in beschränktem Maße mit den Ängsten erklären, die die Freiheit und eine unabhängigere Existenz erwecken. Ausschlaggebender erscheinen mir Faktoren, die mit den neuen Liebes- und Geschlechtermythen zusammenhängen – Mythen, die bei vielen Frauen zu weit mehr als einer Identitätsverunsicherung geführt haben: zu dem Gefühl, nicht zu existieren, das heißt: gerade als Frau, die ihr Selbst behauptet, zu Verkörperung einer Fiktion, zur inkarnierten Projektion geworden zu sein. Diesen Wandel – auch er eine wichtige Erscheinung des ausgehenden 20. Jahrhunderts – in seinem historischen Kontext zu begreifen, war eines meiner Hauptanliegen, während ich an den hier abgedruckten Aufsätzen arbeitete.

Natürlich ist die Anspielung auf Otto Weininger im Untertitel dieses Bandes – »Geschlecht und Geschichte« – beabsichtigt. Mit seinem von weiten Kreisen rezipierten Klassiker *Geschlecht und Charakter* gehört Weininger zu den prominentesten Theoretikern des frühen 20. Jahrhunderts, die neue »Urgesetze« über die Geschlechter verkünden – Gesetze, die erheblich dazu beitrugen, das Bewußtsein von der Geschichtlichkeit *aller* Geschlechtsbilder auszulöschen. Dieses Denken übt – wenn auch mit differenzierteren Bildern, als es zu Anfang des Jahrhunderts der Fall war – noch immer eine große, vielleicht sogar eine wachsende Macht

---

* Vgl. Daniel Widlöcher, Die Depression, Logik eines Leidens – psychoanalytisch, biologisch, historisch, sozial. Aus dem Französischen von Hainer Kober, mit einem Vorwort von Jochen Stork, München 1986, S. 115ff.
  Widlöcher stützt sich auf eine Untersuchung der Weltgesundheitsorganisation. Er weist darauf hin, daß sich die hohe Frequenz von Depressionen bei Frauen nicht wie das allgemein oft geschieht, mit der biologischen Konstitution von Frauen erklären lasse, ebensowenig wie die Krankheit als »Luxuskrankheit« von Menschen, »denen es zu gut geht«, bezeichnet werden könne. »Als wichtigstes Ergebnis ist festzuhalten, daß traumatische Ereignisse eine bessere Erklärung für die Depression liefern als klassische soziodemographische Gesichtspunkte.« (S. 129)
  Tatsächlich bestehe bei keiner anderen psychischen Krankheit so ein enger Bezug zur Wirklichkeit wie bei der Depression. »All diese rückblickenden Studien bestätigen, daß die Depression nicht unabhängig ist von realen Ereignissen, die sich im Verlauf der vorhergehenden Monate ereignet haben und daß diese Abhängigkeit größer ist als bei allen anderen psychischen Krankheiten.« (S. 130f) In den meisten Fällen gehe es um Verlusterfahrungen, zu denen auch und vor allem der Verlust des Ichs oder der Selbstachtung gehöre. Wie erklärt es sich, daß die Selbstachtung von Frauen in einem Zeitalter zurückgeht, das angeblich der Frau ein aktiveres, stärkeres Selbstbild zugesteht? Ich denke, die Antwort ist in der Tatsache zu suchen, daß das Selbstbild, das den Frauen angeboten wird, nicht als *Selbst*bild empfunden wird.

auf die Vorstellungen von den Geschlechtern aus. Umso wichtiger ist es, auf der Geschichtlichkeit der Sexualbilder zu beharren: nicht nur weil dies für das Selbstbild von Frauen wichtig ist, sondern vor allem deshalb, weil die Geschlechtsbilder von entscheidender Bedeutung für den Verlauf von Geschichte gewesen sind. Nicht nur hat jede historische Epoche ein anderes Bild der Geschlechter entwickelt, das Aufschluß über die unbewußten Phantasien dieses Zeitalters zu geben vermag – noch wichtiger erscheint mir die Tatsache, daß sich hinter jedem dieser Geschlechtsbilder eine Triebkraft der Auslöschung von Zeit und Bewußtsein* verbirgt, die ich als den wichtigsten Motor abendländischen Denkens und abendländischen »Fortschritts« bezeichnen möchte. Die Sexualbilder sind nicht nur Abbild sondern auch Triebwerk historischer Entwicklungen gewesen – und ihre Geschichtlichkeit verneinen heißt somit Geschichte überhaupt verwerfen.

Rückblickend ist leicht ersichtlich, wie eng die abendländische Geschichte bis zur Aufklärung mit den Geschlechtermythen zusammenhängt, die der christlichen Religion eingeschrieben sind. Doch die Erkenntnis, daß sich daran auch in der Gegenwart nichts geändert hat, scheint sich sehr viel mühseliger durchzusetzen. Tatsächlich hat sich aber mit dem Säkularisierungsprozeß der Einfluß der Mythen auf die Realität nur verstärkt: Die Mythen wurden irdischer, ihr Zugriff auf die Realität direkter. Aus den christlichen Geschlechtermythen wurden physische, »blutige« Gesetze, die zudem auch oft zu »Naturgesetzen« erklärt wurden. Dieser Zugriff auf die Wirklichkeit mag sogar erklären, weshalb es so schwierig geworden ist, den Mythos, der sich hinter der individuellen oder kollektiven Realität verbirgt, zu erkennen und zu definieren.

In den letzten Jahrzehnten lieferten viele Historiker und Mythenforscher wichtige Beiträge zu einer Betrachtung der Wechselwirkung von Geschlecht und Geschichte. Die entscheidenden Anstöße zu dieser Geschichtsbetrachtung – das sollte einmal gesagt sein – kamen aus der Frauenforschung. Ich denke, das hängt eng mit den Lebensbedingungen von Frauen heute zusammen – vor allem mit der Tatsache, daß sich Frauen immer mehr mit Entwürfen von Weiblichkeit auseinandersetzen müssen, die jede denkbare und mögliche Form ihrer Existenz von vorneherein »besetzen«: Egal, ob der Entwurf »passives« oder »aktives«, abhän-

---

* Ich benutze das Wort »Bewußtsein« hier nicht in seiner psychoanalytischen Bedeutung, sondern im Sinne einer Offenheit für das Elend der Vergänglichkeit und der Unvollständigkeit der beiden Geschlechter.

giges oder selbständiges, öffentliches oder schweigsames Frausein vorsieht* – immer ist die weibliche Andersartigkeit schon umrissen, in fremden Projektionen vorweggenommen und durch diese definiert. Der Raum für die Entwicklung eines Selbstbildes, das nicht schon von Außen definiert wurde, wird zusehens kleiner. So ist es nicht erstaunlich, daß ein Teil der Frauenforschung die Geschichte der Geschlechtsbilder *und* die Geschlechtlichkeit von Geschichte in das Zentrum ihrer Überlegungen gerückt hat: Nur durch Geschichte, durch die Betrachtung historischer Entwicklungen läßt sich ein distanzierter Blick auf die Weiblichkeitsentwürfe, die das Frausein heute bedrängen, gewinnen. Es ist freilich abzusehen, daß eine solche Frauenforschung, die eine distanzierte Sicht der eigenen Realität erfordert, ihrerseits Rückwirkungen auf das Leben, vor allem auf das Liebesleben der einzelnen Frau wie auch auf das Verhältnis der Geschlechter haben wird. Eine unendlich komplizierter werdende Balance zwischen Bejahung der Sexualität und Rückzug aus dem Geschlechtsleben wird die Folge sein. Das ist heute schon spürbar – nicht nur in der Frauenforschung: Die Ausbreitung der Anorexie im 20. Jahrhundert, »Frauenkrankheit« par exellence unseres Zeitalters, ist nur eines der sichtbarsten Symptome dieser Entwicklung. Die Ursache für dieses immer schwieriger werdende Verhältnis der Geschlechter ist (falls das überhaupt betont werden muß) freilich *nicht* in der Frauenbewegung zu suchen. Vielmehr versucht die Frauenforschung auf eine Entwicklung zu reagieren, an deren absehbarem Ende das Verschwinden der Differenz zwischen den Geschlechtern, das Verschwinden der Differenz überhaupt steht.

Mit diesem Verschwinden der Differenz eng verbunden ist eine andere Erscheinung, die hier ebenfalls behandelt wird: die Bedeutung des »Bildes« für unsere Wahrnehmung, für die Verbreitung von Geschlechtermythen, für die Geschichtsschreibung, aus der allmählich eine Geschichtsabbildung wird. Es gibt ein Unbehagen, das mich als Filmemacherin (vor allem bei Dokumentarfilmen) schon seit langem beschäftigt: die Ästhetisierung des Grauens, die Verwandlung von erlebter und erlittener Wirklichkeit in eine Fiktion – und zwar durch das Fixieren des Geschehens auf dem Photo- oder Filmstreifen. Dieser Verlust der »Scham« in der Geschichtsbetrachtung hängt, so denke ich, eng mit den Entwicklungen zusammen, die die Geschlechterrollen betreffen. In dem

---

* Nur die Kombination dieser ganzen Extreme, die dem Eigenbild von Frauen am nächsten käme, kommt in den Entwürfen selten vor.

12

Aufsatz »Die schamlose Schönheit des Vergangenen«, der diesem Band seinen Namen gab, habe ich den Versuch unternommen, die Parallele zu beschreiben, die zwischen dem Verhältnis von Geschichts*schreibung* und Geschichts*abbildung* einerseits und dem Verhältnis der Geschlechter andererseits besteht.

Die Aufsätze enstanden zum Teil als Vorträge, zum Teil als Aufsätze oder Hörfunksendungen. Alle wurden für diesen Band umgeschrieben, zum Teil erheblich, um die Zusammenhänge zwischen den einzelnen Gedankensträngen deutlicher werden zu lassen. Aber auch wenn sich in einigen Fällen der ursprüngliche Entwurf nurmehr wie eine Skizze zu dem hier abgedruckten Aufsatz verhält, sollen doch Ort und Erscheinungsjahr der ersten Fassung aufgeführt werden. Sie sind am Ende des Bandes vermerkt. Ich möchte damit den Personen und Institutionen danken, die mich durch ihre Einladung dazu anregten, die hier vorliegenden Überlegungen zu entwickeln. Mein ganz besonderer Dank gilt Antje Kunstmann, deren scharfsinnige Kritik mich bei der Überarbeitung der Aufsätze begleitete und deren Witz mir weiterhalf, wenn ich mal ins Stocken kam.

Christina von Braun, Juli 1989

Die Heroen der Naturwissenschaft
(Aus Kaulbachs Wandgemälde »Das Zeitalter der Reformation«)

Der Einbruch der Wohnstube in die Fremde

Das 20. Jahrhundert, dessen Ende wir in wenigen Jahren einläuten werden, hat im Geistes- und Gesellschaftsleben große Umwälzungen gebracht – Umwälzungen, von denen die einen den anderen zu widersprechen scheinen. (Ich lasse die Umwälzungen beiseite, die dieses Jahrhundert für die sogenannten Länder der Dritten Welt gebracht hat, denn dort vollzieht sich gleichsam mit Beschleunigung und unter ungeheurer Gewaltanwendung ein ähnlicher Prozeß, wie er in den Industrieländern schon stattgefunden hat.) Zu den paradoxen Neuerungen dieses Jahrhunderts gehören etwa: der Abbau sexueller Kontrollen *und* die Konstituierung des totalitären Staates; der Aufbruch ins Weltall *und* die Errichtung von Konzentrationslagern; die Verbreitung von Verhütungsmitteln *und* die Erfindung des Mutterverdienstkreuzes; die Herstellung von Nahrungsmittelüberschüssen *und* die Ausbildung von neuen Verweigerungsformen wie Hungerstreik und Magersucht, gerade in den Industrieländern.

Schließlich brachte das 20. Jahrhundert auch das allgemeine Wahlrecht *und* die Massenvernichtungsmittel; es gebar zugleich die Psychoanalyse *und* verkündete den Untergang des Ichs. Und noch ein Paradoxon: in keinem Zeitalter ist so viel geschrieben und gedruckt worden wie in diesem; in eben diesem Zeitalter entsteht aber auch das ahistorische Denken, das eigentlich für Kulturen ohne Schrift bezeichnend ist.

Der Einzug des ahistorischen Denkens findet auf vielen Ebenen seinen Niederschlag: in den zahlreichen »Stunden Null«, die in diesem Jahrhundert – besonders in Deutschland – angeblich stattgefunden haben. Doch es zeigt sich auch an der Entstehung von strukturalistischen Erklärungsmustern, durch die die menschliche Gesellschaft oder die Psyche des einzelnen nach gleichsam invarianten Gesetzen erklärt wird. Das Aufkommen dieses ahistorischen Denkens erscheint wie ein Anzeichen dafür, daß sich ein Kreis schließt und das Abendland, dessen Geschichtsschreibung über Jahrtausende (seit der Geburt der Schrift) von einer linearen Zeitauffassung beherrscht wurde, zu einer zyklischen Zeitauffassung zurückkehrt. Mit anderen Worten: Die Geschichte selbst hat zum geschichtslosen Denken geführt.

Daß das ahistorische Denken eine Geschichte hat, soll im folgenden dargestellt werden. Es geht darum, daß eigentlich allen oben genannten Erscheinungen, die auf den ersten Blick nicht unbedingt etwas miteinander zu tun haben, eines gemeinsam ist: das Verschwinden des Fremden, der Untergang der Fremdheit. Es soll gezeigt werden, daß das abendländische Harmonie-Ideal, das im 19. Jahrhundert aufkam und zunehmend unser Denken beherrscht – ein Ideal, das von der Hausmusik bis zum Pazifismus reicht –, das Produkt eines außerordentlich gewalttätigen Domestizierungsprozesses ist.

»Partir c'est mourir un peu«

Die Weisheit dieses bekannten Sprichworts läßt sich auf mehreren Ebenen verstehen. Einerseits bedeutet das Abschiednehmen natürlich die Trennung von vertrauten Personen und der heimatlichen Umgebung. Mit dem »kleinen Tod«, von dem hier die Rede ist, ist der Trennungsschmerz gemeint. Darüber hinaus beinhaltet dieses »partir c'est mourir un peu« aber auch anderes: Es ist das Wagnis, sich dem Fremden, dem Neuen, dem Zufall und der Unberechenbarkeit auszusetzen. Das Wort »Elend« leitet sich von »Ausland« ab. Das Bild der Fremde ist von Furcht besetzt, von der Vorstellung des Identitätsverlustes. Das Ausland erscheint wie die Begegnung mit dem Unbekannten schlechthin, nämlich mit dem Tod, der Auslöschung des Ichs.

Der Mensch des 20. Jahrhunderts kennt diese Angst vor dem Fremden nicht. Für ihn ist das Ausland Ferienparadies, es ist kein »Elend« mehr und schon gar nicht die Begegnung mit dem Tod. Wo er sich auch hinbewegt, ob auf die Gipfel des Himalaya oder in die Tiefen unerforschter Höhlen, immer ist er zu Hause. Sowohl in der Sahara wie in den Anden reist er – metaphorisch zumindest – auf einer bequemen, berechenbaren Straße. Nichts bleibt auf seiner Route dem Zufall überlassen: Der Reisende ist gewappnet gegen Kälte und Krankheit, Durst und Sauerstoffmangel. Selbst wenn er es darauf anlegte, eine Entdeckungsreise zu machen, entkommt er nicht dem Bekannten, denn er bewegt sich auf einem Planeten, der bis in die hintersten Winkel erforscht und kartographiert ist. Die echte Entdeckungsreise zeichnet sich aber gerade dadurch aus, daß der Reisende sein Ziel nicht kennt, daß er glaubt, in Indien angekommen zu sein, wenn er in Wirklichkeit an der amerikanischen Küste vor Anker geht. Der Dschungel hat sich in einen Trimm-dich-Pfad verwandelt; und die Wüste ist ihrer Leere beraubt. Und dieses Phänomen gilt keineswegs nur für diesen Planeten. Als der erste Mann auf dem Mond landete, hatte diese Eroberung nichts gemein mit der Landung eines Christopher Columbus in Amerika. Es waren Berechnungen, präzise Vorausplanungen und Steuerungen, an denen Hunderttausende von Wissenschaftlern jahrelang gearbeitet hatten, die den Astronauten – der auch ein Roboter hätte sein können – auf den Mond verfrachteten: gleichsam als Stückgut. Von einer Begegnung mit dem Fremden, oder mit dem »Elend«, konnte überhaupt nicht die Rede sein; allein deshalb nicht, weil viele Millionen Menschen von ihren Fernsehsesseln aus das Abenteuer verfolgten. Alle Anzeichen sprechen dafür, daß auch die künftige Raumfahrt nach ähnlichem Muster voranschreiten wird und muß: Das Abendland rollt seinen Teppichboden aus ins Weltall, und in diesem entsteht überall eine neue Sitzecke der Wohnstube.

Nicht nur Planet und Weltall unterliegen der abendländischen Kartographie, auch der menschliche Körper: Verschwunden sind seine Rätsel. Mit dem ausgehenden Mittelalter hatte ein Italiener, Mondino, zum ersten Mal öffentlich eine Leiche seziert – die Leiche einer Frau zudem. Ein Sakrileg. Michelet schreibt darüber: »Geheiligte Offenbarung, Entdeckung einer neuen Welt, viel bedeutender als die des Christopher Columbus«[1]. Welches Geheimnis hat heute noch der Körper? Und wenn er eines besitzt, so ist die *Un*kenntnis, nicht die Kenntnis das Sakrileg.

Natürlich kennt auch der Mensch des 20. Jahrhunderts noch Ängste – Angst vor Krebs, Angst vor Aids, Angst vor dem Fliegen –, aber es sind nicht mehr die Ängste vor dem Unbekannten. Es sind die Ängste vor einem Unheil, das er benennen kann, auch wenn es ihm nicht immer gelingt, das Unheil abzuwenden. Für den Menschen des 20. Jahrhunderts, so sagte einmal Philippe Ariès, »ist der Tod ein Skandal«[2]: eine dumme Angewohnheit, die eigentlich schon längst hätte abgeschafft werden sollen.

Und dennoch blickt der Mensch des 20. Jahrhunderts wie gebannt auf Tod und Abenteuer; geradezu süchtig jagt er ihm hinterher mit seinen

Mordwerkzeugen, zitiert er ihn herbei mit seinen Schreibutensilien, Fotoapparaten und Musikinstrumenten. Gebannt folgt er dem Bergsteiger Reinhold Messner bei der Erklimmung der Achttausender. Die Menschen spüren, so sagt Messner selbst, »wie der Sicherheitswahn ihre Lebensgeister lähmt, wie er sie gefangen hält. Deshalb sind sie vom Abenteuer fasziniert wie der Sträfling von der Freiheit«[3]. Aber eben das ist das Widersprüchliche: die Menschen fliehen vor der erstickenden Domestizierung, indem sie – gleichsam als Feriensport – den Himalaya oder einen Gletscher domestizieren. Der Tod, das Fremde, sind zum Objekt der Nostalgie geworden, zur Insel Utopia in einem Meer, das eigentlich kein Nirgendwo mehr bergen kann. Aus »Elend« wurde Literatur und Nervenkitzel. Die Kunst sucht die »Begegnung« mit dem Anderen – und ist doch schließlich nur sein Fabrikant.

Diese Entwicklung wird meistens mit den Errungenschaften der Technik erklärt. Ich denke, es ist andersherum. Die Errungenschaften der Technik waren nur die Instrumente einer historischen Entwicklung, die immer bessere Transportmittel erforderte: einer historischen Entwicklung, an deren Anfang die Geburt des homo viator und an deren Ende der Ohrensessel stand. Um diesen Prozeß darzustellen genügt es, der Reiseroute zu folgen, die das utopische Denken im Abendland zurückgelegt hat. Denn die Erkenntnis, daß der homo viator aus dem Nirgendwo, aus Utopia stammt, macht überhaupt erst begreiflich, weshalb er auch im Nirgendwo enden mußte.

Die Geburt des Handlungsreisenden

Der Beginn des utopischen Denkens liegt bezeichnenderweise ebenso weit zurück, wie die historische Erinnerung des abendländischen Menschen reicht: bis zur Geburt der Schrift. Bezeichnenderweise deshalb, weil das Denken in Kategorien von Vergangenheit und Geschichte untrennbar ist vom Denken in künftigen Möglichkeiten. Mit der Geburt der Schrift – mit den Symbolen, die Worte und Gedanken verewigen und gleichsam unbeweglich machen·konnten – begann sich Geschichte in Bewegung zu setzen. Zeit wurde zum ersten Mal als fortlaufend, sich nicht wiederholend begriffen. Hatte bis hierher eine zyklische Zeitvorstellung vorgeherrscht, das heißt eine Zeitvorstellung, in der Ewigkeit ewige Wiederkehr bedeutete, so entstand nunmehr ein Zeitdenken, das den permanenten Fortschritt beinhaltete. Mit dem Fortschritt kam aber auch die Vorstellung in die Welt, daß Wirklichkeit veränderbar sei und verändert werden müsse, um an ein Ziel zu gelangen oder Erfüllung zu finden. So entstand zum ersten Mal die Vorstellung, daß es eine Realität geben könnte, die sich über Sterblichkeit und Vergänglichkeit hinwegzusetzen vermag, die sich also nicht in der konkreten, sichtbaren Welt ansiedelt.

Das deutlichste Zeichen für diese neue Vorstellungswelt war die Geburt des Monotheismus – des Glaubens an einen unsichtbaren Gott, der allen »Religionen des Buches« – Judentum, Christentum und Islam – eigen ist. Der Monotheismus, der seinen Gott im Nirgendwo ansiedelt – statt in der Sonne, dem Mond, dem Gewitter und anderen Naturerscheinungen, wie die Religionen der Vorzeit es taten – der Monotheismus also stellt die Urform des utopischen Denkens dar. Auch die späteren nichtreligiösen Utopien (eines Platon oder Morus zum Beispiel) werden sich von dieser Vorstellung ableiten, daß die Wahrheit und die bessere Welt im Unsichtbaren, im Nirgendwo zu suchen seien und daß es genüge, von der Realität weit genug fortzureisen, um diese bessere Welt zu finden. Hier wird also schon ersichtlich, warum der homo viator – der Handlungsreisende in Sachen »Elend« – ausgerechnet im utopischen Denken seine Wurzeln haben soll. Denn wo auch immer das Nirgendwo angesiedelt wurde – ob im Reich Gottes oder auf der Insel Utopia –, immer waren diese Entwürfe zugleich mit der Hoffnung verbunden, daß der Mensch eines Tages dort anlangen werde. Sei es nach dem Tode, wie im Fall der Religion, oder in der Zukunft, wie im Fall der gesellschaftlichen Utopien. Daß die christliche Gesellschaft diese hoffnungsreiche Zukunft *nach* dem Tode suchte, wirft natürlich auch ein besonderes Licht auf dieses »partir c'est mourir un peu«. Abreisen heißt nicht nur das »Elend« erleiden, sondern auch in der eigentlichen Heimat ankommen. Die Fremde erlebt schon ihre erste Domestizierung, wird sie doch zum Ort der Verheißung, zum Ziel aller Sehnsüchte nach einer Rückkehr ins Paradies.

Mit der Geburt der Schrift beginnt der Mensch einem Ziel, einem Ort, einem Reich entgegenzuleben, die er zwar im Unfaßbaren ansiedelt, aber dennoch sehr präzise zu beschreiben weiß. Das gilt, was die Religionen betrifft, vor allem für das Christentum, das – verglichen mit Judentum und Islam – seine Vorstellungen vom Jenseits besonders deutlich beschrieben hat. Diese präzise Vorstellung vom Reich Gottes erklärt einerseits den ungeheuren missionarischen Drang, den das Christentum entwickelt hat – mehr als irgendeine andere Religion der Welt zog es aus, sein Utopia den anderen Völkern näherzubringen oder gewaltsam aufzuzwingen. Sie erklärt andererseits aber auch die Anziehungskraft, die es ausübte. »Tod, wo ist dein Stachel?« sagten die Christen. Oder: »Ausland, wo ist dein Elend?« Das Christentum erschien wie das Versprechen von einem Ende aller Ängste, jeglicher Entfremdung und der Erfahrung des Unheimlichen. Eben deshalb verbreitete es aber auch Angst und Schrecken.

Das utopische Denken und mit ihm die lineare Zeitvorstellung erwiesen sich als Motoren einer Entwicklung, deren Subjekt und Objekt zugleich der abendländische Mensch war. Um genau zu sein: Vor allem dem Mann wurde in diesem Denken und in dieser Zeitvorstellung die Rolle eines Subjekts von Geschichte zugewiesen, der Frau jedoch die eines Objekts. Ihr wurde die Rolle zugewiesen, eine angeblich »geistlose« Materie zu inkarnieren. An ihrem Körper, stellvertretend für den Körper überhaupt, an ihren Sinnen, stellvertretend für die Triebe, vollzog sich der Kampf gegen Natur und Wirklichkeit. Aus ungeschichtlicher Materie und Natur wurde der Stoff historischen Wandels. Später sollte sich freilich zeigen, wie sehr auch der Mann zum Objekt einer historischen Entwicklung geworden war, als deren Subjekt er sich zu begreifen gelernt hatte. Wenn ich heute einen der wenigen noch bestehenden ideellen Unterschiede zwischen den Geschlechtern benennen sollte, so den, daß noch mehr Männer als Frauen mit der Illusion leben, Subjekt von Geschichte zu sein.

Mit dem Beginn der utopischen Reise befindet sich der Mensch auf einem Boot, auf dem er also zugleich Steuermann und blinder Passagier ist. Steuermann ist er deshalb, weil sich die Reiseroute in seinem Kopf – seinem Denken, seiner Sprache – entwickelt; blinder Passagier ist er aber auch deshalb, weil er als einzelner nicht den geringsten Einfluß auf den Verlauf des Geschehens zu nehmen vermag. Als einzelner kann er nur hoffen, nicht über Bord zu gehen bei den Stürmen, die diese Reise begleiten.

Diese Reise beginnt mit der griechischen Klassik irdische Züge anzunehmen, das heißt von der religiösen Ebene auf die der sozialen Ideen überzugehen – eine Entwicklung, die das Christentum seinerseits wieder aufgreifen und auf die religiöse Ebene zurückübertragen wird.

In der griechischen Klassik entsteht die erste, auf das irdische Leben bezogene Utopie, nämlich Platons »Staat«. Es ist bekanntlich der Entwurf für eine ideale Gesellschaft. Platon macht sich keine Illusionen darüber, daß dieser Entwurf nicht realisierbar sei. Es ist für ihn ein Gedankenspiel. Aber hinter diesem Gedankenspiel steht doch immerhin die Vorstellung, daß der Mensch eine andere Realität, wenn nicht zu schaffen, so zumindest zu denken vermag. Was sich mit Platon vollzieht, ist gleichsam das Lichten des utopischen Ankers im Diesseits, aus irdischer Sicht. Man nimmt Abschied von der bestehenden Wirklichkeit, entfernt sich von den Ufern der bekannten Welt, aber doch immerhin noch mit rückwärts gerichtetem Blick, gleichsam um sich zu vergewissern, daß der Abstand vom Festland immer größer wird.

Warum dieser Wandel gerade in der griechischen Klassik stattfinden muß, ist nicht schwer zu verstehen. In der griechischen Klassik hat sich endgültig das Alphabet durchgesetzt. Waren die ersten Schriftzeichen noch Piktogramme, so hatte sich im Laufe der Zeit allmählich eine Schriftform entwickelt, die die geschriebene Sprache in phonetische Zeichen zerlegte. Es entstand eine Schrift, die sich zunehmend von jeglicher Bildhaftigkeit löste und die gegen Ende des 5. Jahrhunderts vor Christus ihre erste Vollendung erreichte. Mit dem jüngeren ionischen Alphabet wurde in Athen eine Schrift zur amtlichen Schriftsprache erhoben, die aus rein abstrakten, phonetischen Zeichen bestand. Mit dieser Entwicklung nahm aber auch die Fähigkeit – ich möchte sagen: die Lust – zu, in abstrakten Kategorien zu denken, in Kategorien, die, wie bei Platon, das Sichtbare in Frage zu stellen suchen.

Ich möchte im folgenden gar nicht auf die Einzelheiten der utopischen Modelle eingehen, die Platon und später andere Utopisten entworfen haben. Ich möchte nur – hier natürlich den Prozeß verkürzend – darauf hinweisen, daß sich im Verlauf der Entwicklung, die auf diesen Beginn folgen sollte, die Utopie immer mehr auf ihre Verwirklichung zubewegte. Der Motor, der durch die Geburt der Schrift in Gang gesetzt worden war, das lineare Denken, trieb den Menschen nicht nur fort vom sinnlich Wahrnehmbaren – unter anderem auch der Erkenntnis seiner eigenen Sterblichkeit –, er trieb ihn auch hin zur Verwirklichung der Utopie. Die utopischen Modelle forderten geradezu, realisiert zu werden; und eben dies – die Verwirklichung – wurde auch zum Ziel der linearen Zeitvorstellung, zum Treffpunkt, an dem Geschichte ihre Erfüllung finden sollte. Das ist nicht nur abstrakt gemeint, sondern läßt sich auch konkret an einigen Beispielen darstellen. In irgendeiner Form fand fast jedes utopische Modell, fast jeder Entwurf fürs Nirgendwo im 20. Jahrhundert seine Verwirklichung. Natürlich sah die Realisation des Modells immer etwas anders aus, als sein Erfinder es erträumt hatte. Vor allem war jeder von ihnen der ehrlichen Überzeugung, daß die Menschheit in ihrem Utopia das Glück finden werde, was auf die verwirklichten Utopien wahrlich nur selten zutrifft.

Um mit einigen Beispielen zu illustrieren, wie die Utopien im 20. Jahrhundert Wirklichkeit wurden: Die meisten utopischen Entwürfe sind auf Inseln, in Festungen oder an sonstigen Orten angesiedelt, die die ideale Gesellschaft vom Rest der Welt abschneiden. Diese Isolation des utopischen Reichs fand mit der Entstehung des totalitären Staates im 20. Jahrhundert seine Verwirklichung. Anderes Beispiel: Im *Gottesstaat* entwickelt Augustinus die Vorstellung, daß die menschliche Reproduktion und mit ihr die »Geschlechtswerkzeuge« dem Willen und der Berechenbarkeit unterworfen seien: Zwar sei der Mann im *Gottesstaat* zur Zeugung fähig, doch die Erektion resultiere nicht aus »beschämender Wollust«, sondern weil das Glied, wie auch andere Glieder des menschlichen Körpers dem Willen unterworfen sei[4]. Dieser Wunschtraum steht mit der Gentechnologie kurz vor seiner Verwirklichung, wenn er nicht schon von der Wirklichkeit selbst eingeholt wurde. Auch wird niemand bestreiten können, daß die realen »Geschlechtswerkzeuge« dank Pornographie und Peep-Show – aber auch dank der Sexualwissenschaften – wie ein Abbild dieser mechanisierten Zeugungsorgane erscheinen, von denen der Kirchenvater geschrieben hat. Freilich: Während Augustinus von einer Unterwerfung des Sexualtriebs unter den eigenen Willen geträumt hat, stellen Pornographie und Peep-Show Werkzeuge zur Beherrschung der Lust der anderen dar. Auch Platons Vorstellung, daß nur die »Besten« im Staat das Recht haben sollten, Nachkommenschaft zu zeugen[5], erfuhr im 20. Jahrhundert – mit den nationalsozialistischen Rassengesetzen und Einrichtungen wie der »Aktion Lebensborn« – ihre Erfüllung[6].

Nicht anders sieht es mit den Wissenschaftsutopien der Renaissance aus. Auf der von Francis Bacon entworfenen Insel *Atlantis* verfügen die Weisen über Mittel, mit denen sich die Natur manipulieren läßt, mit denen sich die Tiere vergrößern und die Pflanzen ertragreicher gestalten lassen. Die Weisen beherrschen die Kunst des Fliegens, sie verfügen über schnelle Verkehrs- und Fernmeldeeinrichtungen. Bacons Schrift erschien 1630. Er phantasierte, als er solche Möglichkeiten beschrieb. Wir aber können uns eine Welt ohne diese menschlichen Kunstfertigkeiten überhaupt nicht mehr vorstellen.

Diese wenigen Beispiele mögen verdeutlichen, wie konkret der historische Prozeß einer Verwirklichung der Utopie tatsächlich gewesen ist. Es entstand eine neue, vom reinen Geist, aus dem abstrakten Denken

Scheffer: Augustinus und Monika (seine Mutter)

»Und da wir in Sehnsucht davon sprachen,
berührten wir es leise, das Ewige...«

erschaffene Wirklichkeit. Der Geist formte Kontinente »nach seinem Ebenbild«. Amerika und Australien, so wie wir sie heute kennen, entstanden aus dem Geist der Utopie. Sogar der alchimistische Traum, in der Retorte – aus dem Nichts – Gold zu fabrizieren, wurde auf wundersame Weise durch die Erfindung des Papiergeldes Wirklichkeit.

Arriver c'est tuer un peu

Natürlich sind Amerika und Australien nicht aus dem Nichts entstanden: Das Nichts mußte erst einmal fabriziert werden. In diesem Zusammenhang ist es nicht unwichtig, auf den etymologischen Ursprung des Wortes »reisen« hinzuweisen: Das Wort »reisen« stammt vom althochdeutschen Wort »risan« ab, was soviel bedeutet wie »aufstehen« (wobei der Begriff »auferstehen« unzweifelhaft auch in diesen Sinnzusammenhang gehört). Es bedeutet auch »sich erheben« und »aufbrechen zu kriegerischer Unternehmung«. Im englischen Wort »uprising«, dem Aufstand, ist dieser Wortursprung noch deutlich gegenwärtig. Das Reisen leitet sich also von einem Begriff ab, der klar die Konnotation »Krieg«, »Feldzug«, »Eroberung« mit sich führt. Der Begriff bezeichnet den Aufbruch zu neuen Ufern. Aber er besagt auch deutlich, daß dies nicht in friedlicher Absicht geschieht. Man »reist« nicht ab, pour mourir un peu, um sich dem Fremden auszuliefern, sondern mit diesem Reisen ist eher die Absicht verbunden, das Fremde zu unterwerfen. Man zieht aus, das »Elend« zu erobern – oder genauer gesagt: auszulöschen. Und das Ausland löscht man bekanntlich aus, indem man es in Inland verwandelt. »In den Schoß der Kirche aufnehmen«, nannten das die Christen. Die Nationalsozialisten sprachen vom »Heimholen ins Reich«. In beiden Fällen ging es um die Erweiterung der Wohnstube, des »Lebensraumes« des abendländischen Menschen.
Tatsächlich waren die Kreuzzüge und die mit ihnen verbundenen Kriege im Mittelalter der wichtigste Motor des Reisens. Auch aus der Folgezeit, aus der Renaissance, dem 16. Jahrhundert wissen wir, daß missionarische Tätigkeit zum Vorreiter der Eroberungen wurde. Die conquistadores selbst leiteten aus der Verbreitung der christlichen Botschaft das Recht ab, fremde Völker und Gesellschaften zu unterwerfen oder gänzlich auszurotten. Später trat der Handel an die Stelle dieser »Missionstätigkeit«. Mit welcher Gewalt gerade der Handel in die Ökonomie und die Selbständigkeit fremder Länder eingreift, wie sehr das Abendland gerade mit

wirtschaftlichen Mitteln die Domestizierung (und das Ausbluten) der Fremde betreibt, läßt sich weiterhin in Südamerika oder in Schwarz-Afrika erkennen.

So trat an die Stelle des »partir c'est mourir un peu« allmählich das »arriver c'est tuer beaucoup«. Das ist einerseits ganz konkret zu sehen – betrachtet man die Zerstörungen, die die Eroberungen in den Kolonien angerichtet haben, und der Tourismus noch heute in vielen Ländern anrichtet. Aber der Satz gilt auch auf einer zweiten, nicht so direkt ersichtlichen Ebene. Ich möchte diese zweite Bedeutung etwa folgendermaßen umschreiben: Wenn das Fremde, das Neue und Unbekannte eine Ahnung vom Tod vermittelt, so genügt es, das Fremde auszulöschen, um auch diesem »Elend« – oder zumindest dem Wissen um die eigene Sterblichkeit – den Garaus zu bereiten. Das Fremde oder die Fremde wird der Vernichtung also gewissermaßen stellvertretend für den Tod ausgeliefert. Dies, mehr noch als die Gier nach neuen Pfründen und Bodenschätzen, scheint mir die eigentliche Triebkraft gewesen zu sein, die die conquistadores in die Ferne trieb und die christlich-abendländische Gesellschaft zur weitaus eroberungsfreudigsten der Welt machte. Der Sieg über den Tod war die große Essenz der christlichen Botschaft – und wollte diese Botschaft ihre Gültigkeit beweisen, so mußte sie auch den kleinen Tod besiegen, die Fremde als das Fremde auslöschen.

Der Vorgang bezog sich natürlich nicht nur auf die Ferne. Er galt auch dem Fremden in der eigenen Heimat, dem Fremdkörper sozusagen, der die Wohnstube um ihre Behaglichkeit brachte. Das utopische Denken begann sich der Natur zu bemächtigen. Von Platons Idealstaat habe ich schon gesprochen. Nichts anderes drücken die Renaissance-Phantasien eines Francis Bacon aus: Unterwerfung der Natur, Beherrschung und Gefügigmachung der Schöpfung. Diese Unterwerfungsphantasien haben in den abendländischen Ländern keine geringere Gewalt erzeugt als in den Kolonien; und die Gewalt tobte sich besonders am menschlichen Körper aus, vor allem bei der Verfolgung der Geschlechtlichkeit. Denn von allen Erfahrungen der conditio humana vermittelt die Geschlechtlichkeit – die Begegnung mit dem Anderen schlechthin – am deutlichsten das Erlebnis der »Entfremdung«, des Selbstverlustes, eine Ahnung vom Tod. Wollte man den Tod besiegen, mußte also auch der Sexualtrieb domestiziert werden. So gingen die »Eroberer« zu Hause nicht minder grausam vor als die conquistadores gegen die Indios.

Francis Bacon zum Beispiel, fortschrittsgläubiger Generalstaatsanwalt unter James I., war eifriger Befürworter der Hexenprozesse und der Folter. Nicht etwa, weil er an Hexen und Zauberei glaubte – im Gegensatz zu seinem König, der eine Abhandlung über Satanismus schrieb[7] –, Bacon wollte etwas anderes: Er wollte der Natur ihre Geheimnisse entreißen, ihre Fremdheit in Manipulierbarkeit verwandeln. Und das mit aller Gewalt. Die Natur, so sagte er, solle auf die Folter gespannt werden, man solle sie »nach der Art eines Verhörs untersuchen«, »sie verfolgen, gleichsam mit Jagdhunden hetzen«[8]. Die Frau aber, »die Hexe«, wurde als Verkörperung dieser Macht betrachtet, die es zu erobern, um ihr Geheimnis zu erleichtern galt. »Ihr Name ist Tod«, heißt es im *Hexenhammer* von der Frau. Sollte die Sterblichkeit besiegt werden, so mußte laut dieser Logik der Körper der Frau dran glauben. Das bedeutet natürlich *nicht*, daß die Frau die Verkörperung der Natur, der Sinne oder der Fleischeslust *war*, wie viele – auch gerade viele Anhängerinnen eines Natur- oder Mutterkultes – heute glauben. Die Frau war vielmehr Projektionsfläche für alle Vorstellungen von Natur, von Sinnlichkeit und Unberechenbarkeit. An ihrem Körper – zugleich symbolisch und real – wurde stellvertretend die mythische Ausrottung der Libido praktiziert, bis sich dieser Mythos schließlich in physische Realität verwandelte. Wie sehr aber diese physische Realität noch immer Mythos war, läßt sich an den seltsamen Theorien über die weibliche Libido aufzeigen, die gegen Ende des 19. Jahrhunderts auftauchen – und zwar nur in dieser Zeit und ausschließlich in den Industrieländern –, Theorien, laut denen sich die »normale« Frau durch einen Mangel an Libido auszeichne. Keine hundert Jahre zuvor waren Frauen noch wegen der »Unersättlichkeit ihrer fleischlichen Begierde« auf dem Scheiterhaufen verbrannt worden. Nun galt auf einmal die fleischliche Begierde als dem weiblichen Körper wesensfremd. Der Mythos hatte ihn in eine Wohnstube der Behaglichkeit und Harmlosigkeit verwandelt[9].

Eine ähnliche Entwicklung vollzog sich auch im Verhältnis zur Natur. Mit dem Industriezeitalter hatte der abendländische Mensch die Angst vor den Naturmächten verloren. Während Luther noch anläßlich eines Gewitters, in dem er um sein Leben bangte, das Gelübde ablegte, Mönch zu werden, ist für uns das Gewitter zu einem Naturschauspiel geworden, das wir – bestenfalls mit lustvollem Gruseln – aus unserem Faradayschen Käfig beobachten. Das Auto hat das Kloster ersetzt. Natur ist zum Ferienparadies verkommen; sie dient als Bühnenbild, als Dekor, hinter dem die Betonmauern oder Müllhalden zum Verschwinden gebracht werden und der den modernen Städten den Anschein verleihen soll, organisch gewachsen zu sein.

Bei dieser Entwicklung spielte wiederum die Schrift eine wichtige Rolle. Der *Hexenhammer* gehörte zu den ersten Schriften, die bei ihrer raschen Verbreitung über Europa von der neu entdeckten Buchdruckkunst profitierten – früher noch und weitgehender als Luthers Bibelübersetzung, die ihrerseits freilich Entscheidendes zur Zentralisierung der deutschen Sprache beitrug, zur Einbindung der »gemeinen« Sprache in das Korsett des abstrakten Denkens. Denn eben das beinhaltete die Zentralisierung der Sprachen: die Unterwerfung des gesprochenen Wortes, die Ausmerzung der regionalen Eigentümlichkeiten – kurz die Abschaffung des europäischen Chaos, die eines Tages das nationale Denken und in seiner Nachfolge den Nationalstaat hervorbringen sollte.

Noch ein weiterer Faktor war von entscheidender Bedeutung bei der Domestizierung des abendländischen Menschen. Durch die Uhr, dieses Werkzeug des linearen Zeitdenkens schlechthin, hielt eine neue Ordnung ihren Einzug in Europa; und nicht durch Zufall ging diese Ordnung von den Klöstern aus. Mit ihren strengen Zeitabläufen, ihren festgelegten Tagesabschnitten, die sich auch bald mit Hilfe mechanischer Uhrwerke von den wechselnden Tageslängen der Sonne völlig unabhängig machen konnten, bestimmten die Klöster nicht nur das Leben der Mönche, sondern allmählich auch das der umliegenden Dörfer. Nicht Hunger und Müdigkeit, sondern der Glockenschlag der Klosterkirche bestimmte zunehmend die physischen Bedürfnisse der Menschen[10].

Mit der Entdeckung der Uhr fand die eigentliche Ablösung des zyklischen Zeitdenkens durch das lineare Zeitdenken statt. Im Individuum tobte der Konflikt zwischen den beiden Zeitvorstellungen noch bis in die Renaissance. Die Veitstänze, bei denen – meistens an den Tagen der Sonnenwende, die für die zyklische Zeitvorstellung von Bedeutung gewesen waren – große Menschenmengen auf die Straße gingen, um den Körper in wilden Verrenkungen toben zu lassen: diesen Körper, der allmählich in ein neues Triebkorsett geschnürt werden sollte –, die Veitstänze also sind eines von vielen Symptomen für den Vorgang der Domestizierung und für die – freilich ohnmächtige – Auflehnung der Menschen dagegen. Ein anderes ist der Mythos der Ahasveros, der im Spätmittelalter und der frühen Renaissance plötzlich erheblich an Bedeutung gewinnt und der sich wie ein Spiegelbild des Konfliktes zwischen zyklischer Zeit und linearer Zeit ausnimmt. Im Bild des Ahasveros, der läuft und läuft und dennoch zu keinem Ziel gelangt, drückt sich das christliche Denken über die zyklische Zeit aus. Ziellosigkeit, Geschichtslosigkeit, Absurdität besagt dieses Bild – und es besagt auch: dies ist die Zeitvorstellung eines Fremden, des Fremdkörpers, für den in unserer Wohnstube keine Bleibe sein kann[11].

Der Untergang des utopischen Denkens

Das utopische Denken strebt also der eigenen Realisierung entgegen, und eben die wird das utopische Denken eines Tages überflüssig machen. Das Denken überhaupt wird obsolet. Dieser Umbruch findet ganz allmählich statt und wird im Verlauf des 19. Jahrhunderts deutlich sichtbar. Er zeigt sich an zahlreichen Symptomen: vor allem daran, daß keine Utopien mehr entworfen werden oder höchstens solche, die Schreckensvisionen von der Zukunft enthalten. Jules Verne ist einer der letzten zukunftsoptimistischen Autoren; bei den anderen breitet sich ein Pessimismus aus, der in den Schriften von Aldous Huxley oder George Orwell seinen bekanntesten Niederschlag finden wird. Das utopische Denken hat sich durch die Wirklichkeit, die es schuf – die Verwandlung der Welt in eine Wohnstube – gewissermaßen selbst ins Abseits gedrängt.

Das utopische Denken wird Erklärungsmuster entwickeln, laut denen die Andersartigkeit – jede Form von Andersartigkeit – den Gesetzen der Wohnstube unterworfen ist, und damit letztlich die Existenz des Fremden überhaupt verleugnen. Das zeigt sich an vielen Symptomen: zum Beispiel den Theorien über die weibliche Frigidität, auf die ich schon hinwies und mit denen der weibliche Körper, die Sexualität überhaupt, ihre Bedrohlichkeit verloren zu haben scheinen. Es zeigt sich auch an der Entstehung von politischen Bewegungen wie etwa dem Pazifismus, der gegen Ende des 18. Jahrhunderts als Staatsphilosophie auftaucht und sich ab Mitte des 19. Jahrhunderts politisch zu organisieren beginnt. Bis Ende des 18. Jahrhunderts galt der ewige Friede als eine Utopie, die höchstens im Jenseits ihre Erfüllung finden könnte. Mit Kant jedoch, der als einer der ersten den Frieden für politisch realisierbar hält, setzt sich allmählich die Vorstellung durch, daß die Welt pazifizierbar oder gar pazifiziert sei. Kants Schrift *Zum Ewigen Frieden* erschien 1795[12]. Wenige Jahre zuvor war es den Brüdern Montgolfier gelungen, den ältesten Menschheitstraum zu verwirklichen: zu fliegen. Nichts hat zur Vorstellung einer Domestizierung der Erde soviel beigetragen wie die Entstehung der Luftfahrt, die der Erde die Bedrohlichkeit einer Puppenstube verlieh. Natürlich war der Pazifismus nur eines von vielen Symptomen, an denen sich darstellen läßt, wie berechenbar für die Menschheit die

Natur – und mit ihr der Mensch selbst – geworden war; wie wenig in dieser Phantasie noch Raum für das Unbekannte, die Fremde, das »mourir un peu«[13] war.

Diese Entwicklung blieb nicht ohne Rückwirkungen auf das utopische Denken. Es versuchte, sich neue Betätigungsfelder zu erschließen; es hielt Ausschau nach neuen Unbekannten, die seinem Eroberungsdrang bisher entgangen sein könnten. So entstanden die Sozialwissenschaften, und mit ihnen die Psychoanalyse, Ethnologie, Anthropologie und – last not least – ein neues brennendes Interesse an der Vergangenheit. Denn während das utopische Denken bisher darum bemüht war, Realität zu schaffen, so setzte es nunmehr dazu an, Realität neu zu interpretieren. Im Sinne der Wohnstube. Im Sinne eines universalen Gesetzes, einer wissenschaftlich erwiesenen Wahrheit, die die Andersartigkeit verleugnet. In der Psychoanalyse zum Beispiel verkündet Freud, daß es nur einen einzigen Sexualtrieb gebe und »die Zusammenstellung ›weibliche Libido‹ [...] jede Rechtfertigung vermissen« lasse[14]. Der Strukturalist Claude Lévi-Strauss untersucht und bemißt das »wilde Denken« der Gesellschaften ohne Schrift nach Denkmustern und Gesetzen, die im Abendland entstanden sind. In allen Gesellschaften, so sagt er etwa, sind die Frauen Objekte eines Tauschhandels unter Männern: Sie seien die »Botschaft, die Männer untereinander tauschen«, »Nachricht«[15] – aber niemals sprechendes Individuum, niemals Subjekt eines Dialogs zwischen den Geschlechtern.

Die Sozialwissenschaften – und ich möchte die Behauptung aufstellen, daß dies der Hauptgrund für ihre Entstehung im Industriezeitalter ist (auch wenn sich viele Sozialwissenschaftler dieser Problematik durchaus bewußt sind) – die Sozial- und Humanwissenschaften also werden zum wichtigsten Instrument eines Vorgangs, bei dem das »arriver c'est tuer beaucoup« seine Vollendung findet. Sie dienen dazu, die Wohnstubenideologie zum Maßstab von jeglicher sozialen Wirklichkeit zu machen. Durch diesen Maßstab, der zumeist schon in der Fragestellung der Ethnologen, Soziologen oder Psychologen angelegt ist und auch in der Betrachtung der Vergangenheit durch Historiker zum Ausdruck kommt, liefern die Sozialwissenschaften den Beweis dafür, daß die Welt eigentlich schon immer wie eine Wohnstube ausgesehen habe, daß die Urgesetze der Natur, des »wilden Denkens«, des Sexualtriebs identisch seien mit denen, welche aus dem utopischen Denken *hervor*gegangen sind. Bei diesem Vorgang wird die Fremde nicht nur ausgelöscht, sondern sogar ihrer Existenz in der Vergangenheit oder außerhalb des Abendlandes beraubt.

Dahinter steht letztlich die Vorstellung: Wir haben das »Elend« oder den Tod nicht überwunden; sie haben schlicht und einfach nie existiert.

Die Fabrikation der Fremde

Aber der Tod ist nicht verschwunden, wird man einwenden. Man braucht nur der Kriege in diesem Jahrhundert zu gedenken, der Gaskammern. Auch die Fremde ist nicht verschwunden, die Sexualität, die Begegnung mit dem Anderen feiert rauschende Feste, lustvolle Orgien. Gewiß – und dennoch verbirgt sich hinter diesen Phänomenen und Einrichtungen nur ein neuer und weiterer Schritt bei der Verwandlung der Welt in eine Wohnstube: ein Vorgang, den ich mit den Worten »Die Fabrikation des Fremden« oder die »Erfindung der Andersartigkeit« umschreiben möchte.

Die Idee einer Fabrikation des Fremden ist älter als die Romantik, aber sie findet ihren ersten deutlichen Ausdruck in dieser Zeit. Mit der Romantik ist plötzlich das Fremde, die Nacht und das Unbewußte in aller Munde. Novalis' *Blaue Blume* wird zu *dem* Sinnbild dieses Fernwehs, das im übrigen auch konkrete Formen anzunehmen beginnt. Besonders unter den Schriftstellern und Künstlern. Bis in die hintersten Winkel der Erde stoßen sie vor – angeblich, um noch einmal dem Fremden zu begegnen, in Wirklichkeit aber, um die Andersartigkeit zu erdichten. Die deutschen Romantiker »erfinden« unter anderem Italien[16], Mendelssohn-Bartholdy »komponiert« die Hebriden, Robert Louis Stevenson erdichtet die abenteuerlichen Cevennen, bevor er sich mit der *Schatzinsel* der »wirklichen Erfindung« hingibt. Prosper Mérimée aber fabriziert mit seiner *Carmen* die neue Frau, das »Rätsel«: diesen »dunklen Kontinent«, den Freud wiederum zur letzten und unergründlichen Wirklichkeit des Weibes erklären wird [17]. Bizet verleiht ihr die Leidenschaftlichkeit, den Anspruch auf Andersartigkeit, der einer »echten Frau« gebührt.

Auf der anderen Seite »erfindet« Novalis aber auch den Tod. In seinen *Hymnen an die Nacht*, in seinen philosophischen Schriften wird die Krankheit, wird der Tod der Geliebten, werden das Dunkel und das »mourir beaucoup« feierlich, ja genüßlich zelebriert. Gleichsam als die Heimat, in der Dichtung, Geschichte und das Leben selbst ihre Erfüllung finden. Es breitet sich eine Todessucht aus, für die auch Goethes *Werther* reichlich Stoff geliefert hatte. Eine Todessucht, die keineswegs

Zwei Familien
(Nach dem Ölgemälde vom Max Weese)

nur als metaphorisch zu verstehen ist; die vielmehr begreiflich macht, warum der Tod, warum die Andersartigkeit gegen Ende des 19. Jahrhunderts auf so konkrete, auf so übermächtige Weise ihren Einzug halten werden. Mit dem Ende des 18. Jahrhunderts – als die Montgolfiers ihren Ballon erfolgreich gestartet hatten und Kant den Moment gekommen sah, die Erde in eine zivilisierte Wohnstube zu verwandeln – mit eben diesem Zeitalter beginnt sich eine Sehnsucht nach der Fremde auszubreiten, die ihrerseits die Fremde – das »mourir beaucoup« – produzieren wird.

Die Wende stellt sich dar als der Beginn einer »Reise nach innen«, in die dunklen Bergwerke des Unbewußten. Einer Reise, zu der Novalis als einer der ersten antritt. Man hofft, dort im Dunkel noch einmal dem Fremden zu begegnen. Aber ist es nicht seltsam, daß eine solche Reise ins Dunkel in eben jenem historischen Moment unternommen wird, in dem Galvani den Strom entdeckt? Muß es nicht stutzig machen, daß Novalis seine *Hymnen an die Nacht* verfaßt, kurz bevor die Glühlampe die Gespenster der Dunkelheit verscheucht? »Die Romantiker«, so schreibt ein Novalis-Forscher, »sind die Entdecker der Entfremdung des

Menschen von dem Menschen«[18]. Ist es nicht vielmehr so, daß sie die *Erfinder* der Entfremdung sind? Nicht im Sinne der »Entfremdung« von Marx und Engels, sondern im Sinne eines Entfremdungsprozesses, bei der die Fremdheit im eigenen Ich hergestellt wird.

»Die Kunst, auf eine angenehme Art zu befremden, einen Gegenstand fremd zu machen und doch bekannt und anziehend, das ist die romantische Poetik«, so lautet ein vielzitierter Satz von Novalis[19]. Die Fremdheit – im Ich – wird zum Privileg, ja zur Grundvoraussetzung für schöpferisches Handeln. So erklärt sich auch diese Vielfalt von Symptomen, mit denen Künstler und Schriftsteller im 19. Jahrhundert ihre Weiblichkeit – die Andersartigkeit im eigenen Ich – entdecken und feiern. Flaubert nennt sich selbst ein »dickes hysterisches Mädchen«[20]. Ähnliches über die eigene Weiblichkeit verkünden auch Baudelaire, Mallarmé oder Proust[21]. Man kultiviert Migränen, schwindsüchtige Körperlichkeit. Ein wahrer Kult entwickelt sich um die Kränklichkeit, die bis dahin als Charakteristikum der Frau galt[22]. Gleichzeitig fabriziert man ein unendlich erweitertes Innenleben, ein geradezu omnipotentes Ich[23]. Um das Fremde im Ich zu schaffen, um das »Ausland«, das »Elend« innen herzustellen, legt sich der Dichter, der Künstler all die Eigenschaften zu, die einst dem weiblichen Geschlecht eigen waren. Wenn »ihr Name Tod ist«, so erwirbt das künstlerische Ich Anrecht auf Weiblichkeit, indem es sich mit dem Tode schmückt.

Diese Fabrikation der Fremde bleibt keineswegs auf einen psychischen Vorgang beschränkt – und hier wird allmählich deutlich, weshalb die Wohnstube nicht nur nach außen, bei ihrer Unterwerfung aller »dunklen Kontinente«, sondern auch nach innen eine solche Gewalttätigkeit entwickelte. Die Fabrikation der Andersartigkeit, des Fremden innen, ging einher mit der Fabrikation des Fremden außen und – eng damit verbunden – mit der Fabrikation von tatsächlicher Vernichtung. Als deutlichstes Beispiel dafür sei der Antisemitismus erwähnt, der im 19. Jahrhundert neue, biologische – dem »Blut«, der »Rasse« einverleibte – Formen annimmt. Ausgerechnet das Jahrhundert der »Emanzipation« des Juden, das Jahrhundert, das zum ersten Mal in der Geschichte dem Juden die vollen bürgerlichen Rechte zugesteht, das heißt jenes Jahrhundert, in dem der Jude eben nicht mehr als der Fremde betrachtet wird, ausgerechnet dieses Zeitalter erfindet die »jüdische Rasse«, als angeblichen Beleg für eine konkrete, sichtbare, sinnlich wahrnehmbare, dem Körper eingeschriebene Form von Andersartigkeit. Das ist es, was ich mit der »Fabrikation der Fremde« meine – eine Fabrikation, die mit einer »Reise nach innen«, der Konstruktion der eigenen »Entfremdung« beginnt und mit der Konstruktion der Fremdheit im eigenen Volk endet. Denn eben darum geht es im Judenhaß, den Vernichtungslagern: einen Teil des Ichs abzuspalten, sichtbar abzuspalten[24] – um auf diese Weise der grauenerregenden Vorstellung zu entgehen, daß es das Ausland, das »Elend«, den Tod – die doch zugleich auch Beweis von Lebendigkeit sind – nicht mehr gibt. Die Fabrikation der Fremde erwies sich als »Endlösung« einer Kultur und Gesellschaft, die dem Fremden den Garaus bereitet hatte. Diese Kultur war einst entstanden aus der Phantasie, daß es möglich sei, das Fremde auszulöschen, der Welt die Behaglichkeit und »Harmonie« einer warmen Wohnstube zu verleihen. Statt dessen zeigte sich, daß die Wohnstube selbst zu einem Ort unfaßbaren »Elends« wurde, dessen Fremdheit die einst domestizierte Fremde weit übertrifft. Eine Wohnstuben-Andersartigkeit, vor der jeder Wunsch, dem Fremden überhaupt noch zu begegnen, versiegt.

… und dennoch: Reisefieber

Ungern möchte ich mit diesem bedrückenden Gedanken enden – so unausweichlich mir auch die Erkenntnis erscheint, daß die Vernichtung des »Elends« das Elend hervorgebracht hat und hervorbringen mußte. Eigentlich ist eine solche Erkenntnis dazu angetan, die Lust an der Erfahrung des Fremden – und mit ihr auch die Lust am eigenen Sein – für immer versiegen zu lassen. Und dennoch gibt es Momente, in denen mich das Reisefieber noch packt. Momente, in denen ich auch deutlich die Lust am Handeln und am Sein verspüre. Es sind dies vor allem die Augenblicke, in denen ich mir – wie ich es hier andeutungsweise getan habe – die Geschichte des homo viator und den langen Reiseweg des utopischen Denkens vergegenwärtige, mit all dem, was dabei an Wirklichkeit unterging und als Wirklichkeit neu entstand. Nicht, daß die Reise des utopischen Denkens dazu angetan ist, fröhlicher zu stimmen! Aber wenn ich mir vorstelle, wievieler Energien es bedurfte, um die Fremde in eine Wohnstube zu verwandeln, dann vermittelt sich mir doch eine Ahnung davon, daß es das Fremde zumindest gegeben hat und wie groß seine Macht gewesen sein muß. Diese Erkenntnis erscheint mir wie ein kleiner Riß im Gemäuer, der die beruhigende Gewißheit liefert, daß die Wände der Wohnstube doch noch nicht ganz dicht sind gegen die Fremde.

Anmerkungen

1 Jules Michelet, *Die Hexe.* Mit Beiträgen von Roland Barthes und Georges Bataille. Aus dem Französischen von G. Klose. Hrsg. von Traugott König, München 1974, S. 27
2 *Zum Sterben muß man geboren sein.* Film von Christina von Braun, Teil I, Frankfurt 1978
3 *Der Spiegel*, Nr. 28/1979, S. 139
4 »So würde die paradiesischen Glückes würdige Ehe, wenn es keine Sünde gegeben hätte, wohl liebenswerte Nachkommen erzeugt, aber keine beschämende Wollust gekannt haben. Wie das hätte geschehen können, kann jetzt freilich durch kein Beispiel veranschaulicht werden. Aber es sollte uns nicht unglaublich vorkommen, daß auch jenes Glied ohne Wollust dem Willen hätte dienen können, dem jetzt noch so viele Glieder dienen. Wir bewegen ja Hände und Füße, soviel wir wollen, zu den diesen Glieder obliegenden Verrichtungen, ohne jedes Hindernis mit größter Leichtigkeit, wie wir an uns und anderen, zumal auch an allerlei Handwerkern beobachten können, bei denen natürliche Schwäche und Unbeholfenheit durch Fleiß und Übung behender wird. Und nun sollen wir nicht glauben, daß die in Betracht kommenden Glieder den Menschen zur Kinderzeugung auch ohne die Begierde, womit der Ungehorsam der Sünde bestraft ward, auf einen Wink des Willens hin hätte gehorsam und dienstbar sein können, wie es doch die übrigen Glieder können?...« Die Ausführungen von Augustinus zu diesem Thema ziehen sich noch über Seiten hin. Vgl. Aurelius Augustinus, *Vom Gottesstaat*, 14. Buch, Kap. 24. Aus dem Lateinischen übertragen von Wilhelm Timme, München 1978, S. 200f
5 »Nach dem Eingestandenen, sagte ich, sollten die trefflichsten Männer den trefflichsten Frauen so oft als möglich, die minderwertigsten Männer den minderwertigsten Frauen so selten als möglich beiwohnen; und die Kinder jener sollten aufgezogen, die dieser nicht, wenn die Herde auf der Höhe bleiben soll...« Vgl. Platon, *Der Staat*, in: Platon, *Hauptwerke.* Ausgew. und eingeleitet von Wilhelm Nestle, Stuttgart 1973, S. 187
6 Die nationalsozialistischen Rassenideologien beriefen sich ausdrücklich auf Platon. Vgl. J.F. Günther, *Platon als Hüter des Lebens.* Platons Zucht- und Erziehungsgedanken und deren Bedeutung für die Gegenwart, München 1928
7 *Daemonologie*, 1597
8 Vgl. Francis Bacon, *De Dignitate et Augmentis Scientiarum* (1623) und ders., *Preparatory Towards a Natural and Experimental History*, beide zit. nach Carolyn Merchant, *The Death of Nature.* Women, Ecology and the Scientific Revolution, New York 1980, S. 168f
9 Vgl. die Ausführungen des Nervenarztes Richard von Krafft-Ebing, die auf S. 54 dieses Bandes zitiert sind.
10 Zur Bedeutung der Uhr vgl. die umfangreichen Untersuchungen von Lewis Mumford, *Technics and Civilization*, New York 1961. Er schreibt (S. 13f): »Man verzerrt nicht die Fakten, wenn man behauptet, daß die Klöster – zu einer bestimmten Zeit unterstanden vierzigtausend dem Benediktinerorden – den Unternehmen der Menschen zu dem regelmäßigen kollektiven Takt und Rhythmus der Maschine verhalfen; denn die Uhr ist nicht nur ein Mittel, um über Stunden Buch zu führen, sondern auch um die Handlungen der Menschen zu synchronisieren.«
11 Vgl. Christina von Braun, *Nicht ich.* Logik Lüge Libido, Frankfurt 1985, S. 427
12 Kant macht deutlich, daß der Friede gegen die Kräfte der Natur errungen werden soll: »Der Friedenszustand unter Menschen, die nebeneinander leben, ist kein Naturzustand (status naturalis), der vielmehr ein Zustand des Krieges ist [...]. Er muß also gestiftet werden.« Immanuel Kant, *Zum Ewigen Frieden.* Ein philosophischer Entwurf, Stuttgart 1954, S. 23

13 Der Pazifismus als politische Bewegung soll hier keineswegs herabgesetzt werden; es geht mir darum darzustellen, daß er als logische und mit dem Industriezeitalter keineswegs in Konflikt stehende Erscheinung des 19. Jahrhunderts verstanden werden kann. Vgl. den Film von Christina von Braun, *Die Waffen nieder*. Eine Geschichte des Pazifismus im Deutschen Reich, 1984

14 »Es gibt nur eine Libido, die in den Dienst der männlichen wie der weiblichen Sexualfunktion gestellt wird. [...] Immerhin, die Zusammenstellung »weibliche Libido« läßt jede Rechtfertigung vermissen.« Sigmund Freud, *Gesammelte Werke*, Frankfurt 1952ff, Bd. XV, S. 140

15 Claude Lévi-Strauss, *Strukturale Anthropologie*. Aus dem Französischen von Hans Naumann, Frankfurt 1967, S. 74f

16 Vgl. Hartmut Zelinsky, *Aber unten liegt ein Land...* Das Italienerlebnis deutscher Dichter im 19. Jahrhundert. Vortrag bei der 28. Jahrestagung der Gesellschaft für Geistesgeschichte e.V. »Reise und Reisende im 19. Jh.«, Oktober 1985

17 Vgl. Sigmund Freud GW XIV, S. 241; GW X, S. 156; GW XV, S. 120 u. 140

18 Gerhard Schulz, *Der Fremdling und die Blaue Blume*. Zur Novalis-Rezeption, in: *Romantik heute*, Bonn 1972, S. 42

19 Novalis, *Werke*. Hrsg. von Gerhard Schulz, München 1969, S. 561

20 Zit. n. Jean-Paul Sartre, *Der Idiot der Familie*. Gustave Flaubert, 1821-1857. Aus dem Französischen von Traugott König, Reinbek b. Hamburg 1977, Bd. 3, S. 611

21 Vgl. Christina v. Braun, *Nicht ich*, S. 368ff

22 Novalis zum Beispiel sagt von den Krankheiten, daß sie ein Zeichen erhöhter »Sensibilität« seien und »wahrscheinlich [...] der interessanteste Reiz und Stoff unseres Nachdenkens und unserer Tätigkeit.« Man müsse die Krankheiten »durch tägliche Bemerkungen zu benützen suchen«, denn sie stellten »Lehrjahre der Lebenskunst und Gemütsbildung« dar. Durch sie erhebe sich der Mensch über das Tier. *Novalis Schriften*. Die Werke Friedrich von Hardenbergs. Hrsg. von Paul Kluckhohn und Richard Samuel. Zweite ergänzte und verbesserte Auflage, Stuttgart 1960ff, Bd. 2, S. 667, 686f, 662f. Vgl. auch den Aufsatz *Männliche Hysterie – Weibliche Askese* in diesem Band.

23 »Der poetische Philosoph«, so sagt Novalis in Anlehnung an Fichtes Lehren vom mächtigen Ich, das sich durch das selbstgesetzte »Nicht-Ich« gleichsam selbst gebiert, »ist en état de Créateur absolu«. *Novalis Schriften*. Hrsg. von Paul Kluckhohn und Richard Samuel, 4 Bde., Leipzig 1929, Bd. 3, S. 145

24 Vladimir Jankelevitch: »Wenn der Nazi sie [die Juden] haßt, so deshalb, weil sie ihm ähnlich sind, ihm nahestehen, weil sie a priori nichts auf sichtbare Weise von ihm unterscheidet: weder die Hautfarbe noch die Größe, noch die Haare, nichts, oder *beinahe* nichts; und aus diesem *beinahe* wird der Nazi seinen unendlichen Haß schöpfen. Dieses *beinahe* wird die Ideologie bis ins Unermeßliche steigern. Es muß Unterscheidung da hergestellt werden, wo zunächst und vor allem Ähnlichkeit besteht, das ›Besondere-Merkmale-keine‹ [im Original: signe-particulier-néant]. Aus diesem zwanghaften Streben heraus, den Juden zum Monstrum zu machen – jenen, auf den man zeigt und den man erkennt – werden alle Phantasmagorien des arischen Biologismus und natürlich das ›Spezifische‹ der ›Endlösung‹ hervorgehen.« (Vladimir Jankelevitch, *La haine devant le miroir*, in: *Le Nouvel Observateur* vom 19.2.1979, S. 34)

DER SPIEGEL

C 7007 C

Nr. 37

37. Jahrgang · DM 4,—

12. September 1983

Die neue
CARMEN
Rückkehr
zur Erotik

Von Liebeskunst zur Kunst-Liebe:
Don Juan und Carmen

Eigentlich sind sie wie gemacht füreinander. Sie sprechen die gleiche Sprache, stammen aus derselben Stadt, gelten als die Großen der Liebeskunst – egal, wie man den Begriff der »Größe« auslegen mag –, rühmen sich ihrer Unabhängigkeit, verkörpern das Unkonventionelle, die Lust an der Aufhebung der sittlichen Ordnung, gehen ihrer Freiheit zuliebe bewußt und offenen Auges dem Tod entgegen – und beide sind schließlich auch zu *den* Heldenfiguren ihres Geschlechts in der Oper geworden. Dennoch sind sie sich nie begegnet. Oder vielleicht deshalb? Unter allen Autoren, die sich der Figuren des Don Juan und der Carmen angenommen haben, gab es nicht einen, der die beiden zusammengeführt hätte, weil sie – abgesehen von der Geringfügigkeit ihres Geschlechtsunterschieds – einander zu ähnlich sind. Genauer gesagt: Don Juan und Carmen sind ein und dieselbe Figur; Carmen stellt nichts anderes dar als einen Don Juan, der zweihundert Jahre nach seiner Geburt einer transsexuellen Operation unterzogen wurde. Dieser Geschlechtswandel ist kein Zufall. Er ist vielmehr die logische Fortsetzung eines Prozesses, der mit der Geburt des Don Juan beginnt und in Carmen seine Vollendung findet. Ein Prozeß, dessen Betrachtung einigen Aufschluß zu geben vermag über die Faszination, die diese Frauengestalt bis in unsere Zeit ausübt. Um es vorwegzunehmen: Don Juan und Carmen, diese beiden Künstler des Liebeslebens, stellen die Schlüsselfiguren einer Entwicklung dar, in deren Verlauf sich Liebeskunst in Kunst-Liebe verwandelte.

Die Gestalt des Don Juan wird um 1630 geboren – im Zeitalter der conquistadores also, die zu neuen Ufern aufbrechen, fremde, unerforschte Kontinente erobern. Es ist auch das große Zeitalter der Utopien. Nur wenige Jahre nach Tirso de Molinas *Burlador von Sevilla*, der Ursprungsfassung des Don Juan, erscheint mit Francis Bacons *Nova Atlantis*, die, wenn auch Fragment geblieben, zweifellos bedeutendste Utopie der Neuzeit. Denn in *Nova Atlantis* wird mit erstaunlicher Genauigkeit das Bild einer Gesellschaft entworfen, das einige Jahrhunderte später Realität werden sollte: einer Gesellschaft, die mit Hilfe ihres Glaubens an die Grenzenlosigkeit menschlichen Wissens eine Umwelt konstruiert, in der die Natur nicht nur erobert, sondern sogar verbessert, begradigt, vernünftiger gestaltet worden ist. Fast jede der Phantasien, die Bacon im 17. Jahrhundert entwickelt hat – ob es sich nun um Waffen, Transportmittel, Energieversorgung oder sogar die Züchtung und Veredelung des menschlichen Gehirns und die Lebensverlängerung des menschlichen Körpers handelt – ist mittlerweile verwirklicht worden, oder zumindest ist ihre Realisierung in greifbare Nähe gerückt.

In dieses Umfeld von »Eroberung« und Utopie gehört der ursprüngliche Don Juan. Am Anfang seiner Laufbahn ist er keineswegs der Weiberheld, der später aus ihm werden wird. Ganze vier Frauen verführt er bei Tirso de Molina, und seine Verführungen stellen mehr die Rahmenhandlung als das eigentliche Geschehen dar. Für die Zeit wahrhaft revolutionär an der Gestalt war hingegen die Einladung Don Juans an einen Toten. Dieses Angebot war eine Herausforderung Gottes, den er über den Toten verspottet und der sich dafür mit ewiger Verdammnis rächt. Tirso de Molina, Prior im Kloster der Mercedarier, entwarf ein Drohbild, mit dem er ein Zeitalter, das immer weniger an die Allmacht Gottes und immer mehr an die des Menschen glaubte, verwarnen wollte. Der Mensch sollte durch den »steinernen Gast« – der »Verkörperung« Gottes (wenn man so sagen kann) – wieder in seine Schranken gewiesen werden.

Mit Don Juan zeichnete der Mönch aber gleichzeitig auch ein Bild von den Phantasien seines Zeitalters: der Phantasie, daß der Mensch, wie Gott, Tote zum Leben zu erwecken vermöge; daß der Mensch, wie Gott, die Macht besitze, den Sieg über die Sterblichkeit, über den Körper davonzutragen. Genau das gelingt ja Don Juan: Der Verstorbene erscheint an seiner Tafel. In diesem Zeitalter, in dem der Körper und seine Vergänglichkeit eigentlich das Einzige darstellen, das die Phantasie von der Grenzenlosigkeit menschlicher Macht noch zu widerlegen vermag, beschreibt der Mythos des Don Juan einen Menschen, der die leibliche Auferstehung herbeiführt. Nur besser als Gott: sichtbar, im Diesseits.

Dieser revolutionäre, Gott in seine Schranken weisende Don Juan –

nicht das Drohbild – wird im Flug die Köpfe (und Schreibtische) der progressiven Geister des Abendlandes erobern. Die Herausforderung – nicht der Untergang – macht die Faszination der Gestalt aus, die unzählige Schriftsteller und Dichter immer wieder dazu verleiten wird, den Stoff zu behandeln. Doch warum wird im Verlauf des langen Säkularisierungsprozesses aus dem Gotteslästerer zunehmend ein Frauenheld?

Wie erobert man den Körper – eine Eroberung, die Voraussetzung für den Sieg des Menschen über die Sterblichkeit ist? Wie soll gerade der Mann, der sich seit der Antike, vor allem seit Aristoteles, das Prinzip Geist, den entleibten Geist, angeeignet hat, die Macht über die Materie erringen? Die Antwort liegt auf der Hand: indem er die Inkarnation des Prinzips Materie, des Irdischen, des Körpers besiegt. Das geschieht zunächst durch Vernichtung und Unterwerfung, dann durch Neuschöpfung: durch die Rekonstruktion, Reproduktion von Natur, Materie, Körper.

Die Figur des Don Juan steht am Anfang der Schöpfungsgeschichte eines Menschen-geschaffenen Menschen. Der mächtige Eroberer stellt die große Utopie einer besiegten Sterblichkeit dar. Als conquistador wird er ausgeschickt, den letzten noch nicht besiegten Kontinent zu unterwerfen: den menschlichen Körper – und zwar indem er das erobert, was Freud später den »dunklen Kontinent« nennen wird: die weibliche Sexualität[1]. (Als seien Ende des 19. Jahrhunderts nicht schon längst alle »Rätsel« und »Geheimnisse« um die Frau gelüftet, insbesondere das der Zeugung. Als Freud die Sexualität »entdeckt«, ist der »dunkle Kontinent« nicht nur schon längst erobert und erforscht – er ist sogar schon umgeformt, verbessert, dem Bild einer utopischen Weiblichkeit angeglichen worden. Wenn überhaupt, kann ihm das »Geheimnis« des Unerforschten nur *wieder* beigemessen werden.)

Die Utopie, die der Don-Juan-Mythos darstellt – die Utopie, eine Frau zu finden, die die reale *ersetzen* kann –, spiegelt sich im Verhältnis des 17. Jahrhunderts zur Sexualität wider. Während auf der einen Seite Frauen wegen der »Unersättlichkeit ihrer fleischlichen Begierde« des Geschlechtsverkehrs mit dem Teufel bezichtigt werden, während sie einerseits, und zwar gerade nach der Reformation, als Geschlechtswesen gefoltert, auf dem Scheiterhaufen verbrannt oder lebendig eingemauert – in »steinerne Gäste« verwandelt – werden, wird auf der anderen Seite die Erotik »erfunden«, die Vorstellung eines »reinen Sexus«, der »vom Gefühl befreit ist«: eines Sexus, der nur physischen Genuß, Sinnlichkeit, ohne jegliches Leiden, ohne Gefühl und Abhängigkeit darstellt. Eines

Sexus, der einzig dem Willen und dem Kalkül unterworfen ist und drei Jahrhunderte später mit Pornographie, Peep-Show und Plastik-Phallus seinen sichtbaren Ausdruck finden wird.

»Das für das 17. Jahrhundert so typische Gefühl des Nichts«, so der italienische Literaturwissenschaftler Giovanni Macchia, »mit seiner Verachtung für das ständige ›memento mori‹ [...] muß sich positiv in ein vom Leben Besessensein und in eine Verherrlichung der Frau umkehren, diese jedoch nicht im mittelalterlichen petrarkesken Sinne, sondern als unerschöpflicher Quell allen irdischen Genusses.«[2] Die Idealisierung der Frau in diesem Zeitalter betrifft nicht die reale Frau, die gleichzeitig verfolgt wird, sondern sie bezieht sich auf eine *imaginäre* Vorstellung von Frau, auf das Frau-Sein. Die Frau wird in eine Idee, eine Utopie verwandelt – genau das drückt das Wort »Idealisierung« aus. Das heißt, die Frau wird einerseits »entleibt« und andererseits durch ein Bild ihrer selbst ersetzt. Die Erfindung des »Eros« wird begleitet von der Erfindung der »Frau« – und die Schlüsselfigur zu dieser Erfindung ist die Gestalt des Don Juan. Deshalb ist der Eroberer auch nicht auf der Suche nach einer Frau, die ihm Befriedigung liefert – was ja bekanntlich auch keine vermag, obgleich seine Anstrengungen im Verlauf der Jahrhunderte noch erheblich zunehmen werden. Er ist auf der Suche nach der »Idee des Weibes«, wie Ernst Bloch später vom Lenauschen Don Juan sagt[3]. Und diese »Idee« kann – und soll – Don Juan gar nicht bei einer realen Frau finden. Denn die »Idee des Weibes« ist der Ersatz für die reale. Sie ist eine utopische, Menschen-geschaffene Frau, eine Frau »nach seinem Ebenbild«, die an die Stelle der Frau aus Fleisch und Blut treten soll. Dies ist also der Eroberungsfeldzug, zu dem Don Juan im 17. Jahrhundert antritt: Er soll das »Geheimnis« des Frau-Seins erforschen und nach Hause bringen, damit es in den Retorten der Alchimisten nachgebildet werden kann.

Im Verlauf des 17. und 18. Jahrhunderts erzeugt der Mythos Don Juan immer neue Realitäten. Hans Mayer hat diese Entwicklung durch einen Vergleich von Don Juan und Faust treffend dargestellt:

> Alles am Fall des Don Juan ist konträr zum Faust. Bei diesem der Weg von der Realbiographie zur Mythe und Literatur, mit Christopher Marlowe an der entscheidenden Schaltstelle. Bei Don Juan verläuft die Kurve vom Mythos zur Literatur, von dort als wunderliche Sukzession, zu einer realen Lebensgeschichte.[4]

Nämlich der des Don Miguel de Mañara, der, 1627 geboren, in jugendlichem Alter Tirso de Molinas Stück sieht und gelobt, in Sevilla das

Leben des Eroberers zu führen. Er hält das Versprechen. Mañara wird zum Erfinder des berühmten Registers. Es ist übrigens bemerkenswert, daß ausgerechnet Prosper Mérimée, dem die Schöpfung der Figur der Carmen zu verdanken ist, in seiner Novelle *Die Seelen des Fegefeuers* auch die erste Don-Juan-Fassung liefert, in der die beiden Figuren, der legendäre Don Juan und der historische Miguel de Mañara, in eine Gestalt zusammenfließen – in der also die Grenze zwischen Mythos und Realität aufgehoben wird. Es ist ebenfalls kein Zufall, daß Prosper Mérimées *Carmen* 1848 erscheint, in genau demselben Jahr also, in dem das Patent von Daguerre und Nièpce Gemeingut wird: Durch die Photographie wird die Realität zu einem reproduzierbaren Kunstwerk; sie verwandelt das Abbild des Menschen in einen unsterblichen Schatten seiner selbst.*
Die transsexuelle Verwandlung von Don Juan zu Carmen findet in den Jahrzehnten um 1800 statt. Nachdem die Aufklärung Gott besiegt hat, verliert der Eroberer immer mehr seine raison d'être. Die Utopie, für die er stand, ist verwirklicht worden. Der Körper wird nun zum Kunstprodukt einer Wissenschaft, die glaubt, wenn nicht seine Unsterblichkeit, so zumindest seine unbeschränkte Reproduzierbarkeit erreichen zu können. Der conquistador hat den »dunklen Kontinent« erobert. Man hat begriffen, wie der Körper aussieht, wie er funktioniert. Folglich scheint die Zeit gekommen, die Fabrikation des Körpers in Angriff zu nehmen. Alle Voraussetzungen für die Materialisierung des imaginären, utopischen Frau-Seins sind erfüllt. Der nächste Schritt kann vollzogen werden: der Geschlechtswandel von Don Juan, der Utopie, zu Carmen, der materialisierten Utopie. Aus dem Mann, Prinzip Geist, wird ein Körper »nach seinem Ebenbild«.
Mérimées Novelle *Carmen* ist geschrieben wie ein Tatsachenbericht, sachlich, beinahe wissenschaftlich: Ein Archäologe, der in Spanien nach den Schlachtfeldern Cäsars sucht, begegnet durch Zufall einem Räuber, dessen Lebens- oder besser: Liebesgeschichte er wiedergibt. Don José erzählt ihm, wie er dem Zauber einer Zigeunerin verfallen ist: Carmen, deren »Charme« ihn ins Verbrechen und schließlich zum Mord geführt hat. Dafür soll er nun hingerichtet werden.
Mittelpunkt dieser Erzählung ist eine Hexe, wie sie leibt und lebt. Aber sie wird nicht mit dem Ton des Moralpredigers, des Hexenrichters umschrieben – obgleich sie von sich selber sagt, daß sie »der Teufel« sei

---

* Joseph Roth hat diesen Vorgang ausführlich beschrieben, vgl. S. 134f in diesem Band.

–, sondern aus dem Blickwinkel eines Mannes, der in ihr das »wahre Leben«, die pulsierende Natur, die sinnlich wahrnehmbare, fühlbare Realität sieht. Wenn die Beobachtung auch aus der sicheren Entfernung des Wissenschaftlers stattfindet, wie Theophil Spoerri feststellt:

> Im Grunde besteht die Kunst Mérimées darin, uns möglichst nahe an den Abgrund zu bringen, ohne je das Gefühl wirklicher Gefährdung aufkommen zu lassen. Man hat immer festen Boden unter den Füßen. Man schaut in den brodelnden Schlund des Vulkans hinein, man weiß aber, daß man sich auf kunstvoll geschmiedete Geländer am Rande verlassen kann.[5]

Beinahe gleichzeitig mit Mérimées Novelle erscheint, ebenfalls in Frankreich, die große Studie des Historikers Jules Michelet über die »Hexe«, durch die das Satansweib nicht nur rehabilitiert, sondern sogar zur Quelle der Naturheilkräfte ernannt wird.

> Tausend Jahre hindurch war die Hexe der einzige Arzt des Volkes. Die Kaiser, die Könige, die Päpste, die reicheren Barone hatten einige Doktoren aus Salerno, Mauren und Juden, aber die Masse des Standes, ja man könnte sagen, in der Welt, fragte nur die »Saga« oder »kluge Frau« um Rat.[6]

Wie Mérimée, ist auch Michelet fasziniert von der Hexe, betrachtet er sie als die Quelle aller Lust, des Widerspruchs, all dessen, was Lebendigkeit ausmacht:

> Man sehe nur die Unfähigkeit der Kirche, etwas Lebendiges zu erzeugen! Wie sind ihre Engel blaß, grau in grau, ätherisch! Man kann durch sie hindurchblicken. [...] Ganz anders steigt Satan aus dem brennenden Busen der Hexe hervor: lebendig, gerüstet und explosiv. Welche Angst man auch immer vor ihm haben mag, man muß zugeben, daß ohne ihn das Leben vor Eintönigkeit versiegen würde.[7]

Aber diese Rehabilitierung der Hexe, die verfolgt worden war und noch bis kurz vor Michelet verfolgt wurde – Anfang des 19. Jahrhunderts fanden die letzten Hexenverbrennungen statt –, diese Rehabilitierung gilt nicht der *alten* Hexe – der realen Frau, dem ursprünglichen Körper –, sondern sie gilt der neuen, gleichsam »aufgeklärten« Hexe, der auf diese Weise eine allgemeingültige Anerkennung verschafft werden soll. Durch die Rehabilitierung der Frauen, die auf dem Scheiterhaufen ihr Leben hatten lassen müssen, soll der Kunst-Frau »Leben« eingeflößt werden. Die reale Frau hingegen – soweit die Scheiterhaufen noch etwas von ihr als Sexualwesen übriggelassen haben – wird zur gleichen Zeit in das geschlechtsneutrale Korsett der Mutter geschnürt. Nicht in das der leiblichen Mutter, der Gebärerin und Ernährerin des *Kindes*, sondern in ein

Korsett, das sie zur Mutter des *Mannes* macht. Mit dieser Rolle, die sich im Laufe des 19. Jahrhunderts zunehmend durchsetzt, wird die Frau als Sexualwesen endgültig eliminiert. Damit wird aber auch die Geschlechtlichkeit überhaupt in Frage gestellt.

Der Prozeß der Verwandlung der realen Frau, des Geschlechtswesens Frau, in eine Mutter beginnt mit der Aufklärung – genauer gesagt: mit Rousseau – und löst gleichsam die Scheiterhaufen ab. Er beginnt also in dem Moment, in dem die Utopie von ihrer Verwirklichung abgelöst wird. Gegen Ende des 19. Jahrhunderts geht er seiner Vollendung entgegen: Wenn Freud die Beziehung zwischen Mutter und Sohn als »die vollkommenste, am ehesten ambivalenzfreie aller menschlichen Beziehung« bezeichnet und schreibt, die Ehe sei »nicht eher versichert, als bis es der Frau gelungen ist, ihren Mann auch zu ihrem Kind zu machen und die Mutter gegen ihn zu agieren«[8], so liefert er die theoretische Untermauerung für eine Konstellation, die die Geschlechtlichkeit selbst aufhebt. Er erhebt ein inzestuöses – und damit die Sexualität neutralisierendes – Liebesideal zur Norm jeglicher Geschlechtlichkeit. Es wird immer wieder betont, Freud habe seine Sexualgesetze nur aus der bestehenden gesellschaftlichen und psychischen Realität abgelesen. Vielleicht. Aber dann bestünde sein – zweifelhaftes – Verdienst darin, Gesetze, die das Produkt einer historischen und zum Teil gewaltsamen Entwicklung waren, zum »Naturgesetz« erhoben zu haben. Mit anderen Worten: Freud, der als der »Befreier« der Sexualität gefeiert wird, lieferte in Wirklichkeit die theoretische Rechtfertigung für den Untergang der Sexualität. Damit schuf er freilich auch den nötigen Freiraum für die Einnistung der Kunst-Liebe im Unbewußten.

Carmen ist keine Mutter – wie übrigens Don Juan auch kein Vater ist. Carmen ist nur Frau, ein »echtes« Sexualwesen. Sie ist die Anti-Mutter, und ihre Gegenfigur in Bizets Oper ist die mütterliche Frau: Micaëla, die Verantwortung für Don José empfindet, auch als er sie schon verlassen hat, die ihn »nach Hause zur Mutter« führen will und die diesen Mann wie einen Sohn hegen und pflegen möchte.

Micaëla symbolisiert die reale Frau, die im Publikum sitzt, die Frau, der der Mann im Alltag begegnet und die zwar aus Fleisch und Blut, aber weniger »echt«, weniger Sexualwesen ist als die Frau auf der Bühne, als Carmen. Als Sexualwesen ist die »echte« Frau der Kunst-Frau, der »aufgeklärten Hexe« hoffnungslos unterlegen. Eine »echte Frau« sieht eben anders aus als Micaëla. Mérimée und Michelet haben ihr Porträt gezeichnet. Bizet verleiht ihr Sinnlichkeit, einen Körper. In seiner Oper verschwindet die sichere Distanz, mit der Wissenschaftler und Historiker die Hexe betrachteten. Bei Bizet ist unmittelbare, direkte Sinneslust am Werke. Es gibt kein kunstvoll geschmiedetes Geländer, hinter dem der Zuschauer einen Blick in den Vulkan wagen kann.

Die Philosophie wird ihrerseits diese Kunst-Frau legitimieren: als Ausdruck der Natur selbst. Nietzsche schreibt 1888 im *Fall Wagner* – nachdem er *Carmen* etwa zwanzigmal auf verschiedenen Bühnen Europas gesehen hat:

> Endlich die Liebe, die in die Natur zurückübersetzte Liebe! *Nicht* die Liebe einer »höheren Jungfrau«! Keine Senta-Sentimentalität! Sondern die Liebe als Fatum, als Fata*lität*, zynisch, unschuldig, grausam – und eben darin *Natur*![9]

In einem Brief an Peter Gast schreibt er von Bizets Carmen:

> Eros, wie die Alten ihn empfanden – verführerisch spielend boshaft dämonisch unbezwinglich. Zum Vortrag gehört eine wahre Hexe.[10]

Ausgerechnet im Zeitalter der Dampfmaschine, des elektrischen Lichts, der Photographie soll die Natur selbst, Leidenschaft und »Eros, wie die Alten ihn empfanden«, ja, die »wahre Hexe« ihren Einzug halten! Und zwar auf der Bühne selbst, diesem »Kraftwerk der Gefühle«, wie Alexander Kluge so treffend die Oper genannt hat. Ist es nicht viel naheliegender, in dieser Carmen, die alles, was ihr über den Weg läuft, unerbittlich niederwalzt, die *Verkörperung* der Dampfmaschine, die Lokomotive selbst zu sehen?

In denselben Jahren, in denen Nietzsche – mit Hilfe der Eisenbahn – die Städte Europas bereist, um immer wieder auf der Bühne die »wahre Natur« zu finden, sitzt in Paris ein Autor zurückgezogen an seinem Schreibtisch und verfaßt ein Buch, das eben diese technischen Phantasien formuliert. Der Autor heißt Joris-Karl Huysmans. Sein Buch *A Rebours* (*Gegen den Strich*) erscheint 1883 und besingt den Untergang der Natur:

> Zweifellos: die alte Faselliese hat jetzt die nachsichtige Bewunderung der wahren Künstler verwirkt, und der Augenblick ist gekommen, da sie in allem, wo es nur irgend möglich ist, durch das Künstliche ersetzt werden muß. Und vor allem jenes ihrer Werke, das am köstlichsten sein soll, dessen Schönheit nach aller Ansicht am ursprünglichsten und vollkommensten ist: die Frau. Hat der Mann nicht seinerseits ganz allein ein lebendiges künstliches Wesen geschaffen, das ihr hinsichtlich plastischer Schönheit reichlich ebenbürtig ist? Gibt es hienieden ein in den Freuden des Fleisches erzeugtes und aus den Schmerzen der Gebärmutter entstandenes Wesen, dessen Modell, dessen Typ glänzender und blendender ist als jene der beiden Lokomotiven, die auf den Linien der Nordbahn fahren?[11]

Der erschöpfte Don Juan

Carmen ist es, die, als einzige unter den Frauen die »Bewunderung der wahren Künstler verdient«. Mit Carmen ist es endlich gelungen, die Natur zu ersetzen, die Frau durch ihre Nachbildung abzulösen. Sie ist die verwirklichte Utopie einer maschinellen Liebe, ein Körper, der nach berechenbaren Gesetzen funktioniert und in Gang gesetzt werden kann. Sie ist die Inkarnation der »Idee«, die zu entdecken Don Juan ausgeschickt worden war. Mit ihr hat der »Eroberer« endlich Nova Atlantis gefunden, sind die Frau, der Körper, künstlich fabrizierbar geworden, sozusagen am Fließband.

Damit erklärt sich aber auch die seltsame Metamorphose, die sich in den Jahrzehnten vor der Geburt von Carmen mit der Figur des Don Juan vollzieht. Die Utopie wird überflüssig mit ihrer Verwirklichung. So beginnt der Leidensweg des Eroberers, der ihn in die Parodie des Männlichen, in die Abstraktion, den Überdruß, ja sogar – tiefste Erniedrigung – in die Sentimentalität führen wird. Mozarts und da Pontes *Don Giovanni* ist zugleich »die letzte Möglichkeit ungestörter Sinnlichkeit«, wie Werner Brüggemann schreibt[12], – *und* der Beginn des Niedergangs der männlichen Geschlechtlichkeit. Die Oper wird 1787, zwei Jahre vor der Französischen Revolution, der »aufgeklärten Revolution«, uraufgeführt und führt das parodistische Element ein, das nunmehr der Figur anhaften wird. »Dramma giocoso«, scherzhaftes, spielerisches Drama, nennen Mozart und da Ponte ihr Werk. Der Eroberer wird zunehmend komisch. Er, der Unzuverlässige, Ungenaue, Unfaßbare, muß wie ein Kleinkrämer ellenlange Register anlegen, um als Eroberer zu gelten. Er muß Buch führen über seine Verführungskünste. Kein Wunder, daß er, wie bei Grabbe und E.T.A. Hoffmann, zunehmend an Lebensüberdruß, an Langeweile leidet. Daß er bei Nikolaus Lenau und Baudelaire gegen Abstumpfung und Gleichgültigkeit zu kämpfen hat.

Nach 1800 versieht die Literatur Don Juan immer mehr mit all jenen Eigenschaften, die seiner großen Antithese, dem Faust, eigen sind: Don Juan wird esoterisch, ein Intellektueller, ein Vergeistigter. Er entleibt sich gewissermaßen. Konnte dem Eroberer bisher keine Frau körperliche Befriedigung verschaffen, so kann ihm nunmehr keine zum seelischen Frieden verhelfen. Er sucht nach einem Surrogat für die Frau: in der Politik bei Bernhard Shaw; in der Geometrie bei Max Frisch. Oder auch schlicht und einfach im Nichts, dem Gefühl von Wertlosigkeit, Sinnlosigkeit, wie bei Albert Camus. Don Juan bleibt nicht einmal das Altern erspart, wie bei Montherlant. Er wird passiv, wird bei Byron zum »verführten Verführer« und muß sich vor dem Ansturm der Frauen schützen – diesen neuen, gewaltigen Dampflokomotiven, deren unaufhaltsamer Aufstieg seinen Niedergang begleitet.

Diese Verwandlung Don Juans wird begleitet von einer Vielfalt philosophischer, literaturwissenschaftlicher, soziologischer und psychologischer Interpretationen, die man seit der Aufklärung der widersprüchlichen Figur angedeihen läßt. Für Salvador de Madariaga symbolisiert der Don Juan »die rohe, das heißt elementare Männlichkeit«[13]. Für Gregorio Marañón hingegen ist der »männlichste Mann der, der am meisten arbeitet, den anderen Männern am meisten überlegen ist, und nicht der Don Juan, der sich damit abgibt, arme Frauen zu narren, die überdies schon von Natur aus dazu neigen, sich täuschen zu lassen.«[14]

Für Ernst Bloch ist Don Juan »Leitbild der Verführung«, »unzweifelhafteste erotische Machtperson«: »Als diese gehört er, obgleich ein Mann in Potenz und eben wegen dieser, zum Frauengott Dionysos und zu dem gegen Ehe und Ordnung rebellisch gewordenen.«[15]

Für den Freudianer Brachfeld – und nicht nur für diesen – ist Don Juan hingegen ein Perverser, der sein Gefühl der Impotenz zu kompensieren sucht. Überhaupt liefert vor allem die Psychologie und Psychoanalyse eine Charakterisierung dieses Don Juan, die Armand Singer folgendermaßen zusammengefaßt hat:

> Moderne Autoren und von der Psychoanalyse kommende Kritiker haben Don Juan zu einem Lumpen und Schwächling gemacht, der ohne Grund prahlt, zu einem erbärmlichen Versager, den das nicht mehr schwache Geschlecht verschmäht, zu einem Spielball des Schicksals, zu einem ewigen Adoleszenten, der höchstwahrscheinlich ein Homosexueller ist, zu einem Menschen, der unter dem ödipalen Schuldkomplex leidet, zu einem hysterischen Charakter, der offensichtlich für die Couch des Psychoanalytikers wie geschaffen ist.[16]

Kurz: Don Juan wird zur Parodie des Männlichen und vor allem seiner Geschlechtlichkeit. Das heißt der Eroberer, einst Symbolfigur einer Utopie des Sieges über den Körper, muß nunmehr den Stoff für den Untergang dieser Utopie liefern.

Ganz anders sieht es bei Carmen aus. Obgleich die Figur zu den meist gespielten Opernfiguren des Abendlandes gehört, obgleich sie, wie Don Juan, unzählige Interpretationen und Neubearbeitungen auf der Bühne und im Film erlebt hat, gibt es über Carmen so gut wie keine analytischen Schriften[17]. Wo Literaturwissenschaften, Philosophie und vor allem Psychologie ganze Bände damit füllen, Don Juan zu sezieren, zu zerpflücken und schließlich als Ausdruck von Männlichkeit über Bord zu werfen, herrscht, was Carmen betrifft, in der Welt des Geistes gähnende Leere. Es wirkt, als gelte es hier, *nicht* am Mythos zu rütteln, sie nicht als »literarische Gestalt« zu entlarven, sondern als Ausdruck der Realität, des wahren Gefühls, der »echten Leidenschaft« zu erhalten.

Carmens Künstlichkeit wird nicht nur verdrängt, sondern sogar zunehmend vertuscht. Ein deutliches Beispiel dafür ist Peter Brooks Carmen-Inszenierung in Paris, die auch dreimal – mit drei verschiedenen Hauptdarstellerinnen – verfilmt wurde. In seiner Bearbeitung wendet der Theatermann einen geschickten Kunstgriff an, der Carmen genau die Fähigkeit zur Tragödie – dem Gefühl der Gefühle – attestiert, die Bizet und seine Librettisten ihr noch nicht zugestanden haben. Bei Brook stirbt der Torero im Kampf, und danach läßt sich Carmen willig von Don José zu ihrem Tod abführen. Sie verübt – als echte tragische Figur – Selbstmord, weil die »wahre Liebe«, die einzige Leidenschaft, nicht mehr möglich ist. Mit Peter Brooks Inszenierung erwirbt die Dampfmaschine endgültig Anspruch darauf, die »ursprüngliche Natur« zu verkörpern, die Inkarnation des »echten« Gefühls zu *sein*.

Theaterinszenierungen wie die von Peter Brook oder filmische Behandlungen des Stoffes wie die von Carlos Saura, in der es um einen »echten« Mord geht, verwischen alle Effekte, die bisher noch die Künstlichkeit durchscheinen ließen. Und im Bedürfnis nach dieser Verwischung der Grenze zwischen Kunst und Natur liegt zweifellos auch der Schlüssel zum Verständnis der Faszination, die die Gestalt der Carmen auf das 20. Jahrhundert – ob »modern« oder »postmodern« – ausübt. Diese Faszination ist Ausdruck einer Sehnsucht danach, daß die Kunst-Liebe, der Ersatz-Körper, eine Pseudo-Natur jenes Vakuum ausfüllen mögen, das die Vernichtung der Geschlechtlichkeit, des Körpers, der Natur – und der Frau – hinterlassen hat. So gänzlich ausfüllen mögen, bis zuletzt auch jede *Erinnerung* an sie erloschen ist.

Anmerkungen

1 Vgl. Sigmund Freud, *Gesammelte Werke*, Frankfurt 1952ff, Bd. XIV, S. 241; Bd. X, S. 156; Bd. XV, S. 120 und 140

2 Giovanni Macchia, *Don Juan und die Commedia dell' Arte*, in: Brigitte Wittmann (Hrsg.), *Don Juan*, Darmstadt 1976, S. 259

3 Ernst Bloch, *Don Giovanni, alle Frauen und die Hochzeit*, in: *Das Prinzip Hoffnung*. Gesamtausgabe, Bd. V., Frankfurt 1959, S. 1187

4 Hans Mayer, *Don Juans Höllenfahrt. Don Juan und Faust* (1973), in: Brigitte Wittmann (Hrsg.), *Don Juan*, S. 354

5 Theophil Spoerri, Nachwort, in: Prosper Mérimée, *Meisternovellen*, Zürich 1974, S. 657

6 Jules Michelet, *Die Hexe*. Mit Beiträgen von Roland Barthes und Georges Bataille. Aus dem Französischen von G. Klose. Hrsg. von Traugott König, München 1974, S. 20

7 Ebda., S. 25

8 Sigmund Freud, GW XV, S. 143. An einer anderen Stelle schreibt er, das »Saugen des Kindes an der Brust der Mutter« sei »vorbildlich für jede Liebesbeziehung«. Daher sei auch die »Objektfindung eigentlich eine Wiederfindung«. GW V, S. 123

9 Friedrich Nietzsche, *Der Fall Wagner*. Mit einer Einführung von Walter Franke, Frankfurt 1946, S. 38

10 Zit. nach Hugo Daffner, *Friedrich Nietzsches Randglossen zu Carmen*, Regensburg 1938, S. 34

11 Joris-Karl Huysmans, *Gegen den Strich*. Aus dem Französischen von Hans Jacob, Zürich 1965, S. 84

12 Werner Brüggemann, *Das abendländische Gestaltengeviert* (1958), in: Brigitte Wittmann (Hrsg.), *Don Juan*, S. 148

13 Salvador de Madariaga, *Don Juan und der Donjuanismus* (1949), in: Brigitte Wittmann (Hrsg.), *Don Juan*, S. 95

14 Gregorio Marañón, *Don Juan – biologisch betrachtet* (1924), in: Brigitte Wittmann (Hrsg.), *Don Juan*, S. 72

15 Ernst Bloch, *Don Giovanni, alle Frauen und die Hochzeit*, S. 1182

16 Armand E. Singer, *Don Juan beim Psychiater* (1968), in: Brigitte Wittmann (Hrsg.), *Don Juan*, S. 325f.

17 Auf eine löbliche Ausnahme soll doch hingewiesen werden: Ulrich Herzog, *Wer ist Carmen?*, Kiel 1984

Marcel Duchamp: L.H.O.O.Q. (1919)

Männliche Hysterie –
Weibliche Askese
Zum Paradigmenwechsel der Geschlechterrollen

Das Paradigma ist bekanntlich ein Denkmuster oder eine Betrachtungsweise, mit der die Realität untersucht und erforscht wird und die im allgemeinen dazu führt, daß sich die Wirklichkeit selbst verwandelt. Letztlich sind Paradigmen also zu vergleichen mit Mythen oder sogar Religionen, die – wir wissen es deutlich genug vom Monotheismus –, die Realität verändern. Sie treten jedoch, im Unterschied zu den Religionen, mit einem eher wissenschaftlichen Anspruch auf – also dem Anspruch, ein getreues Spiegelbild der Wirklichkeit zu liefern.

Der Paradigmenwechsel, um den es hier geht, betrifft die Geschlechterrollen und fand oder findet statt seit etwa der Aufklärung. Natürlich brachte die Aufklärung auch andere Paradigmenwechsel, aber – ich hoffe, das wird aus dem folgenden deutlich – die anderen Paradigmenwechsel stehen in enger Beziehung zu denen, die die Geschlechterrollen betreffen[1].

Der Paradigmenwechsel in der Literatur

Es gibt zwei große Geschlechtsrollenmythen, die in der Aufklärung einen grundlegenden Wandel erfahren: Der eine ist der Mythos des Don Juan, der andere der Mythos der Hexe, beziehungsweise ihrer Nachfolgerin Carmen. Ich will den Wandel, der im vorhergehenden Aufsatz ausführlich behandelt wurde, hier nur kurz zusammenfassen.

Um mit letzterer zu beginnen: Carmen ist eine Erfindung der Aufklärung, eine Schöpfung des romantischen Vernunftpropheten Prosper Mérimée: eine Schöpfung, die seitdem unendlich oft erneuert, ausgeschmückt, gesteigert wurde – bis die Heldin der Novelle schließlich im 20. Jahrhundert die Größe einer Tragödiengestalt der griechischen Klassik annimmt.

An der Figur der Carmen verwundert vor allem der Wandel, der sich in der Bewertung der Hexe vollzogen hat, deren Verkörperung sie doch unbestreitbar ist – allein das Wort »Carmen« heißt soviel wie »Zauberspruch« –, verwundert also die neue, positive Einschätzung der unbändigen, den Leidenschaften ergebenen – gewissermaßen »besessenen« – Frau. Die Hexen der vorangegangenen Jahrhunderte konnten von der »Passion«, der sie unterworfen wurden, wahrlich ein anderes Lied singen als das von der »Freiheit der Liebe«, das Mérimée und später Bizet ihrer Hexe in den Mund legten[2].

Der Paradigmenwechsel, der sich in der Gestalt der Carmen widerspiegelt, deutet also auf eine Umwertung der Hexe hin: Waren Frauen noch wenige Jahrzehnte zuvor wegen ihrer angeblichen Triebhaftigkeit auf den Scheiterhaufen verbrannt worden, so taucht Mitte des 19. Jahrhunderts ein nicht minder von der Fleischeslust besessenes, nicht minder sündiges und den Mann ins Verderben reißendes weibliches Geschöpf auf, das geradezu mit der Aura des Sakralen umgeben wird. Mehr noch als sakral: Dieses Bild wird, besonders deutlich im 20. Jahrhundert, zum Idealbild von Weiblichkeit erhoben werden, zum Inbegriff des authentischen Gefühls, eines ungebrochenen ursprünglichen Frauseins, das geradezu normativen Charakter für jede Frau erhält, die eine »echte« Frau sein will.

Diese Aufwertung der Hexe im 19. Jahrhundert beschränkt sich keineswegs nur auf die literarische Gestalt der Carmen. Sie gilt auch der realen Hexe – wohlgemerkt rückblickend. Den Anstoß dazu gibt der Historiker und Mythologe Jules Michelet mit seinem Buch *Die Hexe*, das beinahe gleichzeitig mit Mérimées *Carmen* erscheint und mit dem er einen groß angelegten Versuch zur Rehabilitierung der Hexen unternimmt. Keine Rehabilitierung im Sinne der Humanisten, die für die Abschaffung der Folter plädiert hatten, sondern eine Rehabilitierung, die nichts weniger als die Verherrlichung der alten Kräuterweiber und ihrer Kräfte bedeutet. Michelet bezeichnet die Hexe nicht nur als Ärztin des Volkes, er stellt sie darüber hinaus wie Mérimée als die Quelle aller Lust, der pulsierenden Natur, als die Verkörperung des »wahren Lebens« dar.

Der Paradigmenwechsel, der das Frauenbild betrifft, verläuft also von einer Hexe, die Tod und Unheil bringt und deshalb selbst den Tod erleiden muß, zu einer Hexe, die zum Synonym für »Lebendigkeit« erhoben wird – ein seltsamer Wandel, vor allem wenn man die Kürze der Zeit betrachtet, in der er sich vollzieht. Allein dieser schnelle Wandel, so meine ich, sollte Frauen nachdenklich stimmen und die Frauenbewegung davon abhalten, übereifrig in den Kanon einer neuen Hexenverherrlichung einzustimmen.

In derselben Zeit vollzieht sich ein umgekehrter Paradigmenwechsel an der Figur des Don Juan. Es existieren über tausend Fassungen dieses Mythos[3]. Die erste entstand um 1630 – gleichsam als ideologische Begleiterscheinung der conquistadores, die ebenfalls zur Eroberung neuer »dunkler Kontinente« aufgebrochen waren. Zu einem »Frauenheld« wird die Figur aber erst im Verlauf des 18. Jahrhunderts, bis sie schließlich in Mozarts und Da Pontes *Don Giovanni* ihren Höhepunkt an ästhetischer Verfeinerung findet, zugleich aber auch ihren Umbruch ins Karikaturale erfährt.

Im Verlauf des 19. und 20. Jahrhunderts tritt der Aspekt der Lächerlichkeit immer weiter in den Vordergrund. Der Eroberer nimmt zunehmend eine »vergeistigte« Gestalt an; er wird zum Asketen, der nurmehr der »Idee des Weibes« nachjagt, wie Ernst Bloch über den Lenauschen Don Juan schreibt[4]. Nicht der Körper der Frau interessiert ihn, sondern das entleibte Frau-Sein, wenn er sich nicht ganz der Geometrie, Mathematik oder anderen Freuden der reinen Abstraktion verschreibt. Als Sexualpartner verschwindet er völlig – er wird zum Schwächling, zum Versager im Bett. Als solchen werden ihn schließlich auch die Psychoanalytiker im 20. Jahrhundert auseinandernehmen und als Weiberhelden endgültig über Bord werfen. Der Paradigmenwechsel des Don Juan besteht also in einer zunehmenden Verflüchtigung des Männlichen, in der Entleibung des erotischen Verführers, der Vergeistigung des Herausforderers, der einst als das Gegenbild zum asketischen Männlichkeitsideal des Christentums entstanden war.

Der Paradigmenwechsel in den Wissenschaften

Nun wären die Dinge sehr einfach, wenn sich diese beiden Paradigmenwechsel einfach auf die Realität der Geschlechter oder die der Geschlechterrollen übertragen ließen. Aber es gibt einen weiteren Paradigmenwechsel, der diesem ersten zu widersprechen scheint; und es gibt andererseits auch Entwicklungen, für die die Figuren von Don Juan und Carmen paradigmatisch sind. Der Mythos Carmen wird ja tatsächlich begleitet von einem neuen Hervortreten der Frauen im Verlauf des 19. Jahrhunderts: Frauen greifen zur Feder, man verlegt ihre Werke; sie erkämpfen sich den Zugang zu verschiedenen Berufszweigen; sie organisieren sich, um für das Stimmrecht zu kämpfen, sie erringen allmählich wirtschaftliche Unabhängigkeit; und, last not least, sie kämpfen für die »freie Liebe«, sie erheben und gewinnen Anspruch auf eine Sexualität, die vom Korsett einer einschnürenden Moral befreit ist.

Ebenso scheint auch die Entwicklung des Don Juan zumindest einige Ebenen der Realität widerzuspiegeln. Vor allem die Künstler und Schriftsteller der Romantik und der Décadence erscheinen wie die Inkarnation des versagenden – effeminierten – Don Juan. Mit ihren Migränen, ihrer Kränklichkeit, ihrem Kult der Gebrechlichkeit und der Vergeistigung treten auch sie auf, als wollten sie dem traditionellen Männerbild des Eroberers, des Helden und Kraftmenschen eine Absage erteilen[5].

Es gibt aber auch Entwicklungen, die genau das Gegenteil besagen. Sie sind nicht minder mythisch, auch wenn sie zumeist aus dem Bereich der sogenannten Wissenschaften kommen. So tauchen im 19. Jahrhundert Theorien auf, laut denen eine »normale« Frau einen reduzierten oder überhaupt gar keinen Geschlechtstrieb habe. Als Beispiel sei hier nur die *Psychopathia sexualis* des Nervenarztes Krafft-Ebing zitiert, der schreibt:

> Ohne Zweifel hat der Mann ein lebhafteres geschlechtliches Bedürfnis als das Weib. Folge leistend einem mächtigen Naturtrieb, begehrt er von einem gewissen Alter an ein Weib. [...] Anders ist das Weib. Ist es geistig normal entwickelt und wohlerzogen, so ist sein sinnliches Verlangen ein geringes. Wäre dem nicht so, so müßte die ganze Welt ein Bordell und Ehe und Familie undenkbar sein. Jedenfalls sind der Mann, welcher das Weib flieht, und das Weib, welches dem Geschlechtsgenuß nachgeht, abnorme Erscheinungen.[6]

Von einigen Forschern und Biologen – aber bekanntlich auch von einigen Psychologen – wird sogar die Frigidität zur gesetzmäßigen Erscheinung der weiblichen Konstitution erklärt.

Diese Theoriebildung ist neu und bedeutet einen kaum zu ermessenden Wandel in der Vorstellung von weiblicher Normalität. Das Christentum ging von einer besonderen Triebhaftigkeit des weiblichen Geschlechts aus und bezog aus ihr auch die Rechtfertigung für die Verfolgung des Weiblichen; über die männlichen Sexualbedürfnisse heißt es dagegen im *Hexenhammer*: »Gepriesen sei der Höchste, der das männliche Geschlecht vor solcher Schändlichkeit bis heute so wohl bewahrte.« Aber auch in der vorchristlichen Zeit galt der weibliche Geschlechtstrieb als dem des Mannes weit überlegen. Erwähnt sei hier nur der Mythos des Tiresias aus der griechischen Antike: Tiresias, dem es erlaubt worden war, das Geschlecht zu wechseln, wird von Hera mit Blindheit geschlagen, weil er verrät, daß der weibliche Geschlechtsgenuß zehnmal höher sei als der des Mannes. Die Vorstellung, daß der Frau eine geringere Libido eigen sei als dem Mann, taucht einzig in den Industrieländern auf und in diesem Zeitalter zum ersten Mal[7].

Auf der anderen Seite aber taucht im 19. Jahrhundert, ebenfalls zum ersten Mal im Abendland, die Magersucht auf – eine Symptombildung, die dem christlichen Askese-Ideal entsprochen hätte. Nur: War dieses Askese-Ideal einst wie ein Widerspruch zu weiblicher Fleischlichkeit erschienen, so zeichnet sich die Magersucht gerade dadurch aus, daß sie Frauen vorbehalten bleibt und daß sie, anders als das christliche Askese-Ideal, nicht in den Bereich der Heilslehre, sondern gerade in den der Krankheit verwiesen wird.

Im gleichen Zuge gewinnt das Männerbild an Sinnlichkeit, Körperlichkeit, Geschlechtlichkeit. Natürlich sind die Verfechter einer Unterlegenheit des weiblichen Geschlechtstriebs im allgemeinen identisch mit denen, die die Theorien der männlichen Potenz verkünden. Als Theoretiker dieser neuen Schule, die sich gerne auf die Gesetze des Tierreichs beruft (nachdem über Jahrhunderte die Definition von Männlichkeit gerade in der Unterscheidung vom Tier bestanden hatte, das seinerseits für die Definition von Weiblichkeit herhalten mußte), als Kombattanten dieser neuen Schule also seien hier nur die Namen von Darwin, Möbius oder Lombroso aufgeführt, die zum Teil abenteuerliche Theorien über die Männlichkeit vom Verhalten der Tiere oder von der Anatomie der Geschlechter ableiteten[8]. Sie erhielten ihrerseits Bestätigung aus psychologischer Sicht durch die bekannten Theorien Freuds über die weibliche Sexualität.

Die Widersprüchlichkeit der Vorstellungen über »normale« Männlichkeit und Weiblichkeit erreicht um etwa 1900 ihren Höhepunkt, als Sexualforscher wie etwa Havelock Ellis auf der Bühne der Paradigmenbildung erscheinen und in der Wissenschaft Verwirrung stiften, indem sie die Theorien von der geringeren weiblichen Libido nicht nur für verfehlt erklären, sondern darüber hinaus auch behaupten, der ganze weibliche Körper stelle ein einziges erogenes Gebilde dar. Verglichen mit dem »umfangreichen Geschlechtsapparat des Weibes« sei der männliche »geradezu verkümmert«, sagt Ellis und fügt hinzu, daß man deswegen in verschiedenen Ländern auf die Amputation der Klitoris verzichtet habe:

Wegen der erogenen Veranlagung des gesamten weiblichen Körpers habe sie sich als sinnlos erwiesen[9].

Auch dieses Paradigma, das viele Parallelen zum Carmen-Mythos aufweist, findet in der Realität seine Entsprechung: Erwähnt sei hier nur die verblüffende Geschwindigkeit, mit der die Frau seit etwa 1900 entkleidet wurde und ihre öffentliche Nacktheit, die völlige Entblößung des »erogenen Gebildes« in die Sitten eingegangen ist. Erwähnt seien hier auch die Handbücher, die in Millionenauflagen erscheinen und nach deren Vorgaben Frauen gelehrt werden, ein erotisches, sinnliches Leben zu führen, kurz: eine »echte Frau« zu sein.

Wir stehen also vor einer verwirrenden Fülle von völlig widersprüchlichen Geschlechterrollen – nicht nur auf mythischer Ebene, sondern auch im realen Leben. Aber ich denke, es handelt sich nur um scheinbare Widersprüche; die Paradoxien dieser Geschlechterrollen lassen sich durchaus entwirren. Einen der Schlüssel zu dieser Entwirrung bietet die männliche Hysterie, die um etwa 1800 ihr gesellschaftliches Entrée erlebt, zu einer Zeit also, in der sich die ganzen sexuellen Umgestaltungen – man möchte beinahe sagen: transsexuellen Umgestaltungen – zu vollziehen beginnen.

Die männliche Hysterie taucht auf mit der Aufklärung. Zuerst wird sie noch Hypochondrie genannt. Man scheut sich, die Hysterie, deren Wortursprung auf die Gebärmutter, also die weibliche Anatomie zurückgeht, auf Symptome des männlichen Körpers anzuwenden. Aber bald verliert man diese Scheu, und – bemerkenswert genug – es sind nicht so sehr die Ärzte als vielmehr die Intellektuellen, die Künstler und Literaten, die als erste das Wort für den Mann in Anspruch zu nehmen beginnen. Mit der Hysterie erhebt der kreative Mann auch Anspruch auf weibliche Symptombildung, auf die Weiblichkeit schlechthin.

Auf den ersten Blick könnte man meinen, daß die männliche Hysterie als Ersatz für den erfolgreich bekämpften und auf den Scheiterhaufen mittlerweile zu Asche reduzierten Körper der Frau auftaucht – für diesen Körper, in dem zugleich auch die Sinnlichkeit überhaupt, die Geschlechtlichkeit selbst bekämpft worden waren. Durch seine Hypochondrie, eine genaue Beobachtung aller physiologischen Regungen zelebriert der männliche Hysteriker die Wiederauferstehung des Körpers. Indem er die Lust an der eigenen Kränklichkeit, Schwäche, Gebrechlichkeit kultiviert, beschwört und exhibiert er auch seine eigene Weiblichkeit. Bis zur Impotenz ist er bereit zu gehen, um zu einer echten Frau zu werden – einer Frau freilich, die der Vorstellung der asexuellen Frau entspricht, nicht dem Mythos der Carmen oder den Vorstellungen von Havelock Ellis. Das Fallen, die Ohnmacht wird für ihn zu *dem* Muster der Lust: »Seltsamer- und eigentümlicherweise habe ich alles geliebt, was sich in diesem Wort Sturz zusammenfassen läßt«, schreibt Stéphane Mallarmé[10]. Und Gustave Flaubert entwickelt seinerseits die »Fallsucht«, epilepsieähnliche hysterische Anfälle. Beide schmücken sich wiederholt – und geradezu genüßlich – mit dem Wort der Hysterie, wie es auch andere Künstler und Schriftsteller des 19. Jahrhunderts tun[11].

Daß sich hinter dieser Hinwendung zur Weiblichkeit jedoch nicht eine Hinwendung zur Frau verbirgt, offenbart eine genauere Betrachtung vieler Erscheinungen, die mit dieser Begeisterung für die Weiblichkeit einhergehen: vor allem der Tatsache, daß sie fast immer mit einer Abwendung von allen weiblichen Wesen einhergeht – außer der Mutter. Die Mutter dient oft geradezu als Schutzschild gegen eine Berührung mit der Frau. Mit anderen Worten: Es geht dem männlichen Hysteriker nicht um die Neubewertung des Weiblichen, sondern um die Aufwertung männlicher Weiblichkeit. Oder anders ausgedrückt: In der Fallsucht steckt eine neue Phall-Sucht, die die Entleibung der Vergeistung des Don Juan um 1800 nicht als Verschwinden des Eroberers, sondern als Veränderung seiner Eroberungsstrategie erscheinen läßt. So möchte ich mich den destruktiven Seiten des männlichen Hysterikers zuwenden, die sich hinter der Fassade seiner Weichheit, Zärtlichkeit und auch seines Masochismus, seiner Selbstvernichtungslust verbergen.

Daß der Décadent die Gewalt, den Untergang liebt, ist keine besonders neue Erkenntnis. Diese Eigenschaft wird im allgemeinen damit erklärt, daß der effeminierte Mann seine Schwäche durch besondere Herauskehrung von Stärke und Gewalt zu überwinden suche; daß die Kraftmeierei gewissermaßen helfen solle, das Gefühl der eigenen Hilflosigkeit zu kompensieren; daß die gezielte Zerstörungslust nichts anderes sei als eine in ihr Gegenteil umgeschlagene Willensunfähigkeit[12].

Ich möchte jedoch die Gegenthese aufstellen, daß die Liebe zur Gewalt des männlichen Hysterikers und seine Kultivierung der eigenen Gebrechlichkeit ein und demselben Ziel dienen: nämlich das Werk der Scheiterhaufen zu vollenden, die Frau endgültig aus dem Weg zu räumen, um Raum zu schaffen für ein eigenes, »besseres« Frau-Sein. Dabei wird es sich auch erweisen, daß das Bild des »passiven« Mannes keineswegs so unvereinbar ist mit dem des »aktiven« Mannes, das die Lombrosos, Freuds und andere Theoretiker der männlichen Potenz entworfen haben. Andererseits – und das sei hier nur erwähnt – scheint mir in dieser Zerstörungslust, dieser Lust, Gewalt *am anderen* auszuüben, auch der Hauptunterschied zwischen männlicher Hysterie und weiblicher Anorexie zu liegen, die doch auf den ersten Blick einiges gemeinsam haben, vor allem das Bekenntnis zum Ideal eines »vergeistigten« Körpers. Die These soll am Beispiel eines Dichters der Frühromantik dargestellt werden: Friedrich von Hardenberg, genannt Novalis. Allein das Pseudonym, das er sich gab, ist aufschlußreich, bezeichnet es doch »einen, der rodet und Neuland bestellt«. Er wählte den Namen in bewußter Anlehnung an diese Bedeutung, die er auf sein eigenes Werk übertrug.

Das Neuland des männlichen Hysterikers

Novalis war unbestreitbar ein Hysteriker, mit allen Symptomen der Effeminierung – der schmerzlich lustvollen Effeminierung –, die dazugehören. Die peinlich genaue Beobachtung aller Körperregungen, die er in seinem Tagebuch festhält, die Verherrlichung der Krankheit, von der er sagt, daß sie ein Ausdruck erhöhter »Sensibilität« sei und »wahrscheinlich [...] der interessanteste Reiz und Stoff unseres Nachdenkens und unsrer Tätigkeit«. Man müsse die Krankheiten »durch tägliche Bemerkungen zu benützen suchen«, denn sie stellten »Lehrjahre der Lebenskunst und Gemütsbildung« dar. Durch sie erhebe sich der Mensch über das Tier und nähere er sich Gott[13].

Auch Novalis' Neigung, in der keuschen, vergeistigten Liebe mehr als in der sinnlichen die erotische Erfüllung zu suchen, kennzeichnet ihn als männlichen Hysteriker[14]. Novalis beschäftigt sich damit, seitenlange Exzerpte aus medizinischen Büchern über die »impotentia virilis« anzufertigen[15] – und gerade dieses Interesse am »Versagen« des Mannes und anderes mehr charakterisiert ihn als männlichen Hysteriker. Dabei lebte er zu einer Zeit, in der die männliche Hysterie noch nicht zur Mode geworden war wie später zu Lebzeiten von Flaubert, von Mallarmé, Baudelaire, Huysmans, Oscar Wilde und schließlich den Surrealisten[16]. In diesem Sinne schuf Novalis tatsächlich Neuland – aber er rodete auch.

Auf der anderen Seite zeigte Hardenberg/Novalis jedoch auch einen ausgeprägten Sinn für die Wirklichkeit. Seine Biographen zeigen sich immer wieder erstaunt darüber, daß der Dichter des Esoterischen, der Blauen Blume, gleichzeitig mit Fleiß und Gewissenhaftigkeit, ja mit Willensstärke und Zielstrebigkeit seinem juristischen Studium und seiner Tätigkeit als Salinenassessor nachging. Auch aus den Zeugnissen von Zeitgenossen geht hervor, daß Novalis alles andere als ein Phantast gewesen ist[17]. Das ist freilich keineswegs so außergewöhnlich für einen männlichen Hysteriker, betrachtet man das Arbeitspensum eines Flaubert, eines Proust oder anderer: Immer waren bei ihnen enorme Energien am Werke, die in merkwürdigem Widerspruch zu der angeblichen Willensschwäche und Passivität des männlichen Hysterikers stehen. Ich denke, der Eindruck der Weltabgewandtheit täuscht. Vielmehr handelt es sich um die mit zäher Entschlossenheit verfolgte Bemühung darum, das Unwirkliche Wirklichkeit werden zu lassen – auf Kosten einer bestehenden Wirklichkeit, die entweder verleugnet oder aber, wie im Fall von Novalis, sogar bereitwillig der Zerstörung anheimgegeben wird. »Natur soll Kunst und Kunst zweite Natur werden«, schreibt er[18]. Im *Heinrich von Ofterdingen* heißt es ähnlich: »Die Welt wird Traum, der Traum wird Welt.«[19] An wieder anderer Stelle schreibt er:

> Die Welt muß romantisiert werden. So findet man den ursprünglichen Sinn wieder. Romantisieren ist nichts anderes als eine qualitative Potenzierung. [...] Indem ich dem Gemeinen einen hohen Sinn, dem Gewöhnlichen ein geheimnisvolles Ansehn, dem Bekannten die Würde des Unbekannten, dem Endlichen einen unendlichen Schein gebe, so romantisiere ich es.[20]

Kurz: Materie soll in Gedanken verwandelt werden, und Gedanken ihrerseits materielle Form annehmen. Das Geistige soll versinnlicht, das Sinnliche vergeistigt werden. Dementsprechend werden in seinem Roman spielerisch Menschen in Metaphern verwandelt – in Blumen, Sterne, den Mond –, und Metaphern treten ihrerseits als Menschen aus Fleisch und Blut auf. Wenn man diesem Wechselspiel von Novalis folgt, so wird ersichtlich, daß die Beleibung oder Materialisierung der Idee, die er propagiert, untrennbar ist von der gleichzeitigen Bemühung um die Entleibung alles Sichtbaren, Sinnlichen, Lebendigen[21] – eine Bemühung, die den Schlüssel zur Destruktivität des männlichen Hysterikers darstellt.

Motor dieses Verwandlungsprozesses ist für Novalis nun wiederum der Dichter – und hier zeigt sich auch, warum sich die männliche Hysterie unter Künstlern und Schriftstellern besonders großer Beliebtheit erfreute und noch erfreut. Novalis nennt ihn den »Kunstmenschen« und erhebt ihn zum »Messias der Natur«[22]. Tatsächlich entsteht in diesem Zeitalter ein neuer Künstlertyp, dem – nicht nur bei Novalis – geradezu priesterähnliche Funktionen zugewiesen werden. »Der echte Dichter ist aber immer der Priester, so wie der echte Priester immer Dichter geblieben«, sagt Novalis wortwörtlich[23]. Dabei ist der Dichter Priester und Politiker zugleich, zuständig sowohl für das Transzendente wie auch für die Entstehung eines neuen »poetischen Staates«, in dem der Fürst der »Künstler der Künstler« sei[24]. Auf diese Weise werde die Menschheit ins »Tausendjährige Reich« geführt, sagt er[25]. Ich denke, man kann nicht deutlich genug darauf hinweisen, daß Begriffe wie dieser nicht durch Zufall in der Romantik – und gerade bei Novalis – auftauchen, entspricht doch das »Tausendjährige Reich«, so wie es im 20. Jahrhundert reale Formen angenommen hat, durchaus den Kriterien eines »Kunststaates« im Sinne von Novalis. Auch die Tatsache, daß der Gedanke eines »deutschen Vaterlandes« in der Literatur der Frühromantik eine Rolle spielt, lange bevor er irgendeiner gesellschaftlichen Realität entspricht, sei an dieser Stelle erwähnt. Dieses »Deutschland« war zunächst eine literarische Schöpfung von Dichtern und Philosophen, der die napoleonischen Feldzüge zwar sehr schnell eine soziale und emotionale Realität verschaffen sollten – aber seine Künstlichkeit wird diesem Deutschland immer anhaften[26].

Novalis war ein eifriger Leser von Fichte, den er auch selbst kannte. Seine Aufzeichnungen über Fichtes Werk umfassen allein fünfhundert Seiten[27]. Er übernahm seine Lehre vom Ich, das sich durch Gegensetzung eines Nicht-Ichs zum Teil eines monströsen, gleichsam im parthenogenetischen Akt erzeugten Ichs erhebt, und übertrug sie auf die Dichtung, die er zum »Helden der Philosophie« ernannte[28]. »Die Trennung von Poet und Denker sind nur scheinbar und zum Nachteil beider«, schreibt er[29]. Für Novalis – und man muß auch sagen: in Novalis – wird der Dichter zur Verkörperung der Fichteschen Ich-Phantasien: »Der poetische Philosoph«, so schreibt Novalis, »ist en état de créateur absolu«[30]. Bei Novalis wird aber aus dem Fichteschen »Nicht-Ich« (dem Objekt, aus dem das Ich gleichsam seine Seinsberechtigung bezieht) ein »Du«[31]. Und dieses »Du« wird, anders als bei Fichte, wo es einen Gegensatz zum Ich bildet, als Teil des Ichs begriffen[32]. Auf diese Weise soll der Dichter, gleichsam zweigeschlechtlich geworden, dazu befähigt werden, »von innen heraus die Welt zu gebären«[33]. Aus dem Fichteschen »Willen« aber, der Energie, die es erlaubt, ein »Nicht-Ich« zu setzen, wird bei Novalis »Liebe«[34]. Die Begriffe des »Dus« und der »Liebe« offenbaren, wie deutlich sich das Muster dem Verhältnis der Geschlechter annähert. Hegel wird den Vorgang wiederum abstrahieren, indem er von These und Antithese spricht, die miteinander eine Synthese eingehen[35]. Aber seine These und Antithese unterliegen den gleichen Gesetzen wie Fichtes Ich und Nicht-Ich. Wie synthetisch – im wahrsten Sinne des Wortes – das »Ich« ist, das die »Liebesdialektik« eines Novalis hervorbringt, wird gleich aufzuzeigen sein.

Für Novalis beschränkt sich die Dialektik dieser »Liebe« keineswegs nur auf das dichterische Werk oder seine philosophische Arbeit. Er überträgt sie auch auf das reale Leben[36], und hier wird die Destruktivität des männlichen Hysterikers, der Frau-Sein – oder das Du – aus sich heraus erschaffen will, und dem zuliebe die reale Frau in eine »Idee« verwandelt werden muß, besonders deutlich.

Mit 22 Jahren lernt Friedrich von Hardenberg seine spätere Verlobte Sophie von Kühn kennen. Er verliebt sich in sie, sobald er sie gesehen hat. »Eine Viertelstunde hat mich bestimmt«, schreibt er an seinen Bruder[37]. Sophie von Kühn ist damals zwölfeinhalb Jahre alt – ein Kind noch, auch für damalige Verhältnisse. Laut den wenigen Porträts, die wir kennen, ist sie hübsch, aber nicht mehr, anmutig, fröhlich – kein ungewöhnliches Mädchen nach den Zeugnissen derer, die sie gekannt haben. Nur Novalis' Freund Ludwig Tieck, der Sophie nie gesehen hat, malt ein überschwengliches Idealbild von ihr[38]. Was ihre geistigen Qualitäten angeht, so sind diese eher unbedarft. Davon zeugen ihre Briefe und einige Tagebucheintragungen. Sophie von Kühn ist also – als reale Person – keine überragende Gestalt. Umso geeigneter ist sie als Projektionsfläche für *Vorstellungen* von Frau-Sein, für die Ideale dieses »Dus«, das »aus Innen heraus geboren wird«, nämlich als Teil des Ichs. Novalis macht keinen Hehl daraus, daß er in Sophie ein Ideal sucht, daß die »Liebe« zu ihr wenig mit der angeblich geliebten Person zu tun hat: »Ich habe zu Söpchen Religion, nicht Liebe. Absolute Liebe, vom Herzen unabhängige, auf Glauben gegründet, ist Religion.«[39] Einer seiner Biographen beschreibt dieses Brautverhältnis mit Worten, die an Deutlichkeit nichts vermissen lassen:

> Ist es bei Novalis überhaupt »Liebe« im üblichen Sinne? Sophie hat auf ihn entscheidend gewirkt. Er hat in ihr ein geschwisterliches Wesen empfunden aus der ewigen Heimat, er will mit ihr verbunden bleiben. Ist vielleicht seine Vorstellung, daß dies Verhältnis ein bräutliches sein müsse, ein Irrtum? Gibt es nicht, außer dem üblichen Brautverhältnis, das zur Ehe führt, noch ein anderes, in welchem dem Strebenden in dem andern Wesen sein Schutzgeist, sein Ideal, zur Seite steht? So bei Dante, so bei Novalis?[40]

Dantes Beatrice war tot; Sophie wird ihrerseits bald sterben: an ihrer Verwandlung in eine Metapher, gegen die sie wehrlos ist. Um sich zu schützen, hätten ihr Selbstvertrauen, ihre geistigen Fähigkeiten in einer ganz anderen Weise ausgebildet sein müssen, als ihr Alter und ihre mangelhafte Schulung zuließen. Aber sie sagt, und Novalis notiert es selbst: Sie empfindet »Schreck für der Ehe. [...] Sie will sich nicht durch meine

Die Liebe höret nimmer auf
(Nach dem Ölgemälde von W. Kray)

Liebe genieren lassen. [...] Meine Liebe drückt sie so oft«[41]. Tatsächlich hat – im Gegensatz zu Sophies Bedürfnis, Distanz zu ihm aufrechtzuerhalten[42] – seine Liebe etwas Kannibalisches. Er will sie ganz in sich hineinnehmen[43]. Seinem Freund Schlegel schreibt er:

> Mein Lieblingsstudium heißt im Grunde, wie meine Braut. Sofie heißt sie – Filosofie ist die Seele meines Lebens und der Schlüssel zu meinem eigensten Selbst. [...] Etwas zu schreiben und zu heyrathen ist *Ein* Ziel fast meiner Wünsche[44].

Schon zu Lebzeiten beginnt Sophie die Gestalt einer Muse anzunehmen – und an eben diesem Entleibungsprozeß wird sie auch zugrundegehen[45]. Ein halbes Jahr nach der Verkündung ihrer Verlobung mit Friedrich von Hardenberg erkrankt sie. Es beginnt ein harter Leidensweg, an dessen Ende ihr Tod stehen wird. Sie ist zu dem Zeitpunkt gerade 15 Jahre alt geworden. Ihr Todestag fällt auf den 18. März. In einer fiktiven Hochzeitsanzeige, die er einige Zeit vorher zum Spaß aufgesetzt hatte, wählte Novalis eben dieses Datum für seine Eheschließung mit Sophie. Sie stirbt pflichtschuldig, möchte man sagen, gleichsam einen Opfertod, der zugleich den Vollzug der Ehe darstellt.

Dieser Eindruck verstärkt sich, wenn man sieht, was nach ihrem Tod geschieht. Novalis verfällt zunächst in tiefe Trauer, aber schon die Trauer selbst hindert ihn nicht, ein Tagebuch zu führen, in dem er seine Gefühle beobachtet und beschreibt. Der Tod Sophies sei die Geburtsstunde des romantischen Dichters Novalis gewesen, behaupten viele seiner Biographen[46]. Andere schreiben: Ihr Tod »hatte in Novalis erst die Potenzen seines Fühlens und Denkens ausgelöst«[47]. Das ist keine reine Erfindung der Biographen. Novalis selbst bestätigt es in einem Brief an Friedrich Schlegel, kaum einen Monat nach Sophies Tod:

> Mein Herbst ist da und ich fühle mich so frey, gewöhnlich so kräftig – es kann noch etwas aus mir werden. Soviel versichre ich dir heilig – daß es mir ganz klar schon ist, welcher himmlischer Zufall ihr Tod gewesen ist – ein Schlüssel zu allem – Ein wunderbarschicklicher Schritt. Nur so konnte so manches rein gelößt, nur so manches Unreife gezeitigt werden. Eine einfache, mächtige Kraft ist in mir zur Besinnung gekommen. Meine Liebe ist zur Flamme geworden, die alles Irdische nachgerade verzehrt.[48]

Und Schlegel antwortet ihm nicht minder deutlich: »Du glaubst nicht, wie ganz ich bey Dir bin, und wie ganz ich in Deine Lage eingehen kann. Aber ich versichre Dich, daß ichs oft beneidenswürdig finden könnte, einen solchen Verlust gehabt zu haben.«[49] Daß es sich hier um mehr als Trauerarbeit handelt, geht auch aus einem Satz hervor, den Novalis schon Wochen vor dem Tod von Sophie von Kühn in sein Tagebuch notierte: »Meine Phantasie wächst, wie meine Hoffnung sinkt«.[50] Es geht vor allem auch aus seinem Werk hervor, in dem immer wieder das Motiv der jungen Frau auftaucht, die ihr Leben opfert, damit der Held zum Dichter werden oder auf andere Weise das Heil erringen kann[51].

Novalis ist sich des Opfers, das diese junge Frau für ihn bringt, durchaus bewußt: ihr Opfer besteht darin, den Geist aufzugeben, damit er sie als Metapher, als Gestalt seines eigenen Frau-Seins nach innen nehmen – ich möchte sagen: verspeisen – kann. Eine seiner letzten Tagebucheintragungen, bevor er dieses für literarische Arbeit von höherem Wert beiseite legt, berichtet von einer Vision am Grabe seiner Braut, in der ihm Sophie mit Christus oder als Christusgestalt – man weiß es nicht genau – erscheint. »Aus der verblaßten irdischen war in geradezu blasphemischer Freizügigkeit eine mythische Gestalt geworden«, schreibt der Novalis-Forscher Gerhard Schulz dazu[52]. In den *Hymnen an die Nacht*, im Roman *Heinrich von Ofterdingen*, immer wieder taucht die Gestalt der Sophie auf: als Schutzheilige, oder als »Philosophie«. Die unberührbare, keusche Sophie, deren Kindlichkeit zu Lebzeiten jede erotische Begegnung unterband – und ich behaupte, daß Hardenberg sie aus eben diesem Grund, ihrer Ungeschlechtlichkeit, zur Projektionsfläche seiner Liebe und das heißt seiner Selbstliebe gemacht hat – diese keusche Sophie darf erst küssen, nachdem sie verstorben ist, als Muse[53].

Bluthochzeiten

In dieser Verwandlung von lebendiger Frau in eine Metapher männlichen Frau-Seins liegt auch ein Schlüssel zum Verständnis der seltsamen Hochzeit, die die Begriffe von Liebe und Tod, von Erotik und Gewalt im Verlauf des 19. Jahrhunderts eingehen werden: ein Amalgam, das nichts mit der immer wieder beschworenen Nähe von Eros und Thanatos zu tun hat, mit dieser Erfahrung und dem Erleiden des Fremden, die die Sexualität, als eine Ahnung des Fremden, des Dunklen vermittelt. Die *Hymnen an die Nacht*, die Novalis nach dem Tod von Sophie verfaßt, sind voll von Rausch, Ekstase, Wollust; die Abwesenheit des Lichts – das Nicht-Licht, wie Schulz so treffend sagt[54] – wird gefeiert, und die verstorbene Geliebte nimmt in diesem Nicht-Licht die Rolle einer Sonne der Nacht ein[55]. Die Romantiker treten die »Reise nach innen« an, heißt es; sie stoßen vor in die dunklen Bereiche des Unbewußten. Aber ist es nicht seltsam, daß diese Reise ins Nicht-Licht zu genau dem historischen Zeitpunkt stattfindet, an dem Galvani den Strom entdeckt? Novalis kannte die Entdeckungen von Galvani, er hatte sich, wie auch die anderen Romantiker des Jenaer Kreises, intensiv mit ihnen beschäftigt. Vergleichbar der Philosophie, die das »Ich« in eben jenem historischen Moment erfindet, in dem das »Zeitalter der Massen« anbricht (um mit marxistischen Historikern zu sprechen) und das Individuum aufhört, eine eigene, eine individuelle Geschichte zu haben – entdeckt auch Novalis die Reize der Nacht, kurz bevor die Glühlampe die Dunkelheit taghell erleuchtet.

Sollen wir wirklich glauben, daß die Romantiker, die so gerne als Querdenker des Positivismus und der Aufklärung gesehen werden, als Feinde des Fortschrittes, sollen wir wirklich glauben, daß sie sich dem »Fremden« aussetzten? War es nicht vielmehr so, daß sie das Fremde besetzten? »Wo gehen wir denn hin?« fragt der Held im *Heinrich von Ofterdingen*. »Immer nach Hause«, lautet die Antwort[56]. Bei der Begegnung der Romantiker mit dem »dunklen Kontinent« handelt es sich eben *nicht* um eine Begegnung mit dem Fremden, um eine Auslieferung an die beängstigende Macht des Eros, noch um eine Absage an das aufziehende Industriezeitalter – hier handelt es sich vielmehr um die Fabrikation von Eros, um ein Ich, das seinen eigenen Rausch, seine eigene »Lebendigkeit« inszeniert[57]. Es geht, wie Novalis selber sagt, um die »Kunst, alles in Sophien zu verwandeln – oder umgekehrt«[58] – und eben diese »Kunst« ist es, die dem Vorgang seine Gewalttätigkeit verleiht. Wir werden dieser Gewalt – als Gewalt einer künstlich produzierten Erotik – in den Kriegstagebüchern von Ernst Jünger wiederbegegnen wie auch im Werk Richard Wagners und, untrennbar davon, in seinem Judenhaß und seiner Vernichtungsideologie[59].

Aber kommen wir nun zurück auf Don Juan und Carmen. Was den alten Eroberer mit dem neuen männlichen Hysteriker verbindet, ist aus dem bisherigen – hoffentlich – deutlich geworden: daß nämlich Don Juan zum Esoteriker wurde, weil er die Frau nicht nur erobern, sondern auch »von innen heraus« erschaffen wollte. Was aber verbindet Carmen mit diesem ätherischen Frauenbild einer verstorbenen Sophie oder Beatrice? Was hat sie gemein mit der »Muse«?

Männliche Weiblichkeit

Eines der Leitthemen der Romantik ist das Thema des Doppelgängers, des Schattens, des Spiegelbildes, kurz, des anderen Ichs, nach dem der Held sucht. In vielen Fällen taucht dieses Alter ego auch in weiblicher Form auf: dann als Schwester, mit der der Held zuletzt Hochzeit feiert. Fast immer endet diese Liebe tödlich, gleichsam als letzte Erfüllung, die über das irdische Sein hinausführt. Das Aufkommen und die Bedeutungszunahme dieses Motivs wird auf der Ebene der realen Geschlechterbeziehung von einer zunehmenden Symbiose der Geschlechter begleitet, ihrer Verschmelzung in immer enger werdenden Häusern, Familienbanden, Ehebeziehungen, in denen zum Anspruch auf die »Liebesehe« später auch noch der Anspruch auf die vollkommene sexuelle »Harmonie« kommt[60]. In diesem Liebesideal der Symbiose verwischen die Grenzen zwischen dem Ich und dem Du. Es findet also auf der Ebene der gelebten psychischen Realität eine ähnliche Vereinnahmung des Anderen statt, wie ich sie am Beispiel von Novalis und seiner Braut darzustellen versuchte[61]. Das geschwisterähnliche Liebesideal, dessen inzestuöse Komponente die Sexualität selbst auszuschließen scheint, führt zu einer Desexua-

Gustave Moreau: Die Erscheinung

lisierung der Geschlechterbeziehung, von der sich wiederum Theorien wie die von Krafft-Ebing über die mangelnde weibliche Libido ableiten werden. Dem desexualisierten Frauenbild steht andererseits aber eine völlig konträre Vorstellung von »Weiblichkeit« gegenüber, die im Verlauf des 19. Jahrhunderts an Bedeutung gewinnt: das Bild der »grausamen Frau« und der machtvollen Verführerin. Und damit sind wir wieder bei Carmen. Sie – wie all die anderen Verführerinnen und Hexen der Neuzeit – stellt die Wiederbelebung der Metapher gewordenen Frau dar. In Carmens leidenschaftlichem, mit allen Trieben und allen Ekstasen der »echten« Frau, der einstigen Hexen ausgestattetem Körper nimmt die »nach innen genommene« Frau des männlichen Hysterikers wieder sichtbare, lebendige Gestalt an, eine Gestalt, die das Blut in Wallungen bringt und die, logische Folge, auch im Blut badet. Die Bilder der Salome mit dem blutenden Haupt des Johannes, die Blutlachen um die erstochene Carmen, das Messer in Lulus verführerischem Körper, der zerfleischte Leib des Kriegers, der Flauberts Salammbô in die Ohnmacht treibt, diese ganzen Bilder weisen eine frappierende Ähnlichkeit mit den blutigen Lusterlebnissen in den Kriegstagebüchern von Ernst Jünger auf. Die Nähe dieser Frauengestalten zum Untergang, das Blut, das sie fordern oder das aus ihrem Körper fließt, dienen als sichtbarer Beweis für die Lebendigkeit, »Echtheit« dieser »grausamen Frauen« und ihrer Erotik. Dieses Blut ist aber auch eine Erbschaft des Zerstörungsprozesses, den die Sophies erlitten haben und aus dem die Carmens hervorgegangen sind.

Daß es sich bei den »grausamen Frauen« um Phantasien von *männlicher* Weiblichkeit handelt, läßt sich mit vielen Beispielen belegen: »Das Weib als Sphinx!« schreibt Weininger. »Ein ärgerer Unsinn ist kaum je gesagt, ein ärgerer Schwindel nie aufgeführt worden. Der Mann ist unendlich rätselhafter, unvergleichlich komplizierter«[62]. Tatsächlich ist im Französischen die Sphinx auch männlich, was in der französischen Décadence-Literatur zu einer völlig anderen Behandlung der Fabelgestalt geführt hat als in der deutschen. Flauberts Dialog zwischen Sphinx und Chimäre in der *Versuchung des Heiligen Antonius* sei hier als Beispiel aufgeführt. Bei Flaubert verkörpert die Sphinx nicht das erotische, archaische Element, sondern die Vernunft, das ruhende, berechnende Prinzip – ganz im Gegensatz zu den Sphinx-Darstellungen deutscher und österreichischer Künstler. (Das gleiche gilt sogar für einige französischsprachige Maler wie Gustave Moreau, Fernand Khnopff.) Daß sich aber auch hinter den weiblichen Rätselgestalten in Wirklichkeit ein Mann verbirgt, zeigt sich bei Novalis: Als er schließlich den Schleier der Göttin von Sais lüftet, entdeckt der Held dahinter keinen anderen als sich selbst[63].

Unzählig sind die Gestalten, die die männliche Weiblichkeit im 19. und Anfang des 20. Jahrhunderts annimmt: sie inkarniert sich in Salome, Medusa oder Lulu als femme fatale. Aber auch die kometenhafte Karriere, die ein eher madonnenhaftes Frauenporträt wie das der Mona Lisa im 19. Jahrhundert antritt[64], gehört hierher. Ihre angebliche »Rätselhaftigkeit«, die Vieldeutigkeit ihres Blicks, die Androgynität, die viele, auch schon vor Duchamp, gerade in ihrem Lächeln gesehen haben wollen[65] – all das macht sie zur idealen Darstellung männlicher Weiblichkeit. Die Tatsache, daß eine amerikanische Computerkünstlerin bei einem Vergleich der Daten von einem Selbstporträt Leonardos mit der Mona Lisa feststellte, daß zahlreiche Details der beiden Gesichter völlig miteinander übereinstimmen, paßt gut in dieses Bild[66]. Der Erfolg des Porträts, das wie kein anderes Gemälde der Welt, zu *dem* Kunstwerk überhaupt wurde, erklärt sich meines Erachtens damit, daß es hier zum ersten Mal einem Mann gelungen ist, sich selbst *als Frau* darzustellen: nicht als Transvestiten, nicht als Transsexuellen, sondern als einen Mann, der seine Weiblichkeit auf die Leinwand bannt – eine Weiblichkeit, versteht sich, die weit »echter« ist als die der realen Frauen. Denn sie stellt ein Kunstwerk dar, das »von innen« erschaffen wurde.

Die Weiblichkeit der Frau

Wo aber bleibt unter diesem mächtigen Frauenbild die reale Frau – und zwar gerade die sogenannte »starke Frau«, die sich ihrer Vereinnahmung in der Dichtung, der Ehe oder den anderen Institutionen der »Geschlechterharmonie« widersetzen möchte? Ich will versuchen, auf diese Frage so kurz wie möglich zu antworten. Sie findet sich einerseits wieder in der magersüchtigen Frau, die sich der »Verspeisung« ihrer Weiblichkeit durch die Reduktion ihres Körpers entzieht. Sie hungert den Körper aus, mit dem sich das übermächtige, gefräßige Ich ein »Du«, ein Nicht-Ich oder die Antithese zu setzen versucht. Die Magersüchtige weigert sich, ihren Körper zur Beleibung der Metapher, zur Inkarnation männlicher Weiblichkeit herzugeben. Aber das bedeutet, daß die Erscheinung der Anorektikerin, die sich wie die Verweigerung von Weiblichkeit ausnimmt, in Wahrheit Ausdruck von genau dem Gegenteil ist: Sie stellt den Versuch einer weiblichen Selbstbehauptung dar. Sie ringt um ein

Ich, das sich seiner Verwandlung in ein Nicht-Ich oder ein »Du« im Sinne von Novalis widersetzt. Eine Antithese, die der These die Erweiterung auf dem bequemen Weg der Dialektik verwehrt[67].

Die sogenannte »starke« Frau findet sich andererseits aber auch wieder als *Verkörperung* der »leidenschaftlichen Frau« – von Carmen, Lulu und den anderen »Kunstfrauen« also. Sie ist es, die für das Stimmrecht der Frau auf die Straße geht, die das Recht fordert, schreiben zu dürfen, in den Kunstakademien aufgenommen zu werden, als Ärztin, Anwältin zu praktizieren. Sie wird schließlich auch das Recht auf die »freie Liebe«, die ungebundene Sexualität in Anspruch nehmen. Sogar als Verführerin, als tragische Liebesgestalt wird sie in Erscheinung treten und in Erscheinung treten wollen. Zu diesen Frauen gehören einige der mutigsten und meist bewunderten – auch von mir meist bewunderten – Frauen, die in den letzten zweihundert Jahren hervorgetreten sind. Die Namen dieser Frauenrechtlerinnen, Schriftstellerinnen, Künstlerinnen brauche ich nicht aufzuführen. Aber zur Illustration einer Frau, die in die Haut dieser tragischen Liebesgestalt schlüpfte, möchte ich das Beispiel der Franziska zu Reventlow anführen. Wahrlich eine »emanzipierte« Frau, gerade in Fragen der Geschlechtsmoral. In einer Tagebucheintragung von 1905 schreibt sie:

> »Cruel énigme – das Zeichen, unter dem mein ganzes Leben steht. [...] Wenn ich das eine halten möchte, braust tausend anderes über mich her. [...] Wenn ich liebe, ist es immer ein Unglück für alle beide, immer, immer, unweigerlich.«[68]

Der Preis, den die Anorektikerin für ihre Form von Verweigerung zahlt, ist bekannt. Der Preis, den die Frau zahlt, die sich selbst zur femme fatale macht, ist vielleicht noch höher: Er besteht im Verzicht darauf, Subjekt der eigenen Weiblichkeit zu sein und zur Inkarnation eines fremden Frauenbildes zu werden, das mit ihr als realer Frau in Konkurrenz steht. Andererseits hat die »starke« Frau aber auch dazu beigetragen, daß die Gestalt der leidenschaftlichen Frau im Verlauf des 20. Jahrhunderts einiges von ihrem übermächtigen Mythos einbüßen mußte – ein Mythos, dessen Macht eben darauf beruhte, daß keine reale Frau ihm gerecht zu werden schien. Indem die »starke Frau« den Mythos in ihren Körper aufsog, brachte sie ihn auch zum Verschwinden. So trifft sich – Paradoxon unter vielen – die »starke Frau«, Inkarnation des Carmen-Mythos, mit der Symptombildung der Anorektikerin: In beiden Fällen bringt die reale Frau die mythische Frau, die männliche Weiblichkeit zum Verschwinden.

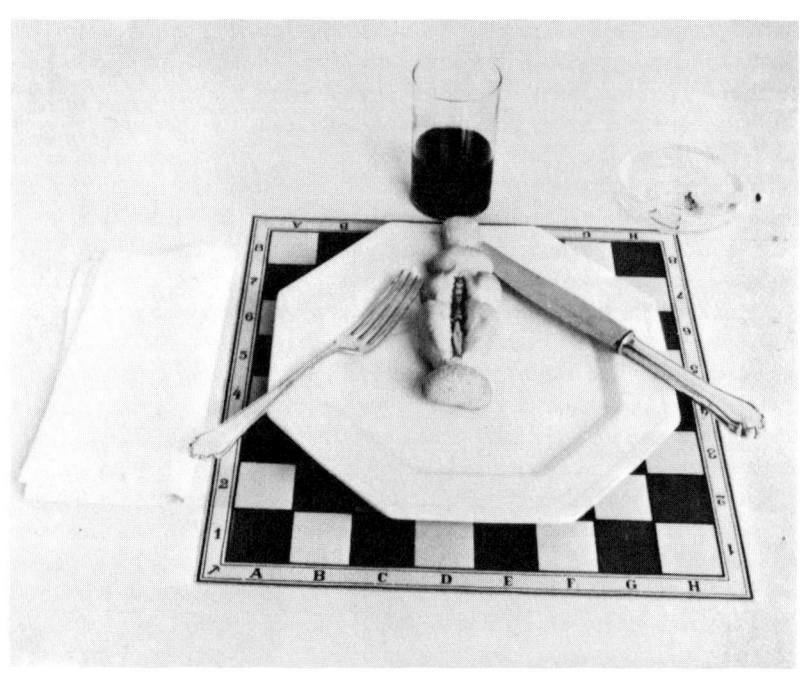

Meret Oppenheim: Bon appétit, Marcel (1966)

Insgesamt, so läßt sich sagen, löst sich das Rätsel der widersprechenden Geschlechterrollen, wenn man begreift, daß hier verschiedene Sexualwesen – ein reales und ein imaginäres, das aber nicht minder real geworden ist – miteinander in Konkurrenz stehen und daß in diesem Konflikt – so widersprüchlich es auch klingen mag – die Anorektikerin um die Bewahrung des Sexualwesens kämpft, während Carmen als eine der Gestalten betrachtet werden muß, die zum Untergang des Eros beigetragen hat. Denn in Carmen fand die männliche Weiblichkeit ihren Ausdruck: eine Weiblichkeit, die die Frau selbst überflüssig macht. Ich denke, daß die Selbstzweifel, denen viele Frauen in diesem Zeitalter ausgesetzt sind, das doch anscheinend die Rechte der Frau wiederentdeckt hat, in diesem Konflikt ihren Ursprung haben: nicht unterscheiden zu können zwischen dem Selbstbild und der Projektion männlicher Weiblichkeit, die in ihr ihre Inkarnation sucht. Kann ich meinen Gefühlen, meinen Trieben, meinem Körper selbst trauen, so etwa lautet die Frage, die hinter diesen Selbstzweifeln steht, oder sind diese nur fremde Wunschvorstellungen, die in mir Gestalt angenommen haben? Für den Mann hat der Konflikt zwischen Imagination und Realität andere Konsequenzen gehabt, die vor allem beim Künstler offenbar werden. Es scheint sich für ihn zunehmend als schwierig zu erweisen, zugleich Künstler zu sein und eine Frau zu lieben: die »Beleibung« der eigenen Weiblichkeit, des eigenen Frau-Seins im anderen macht es ihm eigentlich unmöglich, dem »Anderen«, dem »Fremden« noch zu begegnen[69].

All das bedeutet freilich, daß die Suche nach einer spezifisch weiblichen Sexualität oder Ästhetik, wie sie immer wieder zur Debatte steht, eigentlich unsinnig geworden ist. Mehr noch: sie birgt die Gefahr in sich, zu einer Bestätigung männlicher Weiblichkeit zu werden – zu sehr sind die Grenzen zwischen der realen Frau und dem von Männern entworfenen Frauenbild (das viele Frauen zu dem ihren gemacht haben) verwischt. Ein anschauliches – und amüsantes – Beispiel dafür gab kürzlich ein junger Mann in England. Er war von der Jury nicht als Mann erkannt worden und ging als Siegerin aus einem Schönheitswettbewerb hervor[70]. Zu solchen Entwicklungen hat auch die Frauenbewegung beigetragen. Gerade was die Hexe betrifft, haben viele Teile von der Frauenbewegung entscheidend mitgeholfen, deren Bild ganz im Sinne einer Carmen umzuformen: als Verkörperung der pulsierenden Natur, der unbezähmbaren Leidenschaft – ganz so wie Michelet es vorgeschrieben hatte. Sie unterstützen so, wenn auch unfreiwillig, den Anspruch des Mannes, die »echtere« Weiblichkeit zu verkörpern.

Meine Vorbehalte bei der Suche nach einer spezifisch weiblichen Sexualität oder Ästhetik und mein besonderes Mißtrauen allen Versuchen einer Rehabilitierung und Reinstallation dieser »Weiblichkeit« gegenüber bedeutet aber nicht, daß ich der Frauenforschung an sich ablehnend gegenüberstehe. Im Gegenteil: Ich verdanke ihr unendlich viel an Einsichten und an Aufdeckung von verschütteten Quellen. Aber ich denke, daß die Frauenforschung auf anderen Bereichen Entscheidendes zu leisten vermag und vielleicht sogar als einzige unter allen Forschungsgebieten zu leisten vermag: nämlich bei der Aufdeckung der Geschlechtlichkeit von Geschichte.

Geschlecht und Geschichte

Um einige Beispiele zu nennen: Die Geschichte von Begriffen wie etwa der der »Nation« oder der des »Staates« sind untrennbar von der Rolle, die die Sexualbilder in der abendländischen Geschichte gespielt haben. Was den Nationalsozialismus betrifft, so wurden bisher vor allem seine verbrecherischen Aspekte behandelt, die Staatsmaschinerie, die er in Gang setzte; es wurde die Banalität des Bösen gezeigt, auch auf die Feindbilder verwiesen, die dieses System stützten, aber es wurde bisher noch viel zuwenig auf die erotische – oder genauer: pseudo-erotische – Anziehungskraft gerade dieser Feindbilder eingegangen. Dabei kann doch eigentlich erst die Erkenntnis dieser erotischen Ersatzfunktionen – die in enger Verbindung mit der oben beschriebenen Durchsetzung männlicher Weiblichkeit stehen – die Tatsache erklären, daß es eine Kraft gab, die stärker war als jede Ethik und jedes Gefühl von Menschlichkeit[71].

In diesem Zusammenhang möchte ich noch einmal kurz auf die männliche Hysterie zurückkommen, die am Anfang meiner Überlegungen stand. Die Entstehung – oder Salonfähigkeit – der männlichen Hysterie zeitigte auch einen Wandel in der Bedeutung des Wortes, der seinerseits in enger Beziehung zur schon behandelten Destruktivität des männlichen Hysterikers steht. Das Wort Hysterie nimmt im Verlauf des 19. Jahrhunderts und noch deutlicher nach 1900 eine völlig konträre Bedeutung, nämlich die der »Massenhysterie«, an: es beschreibt ein Ich, das im Rausch der Masse lustvoll seinen eigenen Untergang erlebt. Schon vorher hatte es Massenphänomene gegeben, die Veitstänze des ausgehenden Mittelalters zum Beispiel, aber nie war das Wort Hysterie, das fast nur dem individuellen weiblichen Körper vorbehalten war, auf diese Erscheinungen angewandt worden. Auch unterscheidet sich die Massenhysterie des 20. Jahrhunderts erheblich von der der Vorzeit: Während die Menschen, die dem Veitstanz verfielen, keines Feindbildes bedurften, um in einen Zustand der Sinnesentrücktheit zu geraten, scheint das Feindbild zu einem der wichtigsten Faktoren der Massenhysterie im 20. Jahrhundert zu gehören. Ich möchte sogar die Behauptung aufstellen, daß dieses Feindbild die entscheidende erotische Komponente des politischen Massenrausches darstellt. Und eben dieses Bedürfnis befriedigte der Judenhaß. Im Feindbild des Juden – und noch mehr: im Feindbild des verfolgten Juden – setzte das monströse Ich, die Masse, sich sein Nicht-Ich im Sinne Fichtes, oder das »Du« im Sinne von Novalis[72]. Auch hier wurde das Töten zum Ersatz – ja mehr noch: zum Ausdruck – für einen von

Gewalttätigkeit ununterschiedenen Begriff von »Lieben«. Die Verfolgung und Vernichtung eines selbstgeschaffenen »Anderen« wurde zum erotischen Erlebnis eines Ichs, das mit sich selbst – durch Töten – Hochzeit feierte. Richard Wagner, Otto Weininger sind nur einige Glieder in dieser Kette, durch die der Jude zum Opfer einer phantasierten Männlichkeit wird, die unter anderem in den schon benannten Theorien einer Überlegenheit des männlichen Geschlechtstriebs ihren Niederschlag fand.

Die Fabrikation dieser beiden »Dus« gleichen einander, gleichen einander vor allem was die Gewalttätigkeit betrifft, mit der sie hervorgebracht werden. In beiden Fällen wird Realität in Imagination verwandelt und wird die Imagination ihrerseits physische Realität produzieren – physische Realität in jedem Sinne des Wortes: als Fabrikation von Körper und als Produktion von Vernichtung. Der Mythos, der sich hinter der Realität der Vernichtungslager verbirgt, ist untrennbar von dem Paradigmenwechsel, der uns hier beschäftigt. Im einen Fall geht es um ein Sexualwesen, das durch den Mythos entleibt wurde; im anderen um eine mythische »Rasse«, der ein Körper aus Fleisch und Blut, eine biologische Andersartigkeit zugeschrieben wird, die zu realer Vernichtung führte.

Der Paradigmenwechsel der Geschlechterrollen spiegelt sich andererseits auch in einem Wandel wider, der mit dem Begriff der »Mutter« zusammenhängt. Die Erwartungen an die »Mütterlichkeit« – sowohl im fürsorglichen wie im kontrollierenden Sinne – beziehen sich immer weniger auf die reale Mutter oder auch nur auf eine einzelne Frau[73], sie beziehen sich auch nicht auf den Vater, sondern zunehmend auf die Institution Staat, den sozialen Wohlfahrtsstaat mit all seinen Kontrollmechanismen und seinen Zwangsernährungssystemen. Tatsächlich scheint das Bild vom »Vater Staat« allmählich in eines vom »Mutter Staat« überzugehen, wobei auch hier in einem gewalttätigen Prozeß die reale Mutter, der reale Vater durch einen Staat, der alle Charakteristika einer »echten Mütterlichkeit« beansprucht, gleichsam eine übermächtige mère fatale, ersetzt werden. Die sinkenden Geburtenraten, die gleichzeitige Entwicklung der Gentechnologie sind nur die offensichtlichsten Anzeichen dafür. Ein anderes Anzeichen ist die Tatsache, daß es zunehmend männliche Anorektiker zu geben scheint. Während sich der männliche Hysteriker der Mutter als Schutzschild gegen die reale Frau bediente, bemüht sich der männliche Anorektiker darum, die Mutter am eigenen Körper auszuhungern, sich dem »Mutter Staat« durch Hungerstreik zu entziehen.

Ich denke, daß die Frauenforschung auf all diesen Gebieten – ob es sich nun um die Vernichtungslager oder um die gentechnologischen Labors,

den »Mutter Staat« oder den Hungerstreik handelt – noch vieles aufzudecken vermag, vor allem eine Frauenforschung, die sich mit den
Mythen beschäftigt, die sich hinter den sichtbaren Realitäten verbergen.
Es sind Mythen, die die Frauen über Jahrhunderte am eigenen Leib
erfahren haben und noch immer erfahren, die sie sich aber hüten sollten,
zur weiblichen Wirklichkeit zu erklären.

Zuletzt möchte ich noch eines hinzufügen: Bei dem Vorgang, den ich
hier beschrieben habe, gibt es zwar Opfer – unfaßbar viele Opfer –,
aber es gibt keinen Täter im eigentlichen Sinne des Wortes. Ich würde
mich mißverstanden fühlen, sollte man diese Analyse als moralische
Anklageschrift verstehen. Es gab nicht den Täter als Subjekt von
Geschichte, und das ist im Grunde genommen ein Gedanke, der unendlich viel schwerer zu ertragen ist, als wenn es einen Täter gäbe, der für
diese Verbrechen dingfest zu machen wäre. Es gab dieses Subjekt von
Geschichte nicht aus dem einfachen Grund, daß es das bewußte Subjekt,
das Geschichte vorausplant und in Erfüllung gehen läßt, schon vor der
Aufklärung nur selten gegeben hat und seit dem Untergang des Ichs –
ein Untergang, ich wiederhole es, der eng mit dem Paradigmenwechsel
der Geschlechter zusammenhängt –, seit dem Anbruch des »Zeitalters
der Massen« immer weniger gibt. Gerade die ich-zentrierten Lehren eines
Kant oder Fichte, aber auch die romantische Verherrlichung der Subjek-
tivität verdeutlichen, wie sehr der Mensch zum Objekt von Geschichte
geworden ist und seine Ohnmacht verspürt.

Anmerkungen

1 Natürlich zeichnet sich der hier dargestellte Paradigmenwechsel auch schon früher ab, aber mit der Aufklärung wird er besonders deutlich sichtbar.

2 »Die Liebe gleicht Zigeunerart« heißt es in Bizets *Carmen*, oder auch: »Die Liebe ist ein wilder Vogel...«

3 Brigitte Wittmann (Hrsg.), *Don Juan*, Darmstadt 1976

4 Ernst Bloch, *Don Giovanni, alle Frauen und die Hochzeit*, in: *Das Prinzip Hoffnung*. Gesamtausgabe, Bd. V, Frankfurt 1959, S. 1187

5 Die enge Verwandtschaft einer Reihe zeitgenössischer Entwürfe über den »neuen Mann«, in denen vornehmlich die Forderung nach einem Bekenntnis zur Weiblichkeit im Mann auftaucht, mit Décadence und Romantik soll hier nicht übergangen werden. Sie ist vielmehr einer der Gründe, weshalb mir eine umfassende Beschäftigung mit der männlichen Hysterie von besonderer Aktualität erscheint.

6 Richard von Krafft-Ebing, *Psychopathia sexualis I* (Reprint) München 1984, S. 12f

7 Vgl. Havelock Ellis, *The Sexual Impulse in Women*, in: *Studies in the Psychology of Sex*, Kingsport/Tenn. 1942, Vol.I, part 2

8 Vgl. z.B. Charles Darwin, *Die geschlechtliche Zuchtwahl*. Deutsch von Heinrich Schmidt, Leipzig 1909, S. 250; P. Möbius, *Die Geschlechter der Tiere*, Halle, Bd. 2. S. 4 ; ders., *Über den physiologischen Schwachsinn des Weibes*, Halle 1902, S. 14ff; C. Lombroso und G. Ferrero, *Das Weib als Verbrecherin und Prostituierte*. Anthropologische Studien, gegründet auf eine Darstellung der Biologie und Psychologie des normalen Weibes. Übersetzt von H. Kurella, Hamburg 1894, S. 129f u. S. 172. Die beiden letzteren erklären die weibliche Prostitution mit dem Mangel der Libido bei der Frau. In anderen Schriften wird die weibliche Prostitution gerade mit der Unersättlichkeit der sexuellen Bedürfnisse der Frau begründet.

9 M. Hartung, *Homosexualität und Frauenemanzipation*, Leipzig 1910, S. 28; Havelock Ellis, *The Mechanism of Detumescence*, in: *Studies in the Psychology of Sex*, Kingsport/Tenn., 1942, Vol. II, part 2, S. 132

10 Stéphane Mallarmé, *Plainte d'automne*, 1867, in: *Œvres complètes*, Paris 1945, S. 270

11 Flaubert bezeichnete sich selber gerne als »dickes hysterisches Mädchen« oder als »alte hysterische Frau«, zit. nach Jean Paul Sartre, *Der Idiot der Familie*. Gustave Flaubert, 1821-1857. Aus dem Französischen von Traugott König, Reinbek b. Hamburg 1977, Bd. 4, S. 230; siehe auch den Brief an George Sand vom 12./13.1.1867, in: *Gustave Flaubert – George Sand*. Correspondance, Paris 1981; Baudelaire schreibt: »Die Hysterie: Warum sollte dieses physiologische Rätsel nicht die Grundlage und den Tuffstein eines literarischen Werkes bilden.« Charles Baudelaire, *Madame Bovary*, in: *L'art romantique*. Œuvres. Texte établi et annoté par Y.-G. Le Dantec, Paris 1932, Bd. 2, S. 447. Ebenso billigt auch Joris-Karl Huysmans seinem Romanhelden Jean Des Esseintes »gelehrte Hysterien« zu. Joris-Karl Huysmans, *Gegen den Strich*. Aus dem Französischen von Hans Jacob, Zürich 1965, S. 126; Die Liste dieser Adepten der Hysterie ließe sich noch lange fortsetzen. Unter ihnen befinden sich – das sei hier keineswegs nur am Rande bemerkt – einige der bedeutendsten Künstler des 19. und 20. Jahrhunderts, denen Literatur, Malerei und Musik entscheidende neue Anstöße verdanken.

12 Vgl. den Abschnitt »Die Affinität der Décadence zur Gewalt« in: Wolfdietrich Rasch, *Die literarische Décadence um 1900*, München 1986, S. 87ff

13 Novalis, *Schriften*. Die Werke Friedrich von Hardenbergs. Hrsg. von Paul Kluckhohn und Richard Samuel. Zweite ergänzte, erweiterte und verbesserte Auflage, Stuttgart 1960ff (im folgenden: HKA), Bd. II, S. 667, 686f, 662f

14 In einem Brief an seinen Bruder Erasmus schreibt Novalis über sein Verhältnis zu

Frauen: »Mit der zarten Blüte meiner Neigung ist es vorbei, sobald ich gemeine Gunstbezeugungen erhalte«. Novalis, *Schriften*. Im Verein mit Richard Samuel herausgegeben von Paul Kluckhohn, 4 Bde., Leipzig 1929 (im folgenden: Kl), Bd. 4, S. 81f

15 HKA III, S. 613ff

16 Die Surrealisten nannten die Hysterie »die größte poetische Entdeckung vom Ende des 19. Jahrhunderts«, Louis Aragon/André Breton, *Le cinquantenaire de l'hystérie*, in: *Révolution surréaliste*, Nr. 11, 15.3.1928; vgl. auch Anmerkung 11

17 vgl. den Bericht des Amtmannes August Coelestin Just über Friedrich von Hardenberg, in: HKA IV, S. 536 ff

18 Novalis, *Werke*. Hrsg. von Gerhard Schulz, München 1969 (im folgenden: *Werke*), S. 412f

19 Novalis, *Heinrich Ofterdingen*. Textrevision und Nachwort von Wolfgang Frühwald, Stuttgart 1984, S. 159

20 HKA II, S. 545

21 Frühwald schreibt über den Ofterdingen: »Durch die Identifizierung der Romangestalten mit denen der Märchen wollte Novalis den Übergang aus der ›wirklichen Welt in die geheime‹ sinnfällig machen, die Traumwelt als poetische Realität konstituieren. [...] So ist der Stil des ›Ofterdingen‹ geformt von der Kraft Gestalt gewordener und gegenseitig gespiegelter Paradoxien, wobei Bild und Spiegelbild gleichsam aufeinander zuschreitend ineinander verschmelzen«. Nachwort zu *Heinrich von Ofterdingen*, S. 244f

22 HKA III, S. 248

23 HKA II, S. 441

24 HKA II, S. 497

25 HKA II, S. 281

26 Wie eng Kunstwerk und Deutschtum zusammenhängen, wird in der Nachfolge von Novalis noch viel deutlicher bei Richard Wagner, der seine Kunstwerke als politische Werkzeuge betrachtete und sich selbst als den Messias einer neuen »deutschen« – und das hieß für ihn »nichtjüdischen« – Religion verstand. Vgl. dazu u.a. Hartmut Zelinsky, *Richard Wagner, ein deutsches Thema*. Eine Dokumentation zur Wirkungsgeschichte Richard Wagners 1876-1976, Berlin/Wien 1983; ders., *Der Plenipotentarius des Untergangs*, in: *Neohelicon* IX, 1, Budapest/Amsterdam 1982, und Christina von Braun, *Nicht ich*. Logik Lüge Libido, Frankfurt 1985, S. 404ff

27 zit. nach Gerhard Schulz, *Novalis*, Reinbek b. Hamburg 1969 (im folgenden: Schulz, *Novalis*), S. 54

28 HKA II, S. 291

29 Ebda.

30 Kl. 3, S. 145

31 Kl. 3, S. 157

32 »Jetzt sehn wir die wahren Bande der Verknüpfung von Subjekt und Objekt – sehn, daß es auch eine Außenwelt in uns gibt, die mit unserm Innern in einer analogen Verbindung, wie die Außenwelt außer uns mit unserm Äußeren, und jene und diese so verbunden sind, wie unser Innres und Äußres«. Ebda.

33 Kl. 4, S. 330f

34 Vgl. Hugo Kuhn, *Poetische Synthesis*, in: *Novalis*. Hrsg. von Gerhard Schulz, Darmstadt 1970, S. 217

35 Auch in Hegels dialektischem Modell ist die Antithese nichts, das sich als autonome Erscheinung denken läßt. Ohne die These ist sie bar jeden Sinnes. Sie ist gleichsam das selbstgesetzte Nicht-Ich, dessen »Annihilation«, wie es bei Hegel heißt, zur Erweiterung der These führt.

36 Das rege Interesse an der Wirklichkeit (individueller oder kollektiver Art) mag erstaunen bei diesem Dichtertypus, der sich doch anscheinend der Esoterik verschrieben hat.

Tatsächlich interessiert ihn aber die Wirklichkeit brennend – sowohl jene, die er untergehen sehen möchte, wie auch jene, die er fabrizieren will. Dieses Interesse an der Wirklichkeit erklärt auch die Tatsache, daß sich so viele Gestalten dieses Künstlertypus zum »Priester« oder Politiker wenn nicht gar zum Religionsstifter berufen fühlen, ja aus ihrem Sendungsbewußtsein die künstlerische Rechtfertigung beziehen. (Bei Richard Wagner ist das besonders deutlich). Insofern ist aber auch die heute so oft geforderte Trennung von Werk und Biographie eines Künstlers völlig verfehlt, geht sie doch an den Intentionen des Künstlers selbst vorbei.

37 Kl. 4, S. 81f
38 HKA IV, S. 553
39 Fragmenten Blatt II, S. 395, zit. nach Heinz Ritter-Schaumburg, *Novalis und seine erste Braut. Sie war die Seele meines Lebens*, Stuttgart 1986, S. 231. Auch in Novalis' Werk kommt dieses Liebesideal deutlich zum Ausdruck: Heinrich von Ofterdingen sagt zu seiner Braut Mathilde: »Was mich so unzertrennlich zu dir zieht, was ein ewiges Verlangen in mir geweckt hat, das ist nicht aus dieser Zeit. Könntest du nur sehen, wie du mir erscheinst, welches wunderbare Bild deine Gestalt durchdringt und mir überall entgegenleuchtet, du würdest kein Alter fürchten. Deine irdische Gestalt ist nur ein Schatten dieses Bildes«. Novalis, *Heinrich von Ofterdingen*, S. 121. Gerhard Schulz schreibt: »Liebe und liebende Vereinigung waren, wie Novalis selbst erfahren hatte, eigentlich nur noch eine höhere, ja die höchste Stufe der Selbsterkenntnis und Selbsterfüllung«. Schulz, *Novalis*, S. 98
40 Ritter-Schaumburg, *Novalis und seine erste Braut*, S. 50f
41 Kl. 4, S. 375
42 Sophie bleibt in der Anrede immer beim »Sie«, was Novalis selbst auffällt (ebda.) und auch damals nicht unbedingt üblich war unter Verlobten.
43 Vgl. Heinz Ritter-Schaumburg, *Novalis und seine erste Braut*, S. 155
44 Brief vom 8.7.1796, HKA IV, S. 186
45 »Es war wohl ein Irrtum von Novalis, daß er dies »Ideal« an sich binden, es zu seiner Braut machen wollte. Sie entzog sich diesem Mißverhältnis durch den Tod.« Ritter-Schaumburg, der Novalis' Ausspruch, er »habe zu Söphchen Religion, nicht Liebe« zitiert, interpretiert auch Novalis' eigene Aussagen über Sophie im Sinne eines Opfertods, so etwa folgenden Satz, der ebenfalls aus dem oben zitierten Fragment stammt (vgl. Anmerkung 42): »Das Ausgezeichnete bringt die Welt weiter, aber es muß auch bald fort«. Vgl. Ritter-Schaumburg, *Novalis und seine erste Braut*, S. 231
46 Vgl. Schulz, *Novalis*, S. 63
47 Hugo Kuhn, *Poetische Synthesis*, S. 212
48 Brief vom 13.4.1797, HKA IV, S. 220
49 Brief vom 5.5.1797, HKA IV, S. 226
50 Kl. 4, S. 175
51 Vor allem Mathilde muß sterben, bevor Heinrich zum wirklichen Dichter werden kann, und sie tut es mit Freude, ja der Wunsch zu sterben ist der höchste Ausdruck ihrer Liebe selbst. Sie sagt ihm: »Ich weiß nicht, was Liebe ist, aber das kann ich dir sagen, daß mir ist, als finge ich erst jetzt zu leben an, und daß ich dir so gut bin, daß ich jetzt gleich für dich sterben wollte«. *Heinrich von Ofterdingen*, S. 120. An anderer Stelle, in den Romanfragmenten heißt es: »Mystizism der Geschichte. Das Hirtenmädchen, oder Cyane opfert sich für ihn auf« (S. 193). Man muß Goethes *Werther* zugutehalten, daß es in diesem Roman, der nicht minder von Todessehnsucht durchzogen ist, zumindest der Held selber ist, der das Leben läßt, während es bei Novalis, in der Romantik überhaupt, später in den Opern von Wagner etc. immer die Frauen sind, die sterben müssen, damit die Liebe oder sonstige Heilswerke ihre Erfüllung finden können.

52 Schulz, *Novalis*, S. 69

53 Novalis verlobt sich ein zweites Mal mit Julie von Charpentier. Erst als sie ernsthaft erkrankt war, so schrieb er selbst »fiel mir der Gedanke, ihr mein Leben zu widmen, lebhaft ein« (KI 4, S. 320f). Julie überlebte ihn freilich.

54 Schulz, *Novalis*, S. 133

55 Vgl. Max Kommerell, in: Schulz, *Novalis*, S. 181

56 *Heinrich von Ofterdingen*, S. 166

57 Über den Ofterdingen schreibt Frühwald: »Der Blick nach innen aber, die absondernde Beschauung des Selbst hat sich umgekehrt in den wirksamen Blick nach außen. So wird die für Heinrich zunächst dunkel-unerklärliche Begegnung mit dem provenzalischen Buch übergeführt in eine aktive Inszenierung der eigenen Geschichte während des Festes am kaiserlichen Hof zu Mainz«. Wolfgang Frühwald. Nachwort zum *Heinrich von Ofterdingen*, S. 242

58 Kl. 3, S. 139

59 Über die enge Verbindung von Ernst Jünger zur Décadence vgl. Karl Heinz Bohrer, *Die Ästhetik des Schreckens*, München, 1978. Aber auch die Verbindung zur Romantik wird offensichtlich bei der Lektüre etwa folgender Passage aus dem *Heinrich von Ofterdingen*: »Der Krieg überhaupt«, sagte Heinrich, »scheint mir eine poetische Wirkung. Die Leute glauben sich für irgendeinen armseligen Besitz schlagen zu müssen und merken nicht, daß sie der romantische Geist aufregt, um die unnützen Schlechtigkeiten durch sich selbst zu vernichten. Sie führen die Waffen für die Sache der Poesie, und beide Heere folgen *einer* unsichtbaren Fahne.« »Im Kriege«, versetzte Klingsohr, »regt sich das Urgewässer. Neue Weltteile sollen entstehen, neue Geschlechter sollen aus der großen Auflösung anschießen. Der wahre Krieg ist der Religionskrieg; der geht geradezu auf Untergang, und der Wahnsinn der Menschen erscheint in seiner völligen Gestalt. Viele Kriege, besonders die vom Nationalhaß entspringen, gehören in die Klasse mit, und sie sind echte Dichtungen. Hier sind die wahren Helden zu Hause, die das edelste Gegenbild der Dichter, nichts anders, als unwillkürlich von Poesie durchdrungene Weltkräfte sind«. S. 116f; vgl. auch S. 191f

60 Diese Verschmelzung der Geschlechter vollzieht sich auf sinnfällige Weise auch im Tanz. Gegen Ende des 18. Jahrhunderts kommt der Walzer auf, der eine radikale Neuerung bedeutete. Gerhard Schulz über ein kleines Gedicht auf den Walzer von Novalis (HKA I, S. 385): »Die Aufforderung darin, die Mädchen fester ans klopfende Herz zu drücken, hatte ihre revolutionären Untertöne. Denn der Walzer, der damals gerade erst recht in Mode kam, war kein Gesellschaftstanz höfischer Provenienz mehr, sondern hier bildeten zwei Tänzer eine kleine Welt für sich, aneinander gepreßt und im Wirbel verbunden«. (Schulz, *Novalis*, S. 42).

61 Daß sich dieser Kannibalismus keineswegs nur auf die psychische Ebene beschränkt, sondern auch auf physischer Ebene stattfindet, kann ich hier nur andeuten: Es scheint, daß sich im Verlauf der letzten zweihundert Jahre die Gewalttätigkeit zunehmend auf den sogenannten »intimen« Bereich verlegt hat, also zunehmend zwischen Familienmitgliedern, Geschlechtspartnern stattfindet. Besonders deutlich erscheint die Symbiose – die Aufhebung der Ich-Grenzen innerhalb der Familie – da, wo eines der Familienmitglieder den Selbstmord mit der Ermordung der Angehörigen verbindet.

62 Otto Weininger, *Geschlecht und Charakter*, Wien/Leipzig 1917, S. 277

63 HKA II, S. 584

64 Ursula Renner-Henke, *Mona Lisa. Zum Frauenphantom des Mannes um 1900*. Vortrag gehalten in Osnabrück anläßlich des Symposions »Thema Frau um 1900: Bild, Paradigma, Realität«, 21.11.1986

65 Zu den Wunschvorstellungen, die sich hinter der Androgynität von Frauenbildern ver-

bergen, vgl. das Kapitel »Madonna und Maschine« in: von Braun, *Nicht ich*, S. 234f

66 Die Künstlerin heißt Lillian Bell und führte ihre Untersuchung am Bell-Institut für Computerforschung durch. Vgl. *Arts and Antiques*, Jan. 1987

67 Auf die Bedeutung der Anorexie, die ich hier nur andeuten kann, bin ich in diesem Zusammenhang ausführlicher eingegangen im Kapitel »Der Mensch ist, wenn er nicht ißt« (von Braun, *Nicht ich*, S. 458ff).

68 Franziska Gräfin zu Reventlow, *Gesammelte Werke*, München 1925, S. 369

69 Peter Handke ist ein besonders gutes Beispiel für die Berührungsangst des männlichen Künstlers mit der Frau. Vgl. von Braun, *Nicht ich*, S. 401ff

70 Der Sieger hieß Nicholas Barret und der Schönheitswettbewerb fand im Mai 1986 in Selsey, England, statt.

71 Stefanie, 19 Jahre alt, in: Peter Sichrovsky, *Schuldig geboren*. Kinder aus Nazifamilien, Köln 1987: »Man kann ja sagen, was man will, über die Nazis, aber toll ausgesehen haben die schon. Die Männer zumindest. Die Frauen in ihren Blusen und den Frisuren, die kannst du vergessen. Aber es muß was los gewesen sein, damals. In der Schule sahen wir Filme mit Aufmärschen, Paraden. Wie die alle vor Begeisterung gebrüllt haben. Zeig mir doch heute was Ähnliches, du wirst nichts finden. Ja, ich weiß, es war eine schlimme Zeit. Der Krieg, nichts zum Fressen, die Bomben, die Juden. Wir hatten einen Geschichtslehrer. Lange Haare, Bart, Norwegerpullover, entweder über der Latzhose oder darunter. Was hat der uns nicht alles vorgelabert. Stundenlang über die Juden, die Kommunisten, die Zigeuner, die Russen, alles Opfer, nichts als Opfer. [. . .] Einer aus der Klasse hat ihn mal gefragt: »Wo war denn das Tolle damals? Warum haben denn so viele Hurra und Heil gebrüllt? Warum waren die alle so begeistert? Da muß es doch noch etwas anderes gegeben haben?« Da schaute der blöd, der liebe Lehrer. Fing an, den Schüler als Neonazi zu beschimpfen, ob er denn keine Achtung vor den Opfern hätte usw. Aber wir anderen ließen nicht los. Endlich hat das einer mal ausgesprochen. Wir wollten wissen, was damals wirklich los war. Da hatte sich richtig was aufgestaut. Immer nur Verbrechen und Schandtaten, und immer waren's wir, die Deutschen. Die ganze Klasse schrie durcheinander. Das sei alles Schwachsinn, was er uns hier erzähle, rief einer. Wir hätten es doch in den Filmen gesehen, die er uns gezeigt hat. Die lachenden Kinder, die leuchtenden Augen der Frauen, Hunderttausende in den Straßen, und alle haben sie gejubelt. Woher kam denn diese Begeisterung?« (S. 41f)

72 Vgl. die Aussagen von Vladimir Jankelevitch, die in der Anmerkung 24 auf S. 35 zitiert werden.

73 Alfred Döblin, *Kannibalisches*, 1919: »Das Volkslied bezeichnet als den schönsten Platz, den es für die nächsten Angehörigen hat, das Elterngrab mit der Rasenbank. Andere moderne Menschen haben eine begreifliche Vorliebe, den Eltern, besonders der Mutter, an den Häuserwänden auf Plakaten zu begegnen; es ist nicht uninteressant zu beobachten, wie sich eine Mutter da benimmt. Sie hat sich gewöhnt, sie bewegt sich ganz heimisch. Sie hat schon eine gewisse Routine, sich an den Häuserwänden zu bewegen, man begegnete ihr schon im Krieg. Sie rief zur Zeichnung der Kriegsanleihen auf, seufzte, dem Zeichnungsfaulen drohend, um ihr kleines Kind. Um dasselbe Kind seufzt sie jetzt, wenn wir nicht sozialdemokratisch wählen. Sie bemerkte von ihrem windigen Postamente aus, wir müßten England rasch niederringen. U-Boote, U-Boote, England aushungern. Sie hat die Religion für die Zentrumspartei beschirmt. Neuerdings vergießt sie Tränen um 800 000 Gefangene, lamentiert über die Blockade, ruft gegen den Bolschewismus auf. Sie ist ersichtlich vielseitig. Sie hat etwas Allversöhnendes. Sie leuchtet über Gerechte und Ungerechte. Wohl dem, der eine Mutter hat. Denn zwei wären zuviel«, in: *Deutsche Intellektuelle 1910-1933*. Aufrufe, Pamphlete, Betrachtungen. Hrsg. von Michael Stark, Heidelberg 1984, S. 144

Titelblatt der »Deutschvölkischen Monatshefte« vom Mai 1923
(Das Titelblatt trägt die Unterschrift »Der Herr der Welt«. Mit der Frau am Boden ist
natürlich Germania gemeint.)

Die »Blutschande«

Wandlungen eines Begriffs:
Vom Inzesttabu zu den Rassengesetzen

Am 2. Dezember 1603 werden in Paris auf der Place de Grève Julien und Marguerite de Ravalet hingerichtet. Ihr Verbrechen: die Sünde wider das Blut. Julien ist einundzwanzig, Marguerite siebzehn Jahre alt. Sie sind die Kinder von Jean de Ravalet, einem Gutsherrn in der Normandie. Mit dreizehn Jahren war Marguerite von den Eltern an einen dreimal so alten Steuereinnehmer verheiratet worden. Ein Jahr später ergriff sie die Flucht aus dem ehelichen Haushalt – mit Hilfe des Bruders. Der Ehemann setzt zur Verfolgungsjagd auf die Geschwister an. Er läßt sie durch ganz Frankreich jagen, bis sie schließlich in Paris gefaßt werden. Marguerite ist mittlerweile schwanger von ihrem Bruder. Auf »Blutschande« steht die Todesstrafe. Der Vater wirft sich dem König zu Füßen, andere reichten Gnadengesuche ein. Doch Henri IV., der unter dem Druck von Reformation und Gegenreformation steht, kann es sich nicht leisten, dem kirchlichen Sexualkodex zuwiderzuhandeln. Auf dem Grabstein der beiden jungen Leute, die später als *Les amants maudits*, das verfluchte Liebespaar, in die Geschichte eingingen[1], steht geschrieben:

> Hier ruhen Bruder und Schwester
> Wanderer, frage nicht
> Nach dem Grund ihres Todes
> Zieh vorüber und bete zu Gott
> Für ihre Seele.[2]

1917, also rund dreihundert Jahre später, erscheint in Leipzig ein Buch, geschrieben von Artur Dinter. Es heißt *Die Sünde wider das Blut*. Dieses

Werk stellt, wie der Autor selbst vermerkt, den ersten »Rassenroman« dar[3], ein Werk, das zehn Jahre später allein in Deutschland eine Auflage von einer viertel Million erreicht. In dem Roman werden die verheerenden Folgen der Liebesleidenschaft zwischen einem Arier und einer Halbjüdin beschrieben. Keines der antisemitischen Klischees fehlt: die Juden sind geldgierig, charakterlos und häßlich. Ganz im Vordergrund stehen aber die Sexualklischees: Die halbjüdische Ehefrau martert ihren arischen Mann mit einem unersättlichen sexuellen Appetit; ihr Vater, der wohlhabende Jude, unterhält Bordelle mit Minderjährigen. Seine Tochter, die von der arischen Mutter offenbar noch genügend Anstand geerbt hat, stirbt an Herzversagen, als sie von den Bordellen ihres Vaters erfährt. Das gemeinsame Kind, das sie Hermann hinterläßt, ist jedoch häßlich, verlogen und betreibt Wucher mit den Mitschülern. Zum Glück ertrinkt es bald. Hermann heiratet erneut, diesmal eine Arierin. Erstaunlicherweise trägt aber auch das Kind dieser Ehe die »Kainsmerkmale« der jüdischen Rasse. Der Fall klärt sich: Der Körper der Mutter ist »vergiftet«, weil sie in ihrer Jugend von einem Juden verführt worden war. Sie tötet sich und das Kind. Am Ende überlebt nur Hermann.

Der Roman ist versehen mit einem großen »wissenschaftlichen« Anmerkungsapparat, in dem immer wieder auf die Folgen verwiesen wird, die die Vermischung mit dem »anderen«, dem »artfremden« und eben deshalb »unreinen« Blut mit sich bringe. Auf solche »wissenschaftlichen Lehren« werden sich bekanntlich die Nürnberger Gesetze von 1935 »zum Schutz des deutschen Blutes und der deutschen Ehre« berufen, die die Eheschließung wie auch den außerehelichen Verkehr »zwischen Juden und Staatsangehörigen deutschen und artverwandten Blutes« verbieten. Dinter, der auch schon in seinem Roman zur Vernichtung der Juden aufruft[4], nimmt in den Schlußbemerkungen zu seinem Werk die Vorstellungen, die hinter den Nürnberger Rassengesetzen stehen, vorweg:

Wir haben etwas über eine halbe Million Juden in Deutschland, diese halbe Million genügt, um in hundert Jahren das deutsche Volk rassisch so zu verderben, daß von einem deutschen Volk nicht mehr gesprochen werden kann. Es ist hohe und höchste Zeit, daß endlich Gesetze geschaffen werden, die der rassischen Verseuchung des deutschen Volkes durch jüdisches Blut Einhalt gebieten. Von Gesetzes wegen müßten die Ehen zwischen Deutschen und Juden wieder verboten werden. Mit Zuchthaus müßte jeder Jude bestraft werden, der es wagt, ein deutsches Mädchen zu besudeln. Die gleiche Bestrafung müßte eine Deutsche erleiden, die sich einem Juden hingibt. Außerdem müßte sie als Blutschänderin ihres Volkes durch Abschneiden des Kopfhaares öffentlich gebrandmarkt werden.[5]

Die beiden Beispiele – das der Geschwister Ravalet und das der Rassengesetze – offenbaren einen völligen Wandel des Begriffs der »Blutschande«, der sich in weniger als dreihundert Jahren vollzogen hat. Hatte die »Sünde wider das Blut« zunächst im Geschlechtsverkehr mit dem »eigenen Blut«, der eigenen Familie bestanden, so ist nunmehr die Liebesbeziehung mit dem fremden, dem nicht-verwandten Blut gemeint. Dieser Begriffswandel spiegelt sich auch deutlich in den staatlichen Gesetzen wider, in der Definition der Nation zum Beispiel: »Staatsangehörige deutschen und artverwandten Blutes« heißt es in den Rassengesetzen. Es entsteht ein neuer Sexualkodex, der über das Liebesleben des Individuums entscheidet – vergleichbar dem Einfluß, den die kirchlichen Dogmen auf die weltlichen Gesetze gehabt haben, aber beinahe noch deutlicher vergleichbar der Identität von Religion und Volkszugehörigkeit in der orthodoxen jüdischen Gemeinde. Ich denke, daß dieser Begriffswandel der »Blutschande« einigen Aufschluß zu geben vermag sowohl über das Aufkommen der völkischen Blutideologie wie über die Entstehung des rassistischen Judenhasses, vor allem aber über die Frage, warum im Antisemitismus soviele Sexualbilder auftauchen.

Die Erkenntnis, daß es eine enge Verbindung zwischen Antisemitismus und dem Verhältnis der Geschlechter gibt, ist nicht neu. Der rassistische Antisemitismus war von Anfang an durchsetzt von Sexualbildern. So wurden dem Juden alle schlechten Eigenschaften zugeschrieben, die im Christentum als Charakteristika des weiblichen Geschlechts galten: Verlogenheit, Schwächlichkeit, eine überwältigende sexuelle Triebhaftigkeit, die jeden, der mit ihr in Berührung kommt, ins Verderben ziehe. Es sind Bilder, die beinahe wortwörtlich aus dem *Hexenhammer* übernommen scheinen, in dem auch von der »Unersättlichkeit der fleischlichen Begierde beim Weib« die Rede ist. Auch ist es kein Zufall, daß die großen Frauenfeinde des 19. Jahrhunderts zumeist auch Antisemiten sind – und umgekehrt. Otto Weininger mag hier nur als ein Beispiel unter vielen aufgeführt werden. Auch die Tatsache, daß für die »Emanzipation der Juden« und die »Emanzipation der Frau« derselbe Begriff benutzt wurde (wie nebenbei gesagt auch für die »Emanzipation des Fleisches« – also die angebliche Befreiung der Sexualität von allen Zwängen), besagt, daß der Zeitgeist durchaus eine Parallele sah zwischen diesen großen sozialen Veränderungen, die sich beide – mit einer erstaunlichen zeitlichen Übereinstimmung – im 19. Jahrhundert vollzogen.

Natürlich bedeutet die Tatsache, daß hier ein Zusammenhang zwischen den beiden Arten der »Blutschande« hergestellt werden soll, nicht, daß darin die *einzige* Ursache für die Entstehung des rassistischen Antisemitismus und die unfaßbare Form, die er in Deutschland angenommen hat, gesehen wird. Unsere Betrachtungsweise soll vielmehr neben andere und in Beziehung zu anderen Versuchen gestellt werden, das Unbegreifliche zu begreifen. Auch müßte eine umfassende Auseinandersetzung mit dem Stoff viele weitere Fragen einbeziehen. Sie müßte etwa auf die Symbolik des Bluts in der christlichen Tradition eingehen oder sich mit dem Topos der Liebe, die im Blut badet, beschäftigen – ein Topos, der gegen Ende des 19. Jahrhunderts mit Frauengestalten wie Carmen, Salome oder Lulu Kunst und Literatur beherrscht. Diese und andere Aspekte, die alle mit der Thematik der »Blutschande« zusammenhängen, können hier nicht einmal angedeutet werden.

Der Wandel des Begriffs der »Blutschande« spiegelt sich nicht nur in der Literatur wider. In den Industrieländern vollzieht sich im Verlauf des 19. Jahrhunderts auf vielen Ebenen eine Aufweichung des Inzesttabus – eines Tabus, von dem Ethnologen behaupten, daß es *allen* Kulturen gemeinsam sei (wobei die Gleichsetzung von Verwandtschaft mit Blutsbanden zu den Charakteristika der abendländischen Kultur gehört und keineswegs allen Gesellschaften eigen ist). Die Aufweichung des Inzesttabus zeigt sich gegen Ende des 19. Jahrhunderts sehr deutlich an Freuds Lehre vom Ödipus-Komplex, in der die Beziehung von Mutter und Sohn zur Urform jeglicher Liebesbeziehung zwischen den Geschlechtern deklariert wird (vgl. S. 43f). (Dabei kann man darüber streiten, ob Freud den Zeitgeist umschrieb oder festschrieb, dem neuen Mythos sozusagen die Legitimation verschaffte.) Die Lockerung des Inzesttabus, zu der viele Theoretiker beitrugen, die wie Freud mit der arischen Blutmythologie nichts im Sinne hatten, steht in engem Zusammenhang mit dem Wandel des Begriffs der »Blutschande« und seiner Übertragung auf den Mythos vom »fremden« Blut. Der positiv bewertete Inzest wird zur Voraussetzung dafür, daß etwa Hitler in *Mein Kampf* der »Blutschande« eine völlig konträre Bedeutung geben konnte:

Der schwarzhaarige Judenjunge lauert stundenlang, satanische Freude in seinem Gesicht, auf das ahnungslose Mädchen, das er mit seinem Blut schändet und damit seinem, des Mädchens, Volke raubt. Mit allen Mitteln versucht er die rassischen Grundlagen des zu unterjochenden Volkes zu verderben. So wie er selber planmäßig Frauen und Mädchen verdirbt, so schreckt er auch nicht davor zurück, selbst im größeren Umfange die Blutschranken für andere einzureißen.[6]

In der Literatur zeigte sich die Aufweichung des Inzesttabus besonders deutlich. Die Geschichte der Geschwister Ravalet hatte sofort die Phantasie von Schriftstellern und Chronisten beflügelt. Ab etwa 1800 nimmt diese Faszination jedoch eine neue Färbung an: die blutrote Farbe, die einzig der großen, der echten Liebesleidenschaft zugestanden wird. Jules Barbey d'Aurevilly, der Julien und Marguerite die Novelle *Une page d'histoire*[7] widmete, nannte das Liebespaar diabolisch. Das Wort hatte für ihn alle Konnotationen des Faszinierend-Verruchten, des Lebendig-Pulsierenden, des lustvoll besetzten Grauens, die Satan, Tod und Hexe im 19. Jahrhundert – von Michelets *Hexe* über Huysmans' *Là-bas* bis zu Ernst Jüngers Kriegstagebüchern – annehmen werden[8]. Die Todsünde der »Blutschande« war einer Vorstellung gewichen, in der diese Sünde zum Inbegriff der vollkommenen Liebesleidenschaft geworden war – einer Liebesleidenschaft, bei der die Bereitschaft, alle moralischen und sittlichen Schranken hinter sich zu lassen, zugleich Verruchtheit wie auch unerbittliches Bekenntnis zur Wahrheit und somit eigentlich die »Reinheit« selbst bedeutete – eine Vorstellung von Reinheit, die auf anderer Ebene in den Begriffen des »reinen« Blutes oder der »reinen Christuslehre« ihre Entsprechung fand[9].

Das Motiv der Geschwisterliebe taucht ab etwa 1800 in der europäischen Literatur immer häufiger auf. Es wird zu einem *der* großen Themen von Romanen und Novellen und durchzieht die Literatur vom Zeitalter der Aufklärung bis ins 20. Jahrhundert. Das Motiv ist neu – zumindest was das Leben der Irdischen angeht. Im alten Ägypten, in den Mythen der griechischen Antike blieb der Inzest den Pharaonen oder den Göttern vorbehalten. Hier aber wird der Inzest profanisiert, säkularisiert. In den Romanen, Novellen und Stücken des 19. und 20. Jahrhunderts finden sich zahlreiche Hinweise darauf, daß der Inzest sowohl in hochentwickelten Kulturen vorkomme[10] wie auch in der Natur verbreitet sei[11]. Gleichzeitig wird die Geschwisterliebe als eine quasi »göttliche« Form der Beziehung zwischen den Geschlechtern beschrieben – als eine Beziehung also, die eine besondere Art von »Auserwähltheit« darstelle. Besonders deutlich wird dieser Aspekt Anfang des 20. Jahrhunderts: etwa in Thomas Manns Roman *Der Erwählte*, in dem es um die Legende des Heiligen Gregorius geht. Gregorius ist nicht nur das Kind einer Liebesbeziehung zwischen Bruder und Schwester, er heiratet darüber hinaus auch seine eigene Mutter. Diesen Sünder aber, der alle Blutschuld der Erde auf seine Schultern geladen hat, erwählt Gott zu seinem irdischen Stellvertreter. Gregorius wird Papst. Daß der Begriff der Erwähltheit ganz bewußt auch auf das »erwählte Volk« der Juden verweist – darauf kann ich hier zunächst nur aufmerksam machen.

Was diesen neuen literarischen Topos auszeichnet, ist die Tatsache, daß die Geschwisterliebe zum Inbegriff der Leidenschaft und der Bereitschaft, der Liebe das Leben zu opfern, wird. Konnten Romeo und Julia bisher nicht zueinander kommen, weil sie fremden Familien angehörten, so bleibt ihnen nunmehr die Erfüllung der Sehnsucht verwehrt, weil sie aus ein und derselben Familie stammen. In beiden Fällen, der alten wie der neuen Version der Liebeslegende, wird die Gesellschaft, wird ein Gesetz angeklagt, das als Hindernis für die wahre Liebe gilt. Nur das Hindernis hat sich geändert.

Tragödie ist es dennoch geblieben. Auch die Liebesgeschichten der Geschwister enden oft im Tod. (Jedenfalls soweit es diesen Topos in der Literatur des 19. und des frühen 20. Jahrhunderts betrifft[12].) Der Tod hat jedoch eine neue Dimension angenommen. Es wird nicht nur Anklage gegen den Henker erhoben, der das Beil über der Leidenschaft schwingt; es wird nicht nur eine Gesellschaft verurteilt, in der kein Raum für die »reine« Liebe ist. Der Tod der Liebenden dient auch als Beweis dafür, daß es sich hier um wirkliche, entgrenzte Leidenschaft handelt: um eine Liebe, die nicht vor dem Schritt, der jenseits der Grenzen des Ichs führt, zurückschreckt; um eine Liebe, die das Grauen vor der Selbstauslöschung nicht scheut. Die Grenzen des Ichs, verstanden in jedem Sinne des Wortes: als Grenze zwischen Leben und Tod und als Grenze zwischen dem Ich und dem Du. Dieser Aspekt des Verschwindens des Anderen ist das Neue am Mythos der Geschwisterliebe: Aus Liebe wird Opfergang, wird Selbstvernichtung – wird aber auch Mord.

Im psychoanalytischen Vokabular würde der Topos der Geschwisterliebe vielleicht mit dem Verlangen nach Regression erklärt. Anders ausgedrückt: als Sehnsucht danach, in einen vorsprachlichen Zustand zurückzukehren, in dem die Unterscheidung zwischen dem Ich und der Außenwelt noch nicht besteht; als Zuflucht zu einer Heimat, in der es weder »Kultur« noch »Zivilisation« gibt (ich erinnere daran, wie negativ diese Begriffe im Nationalsozialismus besetzt waren); als Rückkehr in ein Paradies, in dem das Ich in jedem Sinne des Wortes grenzenlos ist: allmächtig und unwirklich. Diese beiden Aspekte des Ichbildes – die Omnipotenz und die Unwirklichkeit – werden sich ihrerseits in den männlichen und weiblichen Rollenzuschreibungen wiederfinden.

Die Verwandlung des Liebesideals spiegelt sich nicht nur in Literatur und psychoanalytischen Lehrmeinungen wider, sie zeigt sich auch an der realen Geschlechterbeziehung. Auch hier findet ab etwa 1800 ein entscheidender Wandel statt, der dem literarischen Topos der Geschwisterliebe sehr ähnlich ist. Begleitet von der Forderung nach der »Liebesehe« entsteht nach der Aufklärung ein Liebes- und Eheideal, das von den Begriffen »Symbiose«[13] und »Harmonie«[14] geprägt ist und zu dessen Grundforderungen die völlige geistige, psychische und schließlich sogar sinnliche Übereinstimmung des Paares gehört[15]. Das ist neu, hatte doch die Ehe über Jahrhunderte – auch schon in vorchristlicher Zeit – als eine Institution der Vernunft oder gar der Askese gegolten[16]. Das heißt, das Ideal der Zweisamkeit verwandelt sich in ein Ideal der Gleichheit, in ein Ideal der Einsamkeit (in jedem Sinne des Wortes), kurz: in ein Ideal von Geschwisterlichkeit, das sich zugleich auf eine antifeudale *und* auf eine christliche (vor allem lutherische) Tradition beruft. Das Credo dieses Liebesideals lautet: Eine feste Burg ist unser Paar.

Es ist gar nicht zu überschätzen, wie tiefgehend dieser Wandel ist, der sich überall in Europa, besonders deutlich aber in Deutschland, vollzieht und der vielleicht sogar eine besondere Anziehungskraft gerade auf jüdische Familien ausgeübt hat, für die in der Diaspora der Familienzusammenhalt zur Überlebensnotwendigkeit gehörte[17]. Kurz ausgedrückt: Einer der Faktoren, die die deutsch-jüdische Symbiose für Juden denkbar und vielleicht sogar anziehend erscheinen ließ, mag in der Bedeutung liegen, die in Deutschland der Familiensymbiose beigemessen wurde. Daß diese Familiensymbiose wiederum von der Abgrenzung gegen das Fremde, gegen das andere Blut lebte, ist erst später sichtbar geworden und gehört zu den unheilvollen Mißverständnissen der deutsch-jüdischen Geschichte.

Bei der Entwicklung zur Symbiose der Geschlechter spielten viele Faktoren eine Rolle. Ich möchte hier, nur als Symptom, auf die Rolle der Musik verweisen, gerade weil sich die deutsche Kultur auf diesem Gebiet so besonders hervorgetan hat. Die Musik, das Musizieren wurden im Verlauf des 19. Jahrhunderts zu einem entscheidenden Werkzeug der Ich-Auflösung, des seligen Aufgehens im »Wir«. Wagner hat es immer wieder gesagt, daß er mit seiner Musik eben dieses Ziel verfolge: den Zuhörer zum Verlust seiner selbst zu bringen, »um dort Alles zu überwältigen, was irgend wie Klugheit und selbstbesorgte Erhaltungskraft sich ausnimmt«[18]. Eben diesen Funktionswandel der Musik kritisierte Tolstoi in seiner *Kreutzersonate*, auf die ich noch zu sprechen komme. So heißt es bei ihm:

Die Musik zwingt mich, mich selbst und das, was meine Wirklichkeit ist, zu vergessen, sie versetzt mich in eine andere Wirklichkeit; ich habe unter dem Einfluß der Musik den Eindruck, daß ich im Grunde genommen gar nicht fühle, etwas begreife, was ich nicht begreife, etwas vermag, was ich nicht vermag.[19]

Im Verlauf des 19. Jahrhunderts wird die Musik zunehmend zu einem Mittel der geistigen und sinnlichen Verschmelzung miteinander; sie bietet eine Form des Zusammenseins, bei dem sich der Dialog mit dem anderen erübrigt – übrigens im Gegensatz zur Lesekultur, die in demselben Zeitraum zu einer Aktivität der Vereinzelung, der Abspaltung vom Wir wird[20]. Die Musik bringt die Grenzen zwischen dem Ich und dem Du zum Verschwinden. Ich möchte an dieser Stelle sogar die These aufstellen, daß sich aus dieser Funktion auch die besondere Bedeutung der Hausmusik in Deutschland ableitet. Mit ihrer Aufforderung an alle Familienmitglieder, Teil eines symphonischen Orchesters zu werden, aus dem niemand ausbrechen darf, ohne das Gesamtkunstwerk in Frage zu stellen; mit ihrem Anspruch auf »Harmonie« in der Wohnstube trug die

Lieder ohne Worte
(Nach einem Gemälde von R. Pötzelberger)

Hausmusik erheblich dazu bei, die Familien, die Paare zusammenzuschweißen, bis sich keiner mehr vom anderen zu unterscheiden vermochte. In vielen Familien erscheint die Hausmusik noch heute wie eine Art von Ersatz für Sexualität: wie eine Form von Sinnlichkeit, in der nicht die Differenz sondern die Gemeinsamkeit beschworen wird.

Anders als in der literarischen Behandlung der Liebesleidenschaft zwischen Geschwistern zeichnet sich die reale Geschlechterbeziehung oft durch den ausdrücklichen *Verzicht* auf die sexuelle Leidenschaft, auf die letzte Erfüllung aus. Mit den *Wahlverwandtschaften* schuf Goethe, der dieses Werk als Lehrstück für die Wirklichkeit, als Erziehungsroman verstanden wissen wollte[21], eine der großen Vorlagen für das Ideal der leidenschaftsfreien Geschlechterbeziehung. In einer Passage, in der das Verhältnis der Elemente mit dem Verhältnis von Menschen verglichen wird, definiert der Hauptmann:

> Diejenigen Naturen, die sich beim Zusammentreffen einander schnell ergreifen und wechselseitig bestimmen, nennen wir verwandt.

Und Charlotte antwortet ihm:

> Lassen Sie mich gestehen, [...] wenn Sie diese Ihre wunderlichen Wesen verwandt nennen, so kommen sie mir nicht sowohl als Blutsverwandte, vielmehr als Geistes- und Seelenverwandte vor. Auf eben diese Weise können unter Menschen wahrhaft bedeutende Freundschaften entstehen; denn entgegengesetzte Eigenschaften machen eine innigere Vereinigung möglich.[22]

Charlotte wird bekanntlich diesem Ideal, einem Bekenntnis zum platonischen Liebesideal, nacheifern. Ihr Mann Eduard hingegen wird einer Leidenschaft und damit einem Wahn verfallen, der alle Beteiligten ins Verderben zieht: der leidenschaftlichen Liebe zu Ottilie, die ihrerseits beginnt, mit seiner Schrift zu schreiben, von ihm gewissermaßen ununterscheidbar zu sein. Ein Recht auf Verschiedenheit wird sie erst wieder erlangen, wenn sie endgültig verschieden ist. Bis dahin dient sie nur als Alter ego für Eduard, der Ottilies Gegenwart folgendermaßen beschwört:

> Ich schreibe süße zutrauliche Briefe in ihrem Namen an mich; ich antworte ihr und verwahre die Blätter zusammen.[23]

Dieser wahnhaften Liebe stellt Goethe die wahre Liebe gegenüber: nicht nur Charlottes Verzicht auf die Erfüllung der Leidenschaft, nicht nur die heilige, keusche Liebe der Ottilie, die in den Tod flieht, um einem unlösbaren Konflikt zu entgehen; das eigentliche Gegenmodell ist enthalten in der im Roman eingeschobenen Novelle von den beiden Nachbarskindern, die wie Geschwister aufgewachsen waren: einander von Kindheit an vertraut, miteinander im geschwisterlichen Konkurrenzkampf liegend und die schließlich, nach Jahren der Blindheit füreinander, als Liebende zueinander finden. Goethe stellt also ein Gegenmodell auf, das sich nicht von der Blutsverwandtschaft ableitet, das aber wohl die Geschwisterliebe – die Angleichung der Gegensätze – zum Liebesideal erhebt, zum Ideal einer leidenschaftsfreien Beziehung zwischen Mann und Frau. (Daß er mit diesem Lehrstück gewartet hat, bis er selbst mehr oder weniger jenseits von Gut und Böse war, soll hier nicht das Thema unserer Betrachtungen sein.)

Goethes Roman ist nicht nur aufschlußreich, was das Thema der Geschwisterliebe in der Literatur betrifft, die *Wahlverwandtschaften* offenbaren auch schon, daß sich hinter dem Harmonie-Ideal, hinter der Symbiose und der Angleichung der Liebenden ein Vorgang von großer Gewalttätigkeit verbirgt. Bei demselben Gespräch, in dem von der Verwandtschaft der Elemente die Rede ist, heißt es auch:

> Man muß diese todtscheinenden und doch zur Thätigkeit innerlich immer bereiten Wesen wirkend vor seinen Augen sehen, mit Teilnahme schauen, wie sie einander suchen, sich anziehen, ergreifen, zerstören, verschlingen, aufzehren und sodann aus der innigsten Verbindung wieder in erneuter, neuer, unerwarteter Gestalt hervortreten: dann traut man ihnen erst ein ewiges Leben, ja wohl gar Sinn und Verstand zu [...].[24]

Diese »Naturgesetze« werden im Roman auch auf das Verhältnis der Liebenden übertragen. So sagt Eduard, der sich vorübergehend von Ottilie zurückgezogen hat:

> Und so mischt sich ihr Bild in jeden meiner Träume. Alles was mir mit ihr begegnet, schiebt sich durch- und übereinander. Bald unterschreiben wir einen Kontrakt; da ist ihre Hand und die meinige, ihr Name und der meinige, beide löschen einander aus, beide verschlingen sich. Auch nicht ohne Schmerz sind diese wonnevollen Gaukeleien der Phantasie.[25]

Daß es sich bei dieser Liebe, die gegenseitiges Verschlingen, Ineinanderaufgehen, Einswerden bedeutet, nicht um ein symmetrisches Untergehen, um einen Vorgang handelt, der die beiden Betroffenen auf die gleiche Weise angeht, zeigt sich im Roman besonders deutlich am Beispiel von Ottilie, für die der Opfergang das einzige Mittel sein wird, den Konflikt zwischen der ersehnten und der gefürchteten Liebe zu lösen: das langsame Hinübergleiten in den Tod, durch den Eduard geheilt und die Liebenden schließlich miteinander vereint werden[26].

Der Begriff des »Opfergangs« ist nicht zu hoch gegriffen. Tatsächlich taucht im Zusammenhang mit Ottilie unentwegt das Bild der Märtyrerin oder der »Heiligen« auf, und ihr Grab wird als Pilgerstätte beschrieben, an der Kranke Heilung suchen. Aber ihr schleichender Selbstmord ist auch Opfergang in einem anderen Sinne: Es ist die Einwilligung in die Ehe mit Eduard, die zugleich ihre Selbstauslöschung darstellt; eine Selbstauslöschung, die mit der vollkommenen Besetzung ihrer Person durch ihn vollzogen wird.

Wie sehr sich dieses Modell einer leidenschaftsfreien Ehebeziehung auf christliche Traditionen beruft, wird am Beispiel von Tolstoi besonders deutlich, der mit der *Kreutzersonate*, nicht minder als Goethe mit den *Wahlverwandtschaften*, pädagogisch wirken wollte. In der *Kreutzersonate* ermordet ein Mann seine Ehefrau, weil er sie mit einem anderen Mann musizieren sieht. Er sehne sich danach, so teilt der Mörder während einer langen Zugreise einem Mitreisenden mit, eine »einfache, klare, reine Beziehung zum Weibe« zu führen, »wie die Beziehung des Bruders zur Schwester«[27]: diese Beziehung solle sich dadurch auszeichnen, daß der Sexualität kein hoher Stellenwert beigemessen werde. In seinem Nachwort führt Tolstoi aus, daß man aufhören solle, »die sinnliche Liebe als etwas ganz Besonderes und Erhabenes anzusehen«; vielmehr gelte es zu begreifen, daß die Vereinigung mit dem Gegenstand der Liebe »die Erreichung irgendwelcher menschenwürdiger Ziele nie erleichtern, sondern stets erschweren« werde[28]. Dabei wird bei Tolstoi, noch expliziter als bei Goethe, die Geschwisterliebe zum Ideal der ehelichen Beziehung erhoben:

> Immer das gleiche: gemeinsam nach der Befreiung von der Verführung streben, nach der Selbstläuterung und nach der Vernichtung der Sünde, an deren Stelle man Beziehungen setzen soll, die einen allgemeinen und persönlichen Gottes- und Nächstendienst ermöglichen – die reinen Beziehungen von Bruder und Schwester, die von sinnlicher Liebe nichts wissen.[29]

Beide Lehrmeister, Goethe wie Tolstoi, wollten einer Mode entgegenwirken, die Emotionalität und Sinnlichkeit, die verantwortungslose Überlassung des Ichs an die »Sehnsucht« zum höchsten Gesetz erhoben hatte. Interessanterweise versuchen sie aber dieser Mode, die im Topos der leidenschaftlichen Geschwisterliebe ihren deutlichsten Ausdruck finden wird, durch ein Modell entgegenzuwirken, das ebenfalls die Geschwisterliebe – dieses Mal unter Verzicht auf die Leidenschaft – zum Vorbild erhebt.

Im Topos der Geschwisterliebe kommen also sehr unterschiedliche Motive zum Ausdruck. Bei näherem Hinsehen ist aber doch allen eines gemeinsam: die Berufung auf das Christentum. Allerdings eine sehr unterschiedliche, eigentlich unvereinbare Berufung auf das Christentum. Während Tolstoi und Goethe mit ihrem Geschwistermodell auf die Werte der Askese in der christlichen Ehe verweisen, stellen die Modelle, in denen es zur Liebesleidenschaft zwischen Geschwistern kommt, eine Art von säkularem Christentum dar.

Das Modell der asketischen Geschwisterliebe verschwindet im Verlauf des 19. Jahrhunderts zusehends. Dafür gewinnt im frühen 20. Jahrhundert die inzestuöse Liebesleidenschaft immer mehr an Bedeutung. Auf Thomas Manns *Der Erwählte* verwies ich schon. Erwähnt sei hier auch seine Novelle *Wälsungenblut*. Erwähnt sei ebenfalls der Roman von Frank Thiess *Die Verdammten*, wie auch Leonhard Franks *Bruder und Schwester*, Jean Cocteaus *Les enfants terribles* und, last not least, Robert Musils *Mann ohne Eigenschaften*.

Bei Musil wird ganz offenbar, daß es sich beim Motiv der Geschwisterliebe um die Fortführung einer religiösen Tradition handelt. Musils Held, Ulrich, ist auf der Suche nach einer religiösen Erfahrung. Er möchte den »anderen Zustand« erleben, von dem alle Mystiker berichten. Dieser andere Zustand, so sagt Ulrich, sei ursprünglicher, unverfälschter als alle Religionen dieser Welt. Nicht von Sublimation oder Askese ist bei Musil also die Rede, sondern von etwas, das man vielleicht als religiösen Trieb bezeichnen könnte. Deshalb, so führt Ulrich weiter aus, haben auch alle »zivilisierten Gemeinschaften religiöser Menschen diesen Zustand stets mit einem ähnlichen Mißtrauen behandelt, wie es ein Bürokrat der privaten Unternehmungslust entgegenbringt«[30]. Die geistige, seelische und schließlich auch sexuelle Vereinigung mit Agathe, der Schwester – die sexuelle Vereinigung findet in einem Abschnitt unter der Überschrift »Die Reise ins Paradies« statt –, wird für Ulrich zu einer Art von säkularer unio mystica: Es geht hier nicht mehr um die Einswerdung mit Gott, sondern um die Vermählung mit einem Spiegelbild des Ichs, der Schwester. »Siamesische Zwillinge« nennen sich die Geschwister. Daß Musil mit dieser Liebeserfahrung eine Form von Gotteserfahrung meint, sagt er ausdrücklich an einigen Stellen im Roman, etwa an folgender:

> Wer das, was zwischen diesen Geschwistern vorging, nicht schon an Spuren erkannt hatte, lege den Bericht fort, denn es wird darin ein Abenteuer beschrieben, das er niemals wird billigen können: eine Reise an den Rand des

Möglichen, die an den Gefahren des Unmöglichen und Unnatürlichen, ja des Abstoßenden vorbei, und vielleicht nicht immer vorbei, führte; [...] Er [Ulrich] und Agathe gerieten auf einen Weg, der mit dem Geschäfte der Gottergriffenen manches zu tun hatte, aber sie gingen ihn, ohne fromm zu sein, ohne an Gott oder Seele, ja ohne auch nur an ein Jenseits und Nocheinmal zu glauben; sie waren als Menschen dieser Welt auf ihn geraten und gingen ihn als solche: und gerade das war das Beachtenswerte.[31]

Daß diese säkulare Religion von immanenter Bedeutung nicht nur für das Verhältnis der Geschlechter sondern auch für die deutsche Geschichte ist, zeigt die Tatsache, daß es nach 1800 kaum einen großen oder weniger großen deutschen Schriftsteller gab, der nicht irgendwann den Topos der Geschwisterliebe aufgegriffen hätte – mit einer großen, kollektiven Ausnahme: den jüdischen Schriftstellern (und deren gab es ja wahrlich viele und große im deutschen Sprachraum). Ich habe bisher nur einen einzigen jüdischen Autor ausfindig machen können, der sich dieses Themas angenommen hat: Kurt Münzer, ein Schriftsteller der gehobenen Trivialliteratur, den heute kaum mehr jemand kennt. 1907 behandelte er das Thema in seinem Roman *Der Weg nach Zion*[32] – einem Roman, der auf ganz seltsame Weise diesen Stoff einer eher germanischen Blutmythologie auf eine Geschichte transponiert, in der es um die jüdische Identität geht. Nicht nur der Titel, auch viele Details im Roman von Münzer sprechen dafür, daß dem Autor die antisemitische Dimension dieses Inzestmythos bewußt war, und daß er durch ihn darzulegen versuchte, daß die Assimilation zur Katastrophe führen müsse. Es ist bei diesem Stoff tatsächlich oft sehr schwer, die Frage der Geschwisterliebe von der Frage der Ähnlichkeit und des geschwisterlichen Zusammenseins von Juden und Deutschen zu trennen. Wahrscheinlich liegt darin ein entscheidender Schlüssel zum Verständnis des Mythos und seiner Auswirkungen.

Wenn die jüdischen Schriftsteller keine rechte Affinität zum Topos der Geschwisterliebe entwickeln konnten, so erfreute er sich umso größerer Beliebtheit unter den Antisemiten. Als Beispiel sei der Erfolgsroman von Frank Thiess erwähnt. Sein Roman *Die Verdammten* erschien 1922 und erreichte, ähnlich Dinters *Sünde wider das Blut*, innerhalb von wenigen Jahren hohe Auflagen. Der Roman spielt im Baltikum etwa um 1900. Es herrschen Vorahnungen der Oktoberrevolution: blutrote Visionen, die Johannes, eine der Hauptfiguren des Romans, in Momenten des Wahnsinns befallen. Johannes liebt Ursula, die ihrerseits ihren Bruder wiederfindet und in ihm auch den Mann, auf den sie immer gewartet hat. Der

Bruder trennt sich von seiner amerikanischen Frau: »Eine Leere ist da. Fremdes Blut, fremde Rasse...« Das Fremde kann man nicht lieben, sagt er, sagt seine Schwester. Wirkliche Liebe, Vereinigung, die »Verschwisterung mit der Natur« findet man nur im anderen Ich, im Boden der Heimat, oder in der Musik (die Schwester ist Pianistin): Nur sie verschaffen die »Unendlichkeit der Zweiheit«, ewige »Harmonie«, das »Ende jeglicher Zeit«. Der Frühling, die Klaviersonate, der See und das weite Land – alles fließt ineinander und findet in der Liebe zur Schwester seine letzte Erfüllung: eine Erfüllung, die keineswegs als Verzicht auf die sinnliche Liebe verstanden werden will, in der vielmehr die sinnliche Liebe zu einem Teil des großen Vereinigungswerkes wird. Johannes, der endgültig begriffen hat, daß er gegen den Bruder nichts vermag, sagt zu Ursula:

> Das Ungeheure kann Wirklichkeit werden. Der Mensch, der den Punkt findet, durch den er mit dem All zusammenhängt, wird schwerelos und fast schmerzlos. Er vermag Gott nicht zu sehen, aber er ist seiner gewiß, denn sein Leben durchrauscht der Atem der Unendlichkeit. Siehst du, Ursel, jetzt weiß ich auch, daß ich mich irrte, als ich dachte, wir beide seien zwei Hälften, die sich auf der Erde finden müßten. Es war ein süßes Spiel der Phantasie. Ich verlor mich darin, weil es zu schön war, um gleich davon Abschied zu nehmen. Es ist alles viel ungeheurer. [...] Warum hast du Furcht? Du glaubst an die Macht der Dinge, aber deine Seele ist weiser. Sie trägt die Ahnung um unsichtbare Kräfte tief in sich. Glaube nicht, Ursel, daß dies alles in schlaflosen Nächten ergrübelt ist. Man ergrübelt keine Wahrheit. Man erlebt sie. Ich dachte, dies sei eine Wahrheit, daß wir beide füreinander bestimmt seien, aber ich irrte mich. Wir sind nicht nah genug verwandt, um auserwählt zu sein. Um Gott ganz nah zu sein.[33]

Johannes ist nicht der einzige, der gegen den Bruder nichts vermag. Ursula wird auch geliebt von einem Juden aus dem Dorf, der in dem Roman als Gegenfigur zum Bruder erscheint. Er ist natürlich häßlich – schon sein Äußeres bezeugt, daß er kein Auserwählter ist – und darüber hinaus auch ein Verräter an seinen ehemaligen Wohltätern. So kann er auch nie, das geht aus allen Passagen des Romans hervor, an diesem großen Werk der Vereinigung teilhaben: der Vereinigung mit der Schwester, mit der Heimat, mit der Erde und mit Gott. Während Johannes auch ohne Ursula auf seine Weise die Nähe zu Gott findet – er wird wahnsinnig und nimmt sich schließlich das Leben – schließt sich der Jude der bolschewistischen Revolution an – dieser Revolution, die in den Ahnungen von Johannes als blutrote Vision aufgetaucht war.

In sehr vielen Werken, die den Mythos der Geschwisterliebe aufgreifen, spielt der Jude eine wichtige Rolle – auch dann, wenn der Autor kein Antisemit ist. In Cocteaus *Les enfants terribles* (*Die Kinder der Nacht*) ist Michael – der Amerikaner, der sich in die weibliche Hauptfigur Agathe verliebt und diese heiratet – ein Jude. Er ist nicht zugelassen zur »Sekte«, die die Geschwister bilden, aber er wird als Außenstehender geduldet, weil er den finanziellen Unterhalt der Sekte bestreitet. Wirklich akzeptiert wird er erst, nachdem er bei einem Autounfall umgekommen ist. Im Gegensatz zu Goethes Frauenfigur Ottilie erwirbt der Jude Michael also nach seinem Verscheiden einen Anspruch darauf, *nicht* mehr verschieden zu sein[34].

Im *Mann ohne Eigenschaften* stellt ebenfalls ein Jude, der Pragmatiker Arnheim, die Gegenfigur zu Ulrich dar, dem Forscher in Sachen Gotteserfahrung. Das Geschwisterpaar in Thomas Manns *Wälsungenblut* gehört schließlich selber einer jüdischen Familie an – einer jüdischen Familie, die die Assimilation soweit getrieben hat, daß ihre Kinder die Namen Siegmund und Sieglinde tragen. Bei Thomas Mann wird die Geschichte dieser beiden Luxusgeschöpfe zu einer Parodie sowohl auf die Assimilation wie auch auf Richard Wagners Opernfiguren, wobei der Autor offenläßt, auf welcher Seite die Mimikry liegt: ob sie bei der Wirklichkeit der Geschwister oder beim germanischen Mythos zu suchen ist. Eben das ist der Behandlung dieses Stoffes immer wieder eigen: Entweder dient er zur Abgrenzung gegen alles Jüdische, sozusagen zur Stützung eines germanischen Anspruchs auf »Auserwähltheit«, oder aber er deutet auf die Parallelen zwischen der völkischen Blutideologie und der jüdischen Tradition hin, in der religiöse Zugehörigkeit mit Volkszugehörigkeit einhergeht.

Musils Geschwister ziehen aus, um in der sexuellen Vereinigung das »Tausendjährige Reich« zu finden. Aber – und nun komme ich auf einen anderen Aspekt zu sprechen – die Ankunft in diesem Reich ist von Enttäuschungen gezeichnet. Bestenfalls endet sie so wie bei Musil, wo Ulrich und Agathe, nachdem sie die Erfahrung gemacht haben, eins zu sein, sich im anderen verkörpert zu sehen, das große Gefühl der Leere entdecken, das die Erfüllung, die Erreichung des Paradieses nach sich zieht:

> »Es ist ja ganz einfach«, sagt Ulrich zu Agathe, »und alle Leute wissen es, bloß wir nicht. Die Phantasie wird von dem erregt, was man noch nicht oder nicht mehr besitzt; der Leib will haben, aber die Seele will nicht haben.«[35]

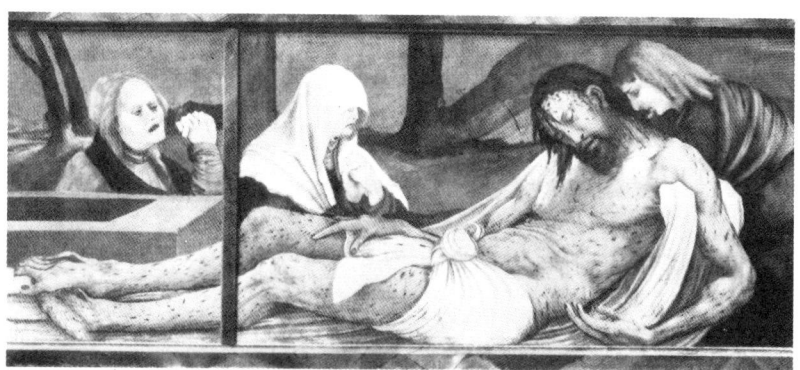

A. L. Girodet: Atala im Grab

Grünewald: Isenheimer Altar (Ausschnitt)

Meistens jedoch endet das Drama nicht mit dieser ernüchternden Einsicht, sondern in einer anderen Art von Paradies: entweder im Tod aller Beteiligten (so bei Cocteau), im Tod eines Kindes (bei Thiess) oder aber im Tod von einem der beiden Beteiligten – und das sind fast immer die Frauen, beziehungsweise Schwestern. Vielleicht verdeutlichen gerade die schwesterlichen Frauenfiguren, deren Tod auf seltsame Weise an das christliche Blutopfer erinnert, daß es sich bei diesem Stoff um die Übertragung eines religiösen Mythos' auf die weltliche Ebene handelt. Egal, ob es sich um das asketische oder das leidenschaftliche Modell der Geschwisterliebe handelt – immer sind es die Frauen/Schwestern, die das Leben lassen müssen, bevor der Mann/Bruder erlöst werden kann, den »ewigen Frieden« findet – beziehungsweise, so bei Kurt Münzer, wieder zum »Ewigen Juden« wird.

Dieser Opfertod nimmt viele verschiedene Formen an, nicht immer endet er im physischen Tod der Schwester. Oft erfolgt der Untergang auf psychischer Ebene: indem das Ich geopfert wird. Als Beispiel dafür sei der Roman von Leonhard Frank *Bruder und Schwester* zitiert. Die Liebenden, »ein göttliches Paar«, wie der Autor die Komparsen in seinem Roman wiederholt bemerken läßt, entdecken kurz nach ihrer Hochzeit, daß sie Geschwister sind. Genauer gesagt: Die Mutter entdeckt es; und nachdem sie die unerträgliche Nachricht den Kindern mitgeteilt hat, nimmt sie sich pflichtbewußt das Leben, womit die einzige Zeugin der Sünde vom Autor vorsorglich aus der Welt geschafft worden ist. Konstantin tut sich nicht schwer mit der Erkenntnis, daß seine Frau zugleich seine Schwester ist. Es ist, wie er sagt, nur ein »Blütenzweig mehr am Baum seiner Liebe« zu Lydia[36]. Lydia hingegen packt das Grauen; sie ergreift die Flucht. Viele Monate tobt in ihr der Konflikt zwischen der Liebe zu Konstantin und dem »Gefühl des Grauens, unvergleichlich stärker noch als Ekel und Abscheu«:

> Daß dieses dunkle Etwas nicht faßbar, nicht zerlegbar, in seinem Ursprung und Gehalt nicht zu erklären war, verlieh ihm die überwältigende Macht.[37]

Schließlich siegt die Liebe zu Konstantin. Der Roman endet mit einem Auftritt Lydias, bei dem sie wie eine Priesterin oder Heilige erscheint, die sich nunmehr am Altar der Liebe dem »Grauen« opfern wird. Hier spätestens wird deutlich, daß Lydias Grauen vor der Geschwisterliebe das Grauen vor dem Tod, vor der Auslöschung des Ichs ist und auch so verstanden werden soll. Die Überwindung dieses Grauens ist zugleich ihr Tod und die Erfüllung dieser einzigen und wahren Liebe der Erwählten, des göttlichen Paares. Der Roman endet mit folgender Passage:

> Mit dem Instinkt des Liebenden fühlte Konstantin, daß Lydia den Schritt über die Grenze, in ein neues Zusammen mit ihm, nur allein tun konnte. [...] Lange Minuten lag sie vollkommen reglos, starr wie ein Tote und schön. [...] Den nächsten Schritt mußte sie allein tun, niemand und nichts auf der Welt konnte ihr dabei helfen. Nur das Maß ihrer Seelengröße, das nicht kleiner sein durfte als ihre Liebe, war entscheidend. [...] Konstantin vernahm ein leises Knacken, er sah, wie die Klinke herabgedrückt wurde. Die Tür öffnete sich.
> Das Nachthemd reichte bis zu den Füßen. Weiß und starr kam sie herein, eine wandelnde Tote. Da war er bei ihr.[38]

Daß es sich bei diesem Opfergang keineswegs nur um eine literarische Metapher handelt, läßt sich mit vielen Beispielen belegen, so etwa auch mit dem der *Wahlverwandtschaften*. Minna Herzlieb gilt als die Vorlage für die Figur der Ottilie. Von der Beziehung des sechzigjährigen Goethe zum 17jährigen »Minchen« heißt es in einer Beschreibung ihres Lebens:

> Ihm hat das Mädchen im Frommannschen Hause doch viel bedeutet. Er ließ sich von ihr wie von einer Erscheinung beglücken. [...] Auch in seinen Sonetten huldigt Goethe dieser Geliebten mit dichterischer Unbeschränktheit und ganz von seiner Liebe dahingenommen. »Lieb Kind, mein artig Herz, mein einzig Wesen«, spricht er zu ihr. Aus dem Kinde wird die Schwester, wird die Geliebte. Und diese erhebt er auf den Thron, und sie gebietet ihm wie eine Fürstin. Sie begnadet ihn am Advent, wie Laura den Petrarca am Charfreitag.[39]

Minna Herzlieb wurde bald wieder vergessen. Aber sie vergaß nicht. 1865 starb sie in einer Heilanstalt:

> Ein Gemütsleiden umflorte ihren Geist, der nur noch an den geliebten Erinnerungen hing. [...] Alle alten teuren Briefe, die nun längst vergilbt waren, nahm sie versiegelt mit sich in das Grab.[40]

Zu Ottilie aber verband Goethe bis zum Ende seines Lebens eine tiefe Zuneigung, wie Paul Stöcklein bemerkt:

> In jenem Teil des Romans, der Ottilie heißt, ist ein Wesen geboren, das dem Autor offensichtlich noch eigener, noch ersehnter im Herzensgrund war als irgendein Zug oder ein Wesen der »Novelle«, ein Geschöpf, das mehr Liebe seines Vaters auf sich gezogen zu haben scheint als sonst eines seiner Kinder.[41]

Dabei, so bemerkt der Literaturwissenschaftler selbst, ist die Figur der Ottilie nur umrissen, anders als Eduard, dessen Psyche, dessen Stärken und vor allem Schwächen genau beschrieben sind. Ottilie ist eine Symbolgestalt, sie ist keine echte Frau, keine lebendige Person. Aber sie wird mehr als alle anderen geliebt, bis in den Tod hinein. Sie ist das Spiegelbild eines Ichs, das die Frau aus sich selbst heraus gebiert und das die Frau nur in der Schwester zu lieben vermag, sozusagen als Inkarnation der eigenen – der männlichen – Weiblichkeit. »Die Frau«, so sagt Goethe in den Gesprächen mit Eckermann, »ist das einzige Gefäß, was uns Neuerern noch geblieben ist, um unsere Idealität hineinzugießen«[42]. Mord und Selbstmord, Ich-Verlust und Auslöschung des Anderen: Diese Vorstellungen verbergen sich in vielen Variationen hinter dem Bedeutungswandel, der sich im Verlauf des 19. Jahrhunderts mit dem Begriff der »Blutschande« vollzieht. Es ist ein Wandel, bei dem das Wort Liebe selbst eine vollkommene Umkehrung erfährt. Es wird gleichbedeutend mit Tod. Eben dies wird besonders deutlich im »Rassenroman« von Dinter, auf den ich nun zurückkomme. Hermann kann Elisabeth erst wirklich lieben, nachdem sie tot ist. Dann aber tut er es von ganzem Herzen:

> Unaufhörlich weilten seine Gedanken bei ihr. Wenn er müde und abgespannt nach Hause kam, war es ihm stets, als sei sie genauso wie früher um ihn. Das Gefühl ihrer lebendigen Gegenwart war so stark, daß er sie wie früher aufforderte, sich in der Dämmerstunde zu ihm aufs Sopha zu setzen und ein wenig mit ihm zu plaudern. Dann nahm er sie in seinen Arm, zog ihren feinen Kopf an seine Brust und träumte mit ihr zusammen am Kaminfeuer in die Dämmerung des Winterabends. Dabei war es ihm, als striche sie wie früher mit ihrer lieben Hand ihm über Stirn und Augen oder als führe sie mit ihren feingliedrigen Fingern durch sein Haar. Nein, die geliebte Frau war nicht tot! Erst recht war sie jetzt aufs innigste mit ihm vereint, nur war sie losgelöst von aller Erdenschwere und stofflichen Bedingtheit des irdischen Seins. Wahrlich, sein Liebes- und Eheglück wäre jetzt erst vollkommen gewesen, hätte die leibliche Gegenwart des widernatürlichen Kindes es ihm nicht immer wieder verbittert und zerstört. So aber mußte er nun Zeit seines Lebens die schwere Sünde büßen, die er gegen das heilige Blut seiner Rasse begangen hatte.[43]

Für die einen wird Liebe die Erweiterung, Läuterung oder Befreiung des Ichs bringen – eines Ichs, das aus der Auslöschung des Nicht-Ichs seine Seinsberechtigung bezieht. Den anderen wird der Begriff der Liebe Opfergang, Selbstauslöschung zu bedeuten haben. So wenn Lydia ihr Ich, ihre Andersartigkeit dem Bruder auf dem Altar der Liebe opfert. Und so, wenn Minna Herzlieb ihr Leben, ihr Sein opfern muß, damit die imaginäre Ottilie entstehen kann. So aber auch, wenn Richard Wagner die Juden dazu aufruft, sich selber auszulöschen, um Teil eines »einigen und untrennbaren Wirs« zu werden. Sein Aufsatz *Das Judentum in der Musik* endet mit dem Aufruf:

Nehmt rückhaltlos an diesem selbstvernichtenden, blutigen Kampf teil, so sind wir einig und untrennbar! Aber bedenkt, daß nur Eines Eure Erlösung von dem auf Euch lastenden Fluche sein kann, die Erlösung Ahasvers: *Der Untergang.*[44]

Bei Wagner, bei Weininger, in Dinters Roman und an vielen anderen Stellen: Immer wieder stehen die Auslöschung der Frau und die Auslöschung des Juden nahe beieinander. Es gibt jedoch entscheidende Unterschiede.

Die Frau wird dann geliebt, wenn sie sich in eine imaginäre Gestalt – eine Muse, eine Metapher, ein Gespenst – verwandelt hat. Als reale Frau, als das wirklich Andere muß sie verschwinden. Dieser Vorstellung enspricht in der bürgerlichen Ehe die Forderung nach völliger Symbiose, der das weibliche Ich geopfert werden muß. Um Anspruch auf Liebe zu haben, muß die reale Frau bereit sein, zur Schwester zu werden, sie muß ihre Andersartigkeit opfern, zum Element werden, das »gesucht, angezogen, ergriffen, zerstört, verschlungen und aufgezehrt wird«, damit sodann »aus der innigsten Verbindung wieder in erneuerter, neuer unerwarteter Gestalt« ein anderes Element hervortreten kann: entweder das liebende Subjekt, der Mann, oder der unsterbliche Dichter: »... dann traut man ihnen erst ein ewiges Leben, ja wohl Sinn und Verstand zu ...« Die Frau, so möchte man beinahe sagen, verwandelt sich in eine Art von Tagebuch, dem alle intimen Geheimnisse anvertraut werden, das Andere des Ichs, das aber doch nur den Dialog des Ichs mit sich selbst darstellt[45]. Soll man es für einen Zufall halten, daß Ingeborg Bachmann, die wie keine andere Autorin der deutschsprachigen Nachkriegsliteratur diese Verwandlung von Liebe in Mord beschrieben hat, daß Ingeborg Bachmann also in ihrem Roman *Malina* für diese Liebesvorstellung, die die Auslöschung des Anderen vorsieht, den Begriff der »Blutschande« benutzt hat?[46] Manchmal vermag die Geschichte eines Begriffs Zusammenhänge aufzudecken, von denen sonst nur das Unbewußte eine Ahnung hat.

Dieser Hinwendung zum eigenen Blut, zu einem Begriff von Liebe, der die Vergötterung des eigenen Spiegelbildes beinhaltet, entspricht auf der entgegengesetzten Seite die Ausgrenzung des Anderen, des Fremden, der dem Ich nicht zugeordnet werden soll. Sie geht also einher mit dem Haß auf das fremde Blut, der in der gleichen Zeit zunimmt. Der Haß auf dieses fremde Blut stellt die conditio sine qua non einer Definition des eigenen, des »reinen« Blutes dar. Doch das Objekt dieses Hasses ist ebenso imaginär wie die Frau, die sich in eine Metapher, ein Gespenst verwandeln muß, um geliebt zu werden. Nichts verdeutlicht die Tatsache, daß der »Jude« der Rassentheorien des 19. Jahrhunderts eine Kunstfigur ist, klarer als die schwammige Definition, die Autoren wie Dinter von dieser »Rasse« geben. Dinter beschreibt ein Unding, das seine Existenz sowohl einer ausgedehnten Inzucht wie der unmäßigen Vermischung mit fremdem Blut verdankt:

> Ein dem deutschen Volk blutsfremdes, von ihm durch unüberbrückbare körperliche und geistige, seelische und sittliche Gegensätze geschiedenes Volk sind die Juden. Auch die Juden sind kein rassenreines Volk. Sie sind im Gegensatz zum deutschen aber auch kein rassisch reines Volk, denn sie sind aus den allerverschiedensten, widerspruchvollsten, einander fremdblütigen Rassenbestandteilen gemischt. Sie sind eine aus jahrtausendelanger Inzucht hervorgegangene Bastardrasse.[47]

»Der Jude«, die »jüdische Rasse« sind nicht sichtbar, nicht einmal in den Augen derer, die an diesen Mythos glauben[48]. (Sogar die Nationalsozialisten mußten auf Erkennungszeichen wie den Judenstern zurückgreifen, um zu wissen, wer ein Jude ist.) Aber eben die Tatsache, daß dieses jüdische Blut und die jüdische Rasse imaginär sind, bestimmt auch die spezifische Gewalt des rassistischen Antisemitismus. Das Blut, das vergossen wird, soll aus der imaginären Gestalt eine wirkliche werden lassen. Die Parallele, die ich hier andeuten möchte, würde sich etwa folgendermaßen umreißen lassen: Während die reale Frau physisch oder psychisch ausgelöscht wird, damit sie in eine imaginäre verwandelt werden kann, wird der imaginäre Jude leiblich verfolgt, damit aus der erfundenen Figur eine reale werde.

Kurz gesagt: Im Topos des Geschwisterinzests als Utopie der Liebe wie auch im rassistischen Antisemitismus als konkretem Ausdruck von Haß offenbart sich ein sehr vielschichtiger Wandel des Ichbildes: Es ensteht ein Ich, das sich sowohl aus der Vereinigung und dem Verzehr des Anderen konstituiert wie auch aus der Abgrenzung gegen einen selbstgeschaffenen Anderen. Wie sehr dieser Andere aber als Teil des Ichs verstanden werden muß, verdeutlicht eine Passage am Ende von Dinters *Sünde wider das Blut*. Hermann, der sich vor Gericht für die Ermordung eines Juden verantworten soll, hält eine Rede, die zu seinem Freispruch führt:

> Wenn es dem deutschen Volk nicht gelingt, den jüdischen Vampyr, den es ahnungslos mit seinem Herzblute großsäugt, von sich abzuschütteln und unschädlich zu machen – und das ist schon durch einfache gesetzliche Maßnahmen möglich – so wird es in absehbarer Zeit zugrundegehen. Um diese Warnung von dieser Stelle, aus meinem Herzen in alle Welt hinausschreien zu

Du bist nicht heute und bist nicht morgen.
Du bist tausend Jahre vor dir und bist tausend
Jahre nach dir.
Hüte dein Blut, daß die Geschlechterfolgen der
tausend Jahre nach dir, dir Dank wissen.

(Postkarte aus der Zeit des Nationalsozialismus)

können, deshalb und nur deshalb habe ich meine Tat begangen. Ganz bewußt habe ich meinem Vaterlande mein Leben zu Opfer gebracht und ich hoffe, daß ich es nicht umsonst getan habe. Ich hoffe, daß mein Tod das Signal zum Sturme gegen diesen inneren Feind sein wird, der die deutsche Zukunft fürchterlicher bedroht, als unsere äußeren Feinde, weil er nicht mit dem Schwerte in der Hand niedergerungen werden kann.[49]

Der Jude als »innerer Feind« des Staates, und ganz speziell des deutschen Reichs, das Bild ist aus vielen antisemitischen Texten bekannt. Das Bild des Juden wird zum konstituierenden Element der deutschen Symbiose, der deutschen Heimat, der deutschen Identität. Weininger hat noch deutlicher als Dinter ausgesprochen, daß damit aber nicht nur das deutsche Reich gemeint ist, sondern auch das individuelle Ich: Bei ihm erscheint der Jude als das andere Selbst, das Fremde im Ich:

[...] es ist, vorläufig gesprochen, vielleicht die welthistorische Bedeutung und das ungeheure Verdienst des Judentums kein anderes, als den Arier immerfort zum Bewußtsein seines Selbst zu bringen, ihn an sich zu mahnen. Dies ist es, was der Arier dem Juden zu danken hat; durch ihn weiß er, wovor er sich hüte: vor dem Judentum als Möglichkeit in ihm selber.[50]

Im Topos des Geschwisterinzests offenbaren sich also zwei Entwicklungen, die ich hier abschließend noch einmal zusammenfassen möchte: Das eine ist das Verschwinden der Fremde – womit eben nicht nur der dunkle Kontinent am anderen Ende der Welt, sondern auch der »dunkle Kontinent« Frau gemeint ist, dessen Geheimnis Freud so gerne wieder herbeigezaubert hätte. Das andere aber ist der Untergang der Religion. Beide Entwicklungen hängen eng miteinander zusammen.

Nachdem Natur und Frau über Jahrhunderte malträtiert, auf den Scheiterhaufen zu Asche reduziert worden waren, sind sie im 19. Jahrhundert gefügig geworden. Sie sind besiegt, haben im gleichen Zuge aber auch ihre Andersartigkeit, ihre Bedrohlichkeit verloren – und dieser Verlust hinterläßt eine gähnende Leere, die mit Neuem ausgefüllt werden will. So entsteht einerseits das Ideal einer Leidenschaft zur Schwester, dem abgespaltenen Teil des Ichs. Andererseits blühen aber auch die Vorstellungen von den entfesselten Trieben, der übermächtigen, blutgierigen Natur, die in den imaginären Gestalten der »grausamen Frau« ihren Ausdruck finden: den Carmens, Salomes, Medusas und Lulus, die gegen Ende des 19. Jahrhunderts hohen Kurs haben. Daß es sich bei diesen übermächtigen Frauengestalten jedoch nicht um Vorstellungen von Weiblichkeit, sondern um Phantasien *männlicher* Weiblichkeit – also gewissermaßen um Omnipotenzphantasien – handelt, verdeutlicht die Tatsache, daß gleichzeitig zahlreiche »wissenschaftliche« Theorien über die Unbändigkeit des männlichen Geschlechtstriebs verkündet werden (vgl. S. 54f). Diese Theorien sind völlig neu im abendländischen Denken: Schon vor dem Christentum, aber ganz besonders nach dessen Triumph galt die Frau als die Verkörperung des Geschlechtstriebs und der Mann als ihr Opfer. Das heißt, der Mann, der über Jahrhunderte seine Definition gerade in der Unterscheidung vom Tier gesucht hatte, entdeckt Ende des 19. Jahrhunderts, da alle Tiere im Zoo sind, den Löwen in sich selbst.

Auf der anderen Seite erklärt die Tatsache, daß der Mythos der Geschwisterliebe zahlreiche Elemente einer säkularen Religion aufweist, auch seine Macht und die Faszination, die er auf viele ausgeübt hat. Sie wirft ein Licht auf die Frage, warum der Wandel des Begriffs der »Blutschande« gerade im rassistischen Antisemitismus seinen deutlichsten und schrecklichsten Ausdruck fand: Die »Blutschande« in den Rassentheorien des 19. Jahrhunderts konnte nahtlos an die christliche Tradition des Judenhasses anschließen. Aus dem Opfer des Erlösers, aus dem reinen, unschuldigen Blut Christi wurde das Opfer des schwesterlichen Blutes – eines Blutes, das seine »Reinheit« von irdischen, biologistischen Gesetzen ableitete: aus dem Inzest, aus der Gewißheit, daß das Blut des Opfers mit dem des Ichs identisch ist.

Im Werk von Georg Trakl, den eine nicht nur imaginäre, sondern auch reale inzestuöse Liebesbeziehung mit seiner Schwester Grete verband, in Trakls Gedichten wird die christliche Symbolik des schwesterlichen Opfertodes besonders deutlich: »Karfreitagskind«, heißt es in Trakls Gedicht *An die Schwester*[51]; und im Dramenfragment *Offenbarung und Untergang* schreibt er:

O, die Schwester singend im Dornbusch und das Blut rinnt von ihren silbernen Fingern. Schweiß von ihrer wächsernen Stirn. Wer trinkt ihr Blut?[52]

Noch eines ist seltsam: Die arische Blutmythologie, die die Erbschaft eines säkularisierten Christentums antritt, erscheint wie eine verzerrte Nachbildung der orthodoxen jüdischen Religionslehren, laut denen Volks- oder sogar Stammeszugehörigkeit und Religionszugehörigkeit miteinander einhergehen. Diese Annäherung hat zweifellos den Haß und die Gewalt des »Ariers« gegen den Juden mitbestimmt. Sie erklärt vielleicht aber auch die Anziehungskraft, die die arische Blutmythologie auf viele deutsche Juden ausübte, und den jüdischen Selbsthaß, der sich wiederum aus dieser Faszination ableitete. Andererseits scheint sich aber bei vielen orthodoxen Juden in demselben Zeitraum – und als Reaktion auf die Profanisierung der christlichen Religion und die Gewalt, die mit ihr einherging – eine stärkere Rückbesinnung auf die mystischen Traditionen der jüdischen Religion, aber auch auf das abstrakte Denken – man ist geneigt zu sagen: das Denken der Schrift – stattgefunden zu haben. Hartmut Zelinsky hat anschaulich dargestellt, wie sich bei Arnold Schönberg (der sich hatte taufen lassen) ein erneutes Bekenntnis zum Judentum mit der Entwicklung der abstrakten Musik einherging: als Gegenbewegung zu Richard Wagners antisemitischen Musik- und Heilslehren[53]. Diese Entwicklung hat zu einer zunehmenden Vielfalt von Möglichkeiten, die »jüdische Identität« zu definieren, geführt. Es sind Definitionen entstanden, von denen manchmal die eine die andere ausschließt. In einem Vortrag, in dem Julius Schoeps darauf verwies, daß es heute unmöglich geworden ist, eine einheitliche Bestimmung des Begriffs »Jude« zu geben, benutzte er eine Definition, die dem 20. Jahrhundert (und vielleicht vor allem dem deutschen Sprachraum) vorbehalten bleibt: Als Juden, so sagte er, bezeichne ich den, der sich selbst als solchen betrachtet[54]. Die Spaltung, zu der diese sehr unterschiedliche, beinahe unvereinbare Definition von Judentum geführt hat, zeigt sich heute nirgendwo deutlicher als in Israel[55]. Nicht minder schwierig als die Definition des Juden ist es aber auch geworden, den Deutschen zu definieren: Was es bedeutet, Deutscher zu sein, läßt sich weder mit Nation noch mit Sprachraum noch mit einer bestimmten historischen Tradition und schon gar nicht mit dem Begriff des Staates umreißen[56].

Abschließend noch eine Bemerkung: Marcel Reich-Ranicki fragte sich kürzlich in einem Aufsatz, in dem er auf Beispiele aus der amerikanischen, englischen und französischen Literatur verwies, warum es heute in Deutschland keine nennenswerte Liebesliteratur gebe[57]. Wenn man aber die Implikationen des Mythos der Geschwisterliebe betrachtet – und dies war *der* große Liebesmythos der deutschsprachigen Literatur von der Aufklärung bis 1945 – so kann man auf die Frage von Reich-Ranicki nur mit den Worten antworten, die Musil seiner Agathe in den Mund gelegt hat. »Dies ist keine Liebesgeschichte mehr«, sagt sie, »das ist überhaupt die letzte Liebesgeschichte, die es geben kann«[58].

Anmerkungen

1 Vgl. Colette Piat, *Julien et Marguerite. Les amants maudits de Tourlaville*, Paris 1985
2 Vgl. Michel Carmona, *Une affaire d'inceste. Julien et Marguerite de Ravalet*, Paris 1988
3 Artur Dinter, *Die Sünde wider das Blut* (1907), Leipzig 1927, S. 338
4 Ebda., S. 237
5 Ebda., S. 316
6 Adolf Hitler, *Mein Kampf*. Ungekürzte Ausgabe, München 1940, S. 357
7 Jules Barbey d'Aurevilly, *Une page d'histoire* (1603), Paris 1886
8 Natürlich gehört gerade in diesen Kontext der Mythos der Carmen, der Lulu, die Bildnisse der Medusa und Salome und alle »grausamen Frauen«, die das 19. Jahrhundert berauscht im Blute baden ließen (vgl. S. 67ff in diesem Band).
9 Wir werden im folgenden noch ausführlicher darauf eingehen, wie sehr die völkische Blutmythologie eine Form von säkularem Christentum darstellt. Aber an dieser Stelle sei schon darauf hingewiesen, daß dieses säkulare Christentum mehr als *eine* Art von Ausdruck fand und findet und daß die verschiedenen Erben der christlichen Lehren ihrerseits unversöhnliche Gegensätze darstellen. In einem Aufsatz gegen den Pazifismus, der 1930 in der Zeitschrift *Aufbausteine zum dritten Reich* erschien, erregt es den besonderen Zorn des Autors, daß sich der Pazifismus auf die christliche Friedensbotschaft berufe. Er wirft der Friedensbewegung vor, aus der christlichen Religion einen Götzendienst des Materialismus und des Diesseits gemacht zu haben:
»Sonderbar, ja geradezu grotesk wirkt es aber, wenn die Vertreter des Zeitgeistes auch Religion und Christentum vor ihren pazifistischen Karren spannen, indem sie erklären, das christliche Gebot der Nächstenliebe verlange den ewigen Frieden, verbiete den Waffenkrieg. Aber die Jongleure der roten Anthropokratie können alles. Sie können da, wo es ihren »Menschenrechten« im Wege ist – und das ist er wohl fast überall – den Herrgott absetzen und seinen Dienst verhöhnen; sie können auch da, wo es ihnen in ihren Kram paßt und zweckmäßig erscheint, um auch religiöse Leute zu ihren Handlangern und Mitläufern zu machen, sich einen tiefreligiösen Mantel umhängen, Gottesworte aus ihrem Zusammenhang herausreißen und durch Taschenspielerkunst, ohne daß der staunende Zuschauer es sieht, deren Geist fälschen, ins Gegenteil umkehren, sodaß er in ihr System der gottlosen Menschheitsvergötterung paßt. Denn Menschenkult und sonst nichts ist ja ihre einzige »Religion«, und im Dienst des Menschenkults erschöpft sich folgerichtig ihre »religiöse« Ethik. Deren Leitsätze alle, auch soweit sie aus der Heiligen Schrift gepumpt sind, haben nur ein Ziel: den Thron des Menschheitsgötzen zu bauen und zu schmücken. Dieses Thrones Ornamente sind die Phrasen von Fortschritt, Kultur – in *ihrem* Sinne – und Menschenrechten, denen allein die christliche Nächstenliebe des Pazifisten zu dienen hat. Es gibt aber nichts, was sich so weltenferne steht, als wahre Religion, vor allem die christliche, und Menschenkult.« (Dr. Elste, *Der Weltbetrug des Pazifismus und die Götzendämmerung*, in: *Aufbausteine des dritten Reichs*, 6. Jahrgang, Heft 82, Berlin 1930, S.15f)
Dann beschreibt der Autor, wie die wahre Religion, das echte Christentum auszusehen habe: Es sei ein idealistischer Kampf, in dem weder Tod noch Diesseits eine Rolle spielten. Seltsamerweise finden bei ihm die Gesetze des »Höchsten« aber ihre Erfüllung in Begriffen wie »bodenverwurzelt«, »stahlhart«, »nationalvölkische Geschlossenheit«, »Mannszucht«, »Vaterland« und »Landestreue« – in Begriffen also, die mit allem, nur nicht dem Jenseits zu tun haben. Bei Elste und anderen völkischen Autoren findet das wahre Christentum seinen Ausdruck in einem »Volk, das frisch, rein und lebensstark ist und [...] reich an kerniger und lebendiger und daher auch in der Welt lebensspendender Eigenart, auf daß sein Leben zum Schöpfer aufklinge, stark, rein und gewaltig im Chor der Völker«. (S. 10)

Der Liebesmythos der Geschwisterliebe taucht in der Mythenbildung der *beiden* säkularen Religionen auf: sowohl in der arischen Blutmythologie als auch zum Beispiel bei dem überzeugten Pazifisten Leonhard Frank, der 1933 aus Deutschland in die Schweiz, dann nach Frankreich emigrierte und 1939 vor den Nationalsozialisten über Portugal in die Vereinigten Staaten fliehen mußte. Vgl. Leonhard Frank, *Bruder und Schwester* (1929), München 1985

Als Säkularisierung des Christentums muß es wohl auch verstanden werden, wenn der katholische Theologe Hans Küng erklärt, eine Religion könne nur dann Anspruch auf Anerkennung haben, wenn sich in ihr wahre Humanität verwirkliche. Die Humanität sei einerseits der kleinste gemeinsame Nenner aller Religionen, andererseits zeige sich in der Verwirklichung der Menschenrechte der wahre Kern religiöser Botschaft. Es handelt sich hier um Thesen, die Küng anläßlich einer Tagung ausgearbeitet hat, zu der die Unesco und das Pariser Goethe-Institut im Februar 1989 Vertreter der großen Weltreligionen eingeladen hatten. Vgl. *Süddeutsche Zeitung* vom 14.2.1989

10 So etwa bei Leonhard Frank, *Bruder und Schwester*, S. 160

11 So etwa in Goethes Roman *Wilhelm Meisters Lehrjahre*. Auch Mignon verdankt ihre Herkunft einer inzestuösen Liebesbeziehung, die vom Fluch belastet ist, aber der Fluch wird letztlich weniger durch die Geschwisterliebe verursacht als durch eine unnatürliche, von Zwängen geprägte Erziehung. Das »Unheil« geht aus vom Vater, dann von den Kirchenmännern, den Besserwissern, den Sittlichkeitsfanatikern, die nach den Gesetzen einer menschenfeindlichen Moral statt nach den »Gesetzen ihres Herzens leben«. Auch als der Mönch Augustin erfährt, daß die Geliebte seine Schwester ist, kann ihn das nicht von seiner Liebe abbringen. Denn, so sagt er, erst die Liebe zu Sperata habe ihm den Verstand zurückgegeben, ihn von dem religiösen Wahn einer unermüdlichen Buße geheilt. Seinen leiblichen Brüdern und den Ordensbrüdern, die ihn von der Verbindung zur Schwester abzubringen versuchen, schleudert Augustin entgegen:
»Nun da mich die gütige Natur durch ihre größten Gaben, durch die Liebe wieder geheilt hat, da ich an dem Busen eines himmlischen Mädchens wieder fühle, daß ich bin, daß sie ist, daß wir eins sind, daß aus dieser lebendigen Verbindung ein Drittes entstehen und uns entgegenlächeln soll, nun öffnet ihr die Flammen eurer Höllen, eurer Fegefeuer, die nur eine kranke Einbildungskraft versengen können, und stellt sie dem lebhaften, wahren, unzerstörlichen Genuß der reinen Liebe entgegen! [...] Gab es noch edle Völker, die eine Heirat mit der Schwester billigten? Nennt eure Götter nicht, [...] ihr braucht die Namen nie, als wenn ihr uns betören, uns von dem Wege der Natur abführen und die edelsten Triebe durch schändlichen Zwang zu Verbrechen entstellen wollt. Zur größten Verwirrung des Geistes, zum schändlichsten Mißbrauche des Körpers nötigt ihr die Schlachtopfer, die ihr lebendig begrabt.« (J.W. Goethe, *Wilhelm Meisters Lehrjahre* (1795), Stuttgart 1982, S. 611)
Auch ist in den Worten, die der Dichter dem durch Liebe zu Verstand gekommenen Mönch auf die Zunge legt, unentwegt von den Naturgesetzen die Rede, auf die sich der Geschwisterinzest berufen könne. Der erfahrene Botaniker Goethe läßt seinen Mönch auf das Beispiel der Lilien verweisen, bei denen »Gatte und Gattin einem Stengel entspringen« und durch die Blume verbunden sind, »die beide gebar«. Und ist, so heißt es in diesem Erziehungsroman dann weiter: »die Lilie nicht das Bild der Unschuld, und ist ihre geschwisterliche Vereinigung nicht fruchtbar? Wenn die Natur verabscheut, so spricht sie es laut aus; das Geschöpf, das nicht sein soll, kann nicht werden; das Geschöpf, das falsch lebt, wird früh zerstört.« (Ebda., S. 612)
Der Geistliche, der schließlich auch Sperata in den Wahnsinn treibt, verheimlicht ihr zwar, daß der Vater ihres Kindes ihr Bruder ist, aber er behandelt »das Vergehen, sich einem Geistlichen ergeben zu haben, [...] als eine Art von Sünde gegen die Natur, als

einen Inzest«. (S. 614) Wo Goethes Sympathien stehen, wird in diesem Roman sehr deutlich, auch wenn er in seinem Spätwerk, den *Wahlverwandtschaften* ein anderes Ideal der Liebe proklamiert. Leonhard Frank verweist in seinem Roman *Bruder und Schwester* übrigens ausdrücklich auf Goethe. Er stellt das Zitat über die Lilien seinem Roman als Motto voran.

12 Zum Wandel, den der Mythos in der Nachkriegsliteratur erfahren hat, vergleiche im folgenden den Aufsatz *Nada Dada Ada* in diesem Band.

13 Das »Symphilosophieren« der Romantiker in Jena gehört ebenso hierher wie das Ideal der Ehe, das Friedrich Schlegel in seinem Roman *Lucinde* entwirft: ein Ideal, das nicht nur von einer immer größeren Nähe der beiden Geschlechter, einer innigen Gemeinschaft sinnlicher und geistiger Art gekennzeichnet ist, sondern auch von der allmählichen Angleichung von Mann und Frau. Mit der *Lucinde* wird eine Weiblichkeit, die sich mehr durch Androgynität als durch Andersartigkeit auszeichnet, zum Ideal erhoben.

14 Caroline Schlegel, bei der das romantische Gerede von der »Harmonie« schon sehr früh Mißtrauen erweckte, schrieb in einem Brief an Novalis vom 4.2.1799:
»Vertrauen Sie mir vors Erste nur so viel an, ob es denn eigentlich auf ein gedrucktes Werk bey Ihnen herauskommen wird, oder ob die Natur, die Sie so herrlich und künstlich und einfach und construiren, mit Ihrer eignen herrlichen und kunstvollen Natur für diese Erde soll zu Grunde gehn. Sehn Sie, man weiß sich das nicht ausdrücklich zu erklären aus Ihren Reden, wenn Sie ein Werk unternehmen, ob es soll ein Buch werden, und wenn Sie lieben, ob es die Harmonie der Welten oder eine Harmonika ist.« (*Begegnungen mit Caroline*. Briefe von Caroline Schlegel-Schelling. Hrsg. und eingeleitet von Sigrid Damm, Leipzig 1984, S. 214)

15 Über die Vorläufer dieses Eheideals, das vom einzelnen (jedenfalls der Frau) zugleich Treue, Beständigkeit und Reinheit wie auch Sinnlichkeit und Lebensfreude verlangte, vgl. Edmund Leites, *Puritanisches Gewissen und moderne Sexualität*. Übersetzt von Friedrich Griese, Frankfurt/Main 1988

16 Vgl. u.a. Georg Denzler, *Die verbotene Lust*, 2000 Jahre christliche Sexualmoral, München/Zürich 1988. Daß dieses asketische Ideal nicht nur für das Christentum, sondern sogar für vorchristliche Zeiten galt, darauf hat Foucault hingewiesen: Michel Foucault, *Histoire de la sexualité*. Bd. 2: *L'usage des plaisirs*, und Bd. 3: *Le souci de soi*, Paris 1984

17 Der französische Judaist Dominique Bourel, der sich ausführlich mit den Lebensbedingungen von Juden in Preußen beschäftigt hat und in dem Zusammenhang auch die Polizeiberichte und Gesundheitsstatistiken der Berliner Behörden vom Anfang des 19. Jahrhunderts studierte, machte mich darauf aufmerksam, daß die Kindersterblichkeit in den jüdischen Familien erheblich niedriger war als in den christlichen Familien – ein Phänomen, das er selbst auf einen verstärkten Selbstschutz und damit einhergehenden engen Familienbindungen zurückführt.

18 Das Zitat stammt aus einem Brief an Mathilde Wesendonk, der es wert ist, ausführlicher zitiert zu werden:
»Nun denken Sie meine Musik, die mit ihren feinen, feinen, geheimnisvoll-flüssigen Säften durch die subtilsten Poren der Empfindung bis auf das Mark des Lebens eindringt, um dort Alles zu überwältigen, was irgend wie Klugheit und selbstbesorgte Erhaltungskraft sich ausnimmt. Alles hinwegschwemmt, was zum Wahn der Persönlichkeit gehört, und nur den wunderbar erhabenen Seufzer des Ohnmachtsbekenntnisses übrigläßt.« (Richard Wagner an Mathilde Wesendonk, *Tagebuchblätter und Briefe 1853-1871*. Hrsg. von Wolfgang Golther, Berlin 1906, S. 170)

19 Leo N. Tolstoi, *Die Kreutzersonate* (1891). Aus dem Russischen von August Scholz, München 1986, S. 107

20 Zum Wandel der Schriftkultur bzw. der Kultur des Lesens vgl. Erich Schön, *Der Verlust der Sinnlichkeit / oder Die Verwandlungen des Lesers*. Mentalitätswandel um 1800, Stuttgart 1987

21 »Alles ist Zeitkritik; ähnlich in den Wanderjahren, wo es oft um solche Kulturkrankheiten geht«, schreibt Paul Stöcklein in seinem Nachwort zu den *Wahlverwandtschaften* (München 1965, S. 227).

22 Ebda., S. 31f

23 Ebda., S. 102

24 Ebda., S. 34

25 Ebda., S. 102. Übrigens verweist Dinter auch ausdrücklich auf Goethes *Wahlverwandtschaften*. Vgl. Artur Dinter, *Die Sünde wider das Blut*, S. 341

26 Ottilies Verweigerung der Nahrungsaufnahme erinnert auf frappierende Weise an die Magersüchtigen des 20. Jahrhunderts, deren Nahrungsverweigerung mit der Ablehnung einer Frauenrolle einhergeht, die als destruktiv, ich-fremd empfunden wird. Daß die Magersucht ab etwa 1900 (also lange nach Goethe) zur Frauenkrankheit par excellence geworden ist, hängt wiederum eng mit der Durchsetzung der (wenn auch verwandelten) Liebesideale zusammen, die hier beschrieben werden. Zum Zusammenhang Anorexie und Ichbild, bzw. Magersucht und Frauenrolle vgl. das Kapitel »Inkarnation und Desinkarnation« in Christina von Braun, *Nicht ich*. Logik Lüge Libido, Frankfurt 1985

27 Leo N. Tolstoi, *Die Kreutzersonate*, S. 29

28 Ebda., S. 144

29 Ebda., S. 158

30 Robert Musil, *Der Mann ohne Eigenschaften*. Gesammelte Werke. Hrsg. von Adolf Frisé (1952), Reinbek b. Hamburg 1970, S. 766

31 Ebda., S. 761

32 Kurt Münzer, *Der Weg nach Zion*, Berlin 1907. Den Hinweis auf Münzer verdanke ich Hans Otto Horch.

33 Frank Thiess, *Die Verdammten* (1922), Berlin o.J., S.410f

34 »Es war schon von einer Fähigkeit zum Reichtum die Rede, dank derer nichts den angeborenen Reichtum der Geschwister vermehren konnte. Die Erbschaft erbrachte den Beweis. Die tragische Erschütterung verwandelte sie sehr viel stärker. Sie liebten Michael. Das erstaunliche Abenteuer der Hochzeit und seines Todes versetzte dieses wenig geheimnisvolle Wesen in den Bezirk des Geheimnisses. Indem er ihn erdrosselte, hatte der lebendige Schal ihm die Tür des Zimmers aufgetan. Anders hätte er niemals Zutritt gefunden.« (Jean Cocteau, *Les enfants terribles*, Paris 1929; deutsch: *Die Kinder der Nacht*. Aus dem Französischen von Friedhelm Kemp, Frankfurt 1988, S. 109)

35 Robert Musil, *Der Mann ohne Eigenschaften*, S. 1420

36 Leonhard Frank, *Bruder und Schwester*, S. 151

37 Ebda., S. 179

38 Ebda., S. 210f. Daß es sich bei einer solchen Beschreibung nicht nur um literarische Phantasie handelt, darauf verweisen einige Details aus der großen Untersuchung von Emile Durkheim über den Selbstmord. Der Sozialwissenschaftler stellte um die Jahrhundertwende fest, daß in all den Ländern, in denen die Scheidung zugelassen wurde, die Selbstmordraten von Männern anstiegen, während die von Frauen zurückgingen. Nachdem er seine Statistiken mehrfach überprüft und miteinander verglichen hatte, um eine Erklärung für dieses Phänomen zu finden, kommt Durkheim zur Schlußfolgerung: »Man nimmt allgemein an, daß diese Institution [die Ehe] im Interesse der Frau geschaffen worden sei, um sie in ihrer Schwäche gegen die männlichen Launen zu schützen. Besonders die Monogamie ist immer wie ein Opfer hingestellt worden, das der Mann seinen polygamen Trieben gebracht hat, um die Lage der Frau in der Ehe zu erleichtern

und zu verbessern. Wie immer die geschichtlichen Gegebenheiten waren, durch die er dazu gebracht wurde, sich diese Beschränkung aufzuerlegen, so profitiert er von der Ehe am meisten. Die Freiheit, auf die er so verzichtet hat, mußte demnach für ihn eine Quelle des Leidens sein. Die Frau hat nicht dieselbe Veranlassung zu einem solchen Verzicht, und man kann hierzu behaupten, daß eigentlich sie das Opfer gebracht hat, als sie sich der gleichen Norm unterordnete.« (Emile Durkheim, *Der Selbstmord*, 1897. Aus dem Französischen von S. und H. Herkommer, Frankfurt 1983, S. 318) Auch Havelock Ellis, der sich wiederum auf Beobachtungen aus der Anstaltspsychiatrie stützt, stellt die angebliche Schutzfunktion der Ehe für die Frau in Frage. In Wirklichkeit, so sagt er, habe sich die Ehe als Schutz für den Mann erwiesen – nicht nur vor Selbstmord, auch vor psychischer Erkrankung, Alkoholismus, Kriminalität – während das vorliegende statistische Material darauf verweise, daß dieselben Gefährdungen für die verheiratete Frau (im Gegensatz zur unverheirateten) zunähmen. Vgl. Havelock Ellis, *The Sexual Impulse in Women*, Vol. I, part 2, S. 189ff

39 Ernst Borkowsky, *Das Alte Jena und seine Universität*, Jena 1908, S. 217f

40 Ebda., S. 219

41 Nachwort zu Goethe, *Die Wahlverwandtschaften*, S. 226

42 Johann Peter Eckermann, *Gespräche mit Goethe*, 5. Juli 1827. Hrsg. von Ludwig Geiger, Leipzig o.J., S. 202

43 Dinter, *Die Sünde wider das Blut*, S. 264

44 R. Wagner, *Das Judentum in der Musik. Gesammelte Schriften*. Bd. 13, S. 29. Zur Wagnerschen »Heilslehre« vgl. Hartmut Zelinksy, *Richard Wagner – ein deutsches Thema. Eine Dokumentation zur Wirkungsgeschichte Richard Wagners 1876-1975*, Frankfurt 1976 u. Berlin 1983; s.a. derselbe, *Der »Plenipotentarius des Untergangs« oder der Herrschaftsanspruch der antisemitischen Kunstreligion des selbsternannten Bayreuther Erlösers Richard Wagner*. Anmerkungen zu Cosima Wagners Tagebüchern 1969-1883, in: *Neohelicon IX*, 1, Budapest/Amsterdam 1982

45 Die Verwandlung der Frau in ein Tagebuch und der Zusammenhang zum Topos des Geschwisterinzests wird besonders deutlich in Vladimir Nabokovs *Ada oder Das Verlangen*, auf den ich im letzten Beitrag dieses Bandes ausführlich eingehe.

46 »Mein Vater ist zufällig noch einmal nach Hause gekommen. Meine Mutter hat drei Blumen in der Hand, es sind die Blumen für mein Leben, sie sind nicht rot, nicht blau, nicht weiß, doch sie sind für mich bestimmt, sie wirft die erste vor meinen Vater hin, ehe er sich uns nähern kann. Ich weiß, daß sie recht hat, sie muß sie ihm hinwerfen, aber ich weiß jetzt auch, daß sie alles weiß, Blutschande, es war Blutschande, aber bitten möchte ich sie um die anderen Blumen doch, und ich sehe meinen Vater in meiner Todesangst an, er reißt, um sich auch an meiner Mutter zu rächen, ihr die anderen Blumen aus der Hand, er tritt auf sie, er stampft auf allen drei Blumen herum, wie er oft aufgestampft hat in der Wut, er tritt und trampelt darauf, als gälte es drei Wanzen zu zertreten, soviel geht ihm mein Leben noch an. Ich kann meinen Vater nicht mehr ansehen, ich hänge mich an meine Mutter und fange zu schreien an, ja, es war das, es war es, es war Blutschande. Aber dann merke ich, daß nicht nur meine Mutter stumm bleibt und sich nicht rührt, sondern von Anfang an gar kein Ton in meiner Stimme ist, ich schreie, aber es hört mich ja niemand, es ist nichts zu hören, es ist nur mein Mund aufgerissen, er hat mir auch die Stimme genommen, ich kann das Wort nicht aussprechen, das ich ihm zuschreien will [...].« (Ingeborg Bachmann, *Malina*, Frankfurt 1971, S. 188f) Zum Inzestmotiv bei Ingeborg Bachman vgl. auch die Ausführungen S. 151ff in diesem Band.

47 Artur Dinter, *Die Sünde wider das Blut*, S. 210

48 Zur »Unsichtbarkeit« des Juden vgl. die Aussagen von Vladimir Jankelevitch auf S. 35, Anmerkung 24

49 Artur Dinter, *Die Sünde wider das Blut*, S. 320

50 Otto Weininger, *Geschlecht und Charakter* (1903), Wien/Leipzig 1917, S. 415

51 Georg Trakl, *An die Schwester*. Gedicht im Zyklus der Rosenkranzlieder, in: Georg Trakl, *Die Dichtungen*. Gesamtausgabe. Hrsg. von Kurt Horwitz, Zürich 1946, S. 73

52 Georg Trakl, *Offenbarung und Untergang*. Die Prosadichtung, Salzburg 1947. An einer anderen Stelle in demselben Dramenfragment heißt es: »Tochter, weiße Stimme im Nachtwind, gerüstet zu purpurner Pilgerfahrt; o du Blut von meinem Blute, Pfad und Träumende in mondener Nacht.«

53 Vgl. Hartmut Zelinsky, *Arnold Schönberg – der Wagner Gottes*, in: *Neue Zeitschrift für Musik*, Mainz, April 1986

54 Julius Schoeps, *Gab es eine deutsch-jüdische Symbiose?* Vortrag gehalten am 19.4.1988 an der Universität Duisburg im Rahmen der Ringvorlesung »Wirkungsgeschichte deutscher Juden in der deutschen Kultur«. Diese Definition erscheint übrigens wie die genaue Umkehrung der Definition, die Göring in Anlehnung an den antisemitischen Wiener Bürgermeister Karl Lueger vom »Juden« gab: »Wer Jude ist, bestimme ich«.

55 Bei der Tagung »Das jüdisch-christliche Religionsgespräch« wies der Philosoph und Religionswissenschaftler Michael Wyschogrod (New York) darauf hin, daß es – eben weil die jüdische Gemeinde nicht nur durch denselben Glauben, sondern auch durch die gemeinsame Volkszugehörigkeit definiert werde – ausgeschlossen sei, daß je Juden (als Juden) Waffen gegen andere Juden erheben. Gerade die Schwierigkeiten bei der Definition der jüdischen Identität lassen aber heute einen Bürgerkrieg in Israel nicht mehr ausgeschlossen erscheinen. Wyschogrods Aussagen waren mündlich. Die Tagung fand am 2.-6. März 1986 in Mülheim/Ruhr statt. Vgl. Michael Wyschogrod, *The Body of Faith*. Judaism as Corporeal Election, New York 1983; s.a. Heinz Kremers, Julius H. Schoeps, *Das jüdisch-christliche Religionsgespräch*, Stuttgart/Bonn 1988

56 Man kann sich fragen, ob der Begriff »Frau« nicht ebenso undefinierbar geworden ist – nicht nur, weil die transsexuellen Operationen zur Verwirrung beigetragen haben (vgl. den Film von Kristiene Clarke *Sex Change – Shock! Horror! Probe!*, London 1988, in dem am Beispiel von Transsexuellen die Schwierigkeiten, »männlich« und »weiblich« zu definieren, thematisiert werden), sondern auch weil zum Beispiel die große Frauenkrankheit der Jetztzeit, die Anorexie auf ein Verständnis von »Weiblichkeit« verweist, das sich weniger an den physiologischen Merkmalen der Frau als an deren Reduktion orientiert – eine Erscheinung, die wohl nicht ganz zufällig mit der zunehmend geistigen Definition der jüdischen Identität vergleichbar ist.

57 Marcel Reich-Ranicki, *Frankfurter Allgemeine Zeitung* (Literaturbeilage zur Buchmesse) vom 6.10.1988

58 Robert Musil, *Der Mann ohne Eigenschaften*, S. 1094

...und neues Leben protzt aus den Ruinen, Berlin 1957
(Photographie Herbert Tobias)

Die schamlose Schönheit des Vergangenen

Anlaß für meine Überlegungen über die schamlose Schönheit des Vergangenen waren Beobachtungen, die ich bei meiner Filmarbeit immer wieder gemacht habe. Viele der historischen Dokumentationen, mit denen ich mich in den letzten Jahren beschäftigt habe, betrafen Fragen und Ereignisse, die im Zusammenhang mit dem Nationalsozialismus, seinen geistigen Vorläufern, seinen geistigen und realen Nachwirkungen stehen[1]; oder aber es ging um Fragen, die eng damit verbunden sind: etwa um das Verhältnis von Sprache oder Sprachlosigkeit und Gewalt, wie es sich besonders deutlich an der Beziehung zwischen Literatur und Politik in Irland darstellen läßt[2]. In allen Filmen, die sich mit Deutschland beschäftigten, tauchte die Frage nach der Kontinuität deutscher Geschichte auf (die Frage danach, ob es so etwas wie einen roten Faden gibt, der sich durch die Zeit von 1800 bis heute zieht). Ebenso spielt aber auch das Problem der bildlichen Darstellung von historischen Zusammenhängen eine wichtige Rolle. Natürlich stellt sich dieses Problem bei allen historischen Dokumentarfilmen – und das gilt keineswegs nur für die Darstellung der Epochen, die vor der Geburt der Photographie liegen. Im Gegenteil: Ich kam immer mehr zur Erkenntnis – und eben das ist der Anlaß zu den folgenden Überlegungen –, daß die Probleme der optischen Darstellung von historischen Zusammenhängen noch viel größer sind für die Epochen, in denen wir über filmisches und photographisches Archivmaterial verfügen, als für die anderen.
Hinzu kam aber noch eine andere Beobachtung: Gerade bei der Betrachtung deutscher Geschichte erschien es immer wieder, als seien die Frage nach dem roten Faden in der neueren deutschen Geschichte und die Frage nach der bildlichen Darstellung von Geschichte, wenn nicht gerade

identisch, so zumindest eng miteinander verwoben. Egal mit welchem Teilbereich der deutschen Vergangenheit ich mich beschäftigte, die Frage: Wie kann ich Geschichte mit Bildern erzählen und interpretieren? erschien oft wie ein Spiegelbild des Problems, das im Zentrum deutscher Geschichte steht: nämlich der Konkretisierung von Idealen, der Verwirklichung von Utopien, der Beleibung von Phantasiegebilden. Schwerte hat das Unbehagen, das dieses Spür- und Sichtbarwerden von Wunschbildern in der deutschen Geschichte auslöst, treffend in einem Satz umrissen, als er einmal sagte: »Der deutsche Idealismus stinkt.«[3]

Anders ausgedrückt: Die Metaphern und Symbole, die das deutsche Geistesleben ab etwa 1800 so munter produzierte, diese Metaphern und Symbole, die sich durchweg durch »Unsichtbarkeit« und »Unerreichbarkeit« auszeichneten[4], zeigten die seltsame Eigenart, ihre Sichtbarwerdung einzufordern[5]. So wurde auch immer klarer, daß die Frage nach der Funktion des Bildes bei der Betrachtung von Gegenwart und Vergangenheit einen Schlüssel zum Begreifen des Unbegreiflichen bieten mochte. Daß die Wechselwirkung von Ideal und Wirklichkeit, die im nationalsozialistischen Staat ihren Höhepunkt erreichte, in enger Beziehung zum Wandel steht, den das Auge in den letzten zweihundert Jahren erfahren hat.

Ich will versuchen, die Beobachtungen zu beschreiben, die ich bei meiner Arbeit machte und die wahrscheinlich jede und jeder nachvollziehen kann – ob es sich nun um die Archivaufnahmen der großen politischen Ereignisse oder um private Photoalben handelt. So sehr ich mich auch um eine Bildersprache bemühen mochte, die die Realität – und das heißt eben oft: Schrecklichkeit – der historischen Ereignisse *nicht* zu verbergen, *nicht* zu verschleiern, *nicht* zu neutralisieren versuchte, so sehr geriet Geschichte doch immer wieder in den Sog des Schönen, in den Bann von Ästhetik. Diese Beobachtung galt keineswegs nur für die inszenierten Bilder. (Für einige Filme habe ich auf Spielszenen oder die inszenierte Gestaltung von Dekors zurückgreifen müssen, weil es kaum Photos und Bilddokumente gab.) Bei den inszenierten Bildern spielte der Sog des Ästhetischen sogar eine erheblich geringere Rolle als bei den Archivbildern. Denn die Dokumentaraufnahmen üben oft eine Faszination aus, an die die Spielfilmsprache kaum heranreichen kann – nicht etwa weil die Dokumentaraufnahmen besser gedreht wären, sondern weil sie den Mythos des Wirklichen ausstrahlen[6].

Eben darin besteht aber auch wieder das Paradoxon: Das Wirkliche verschwindet als Wirklichkeit, weil es wahrgenommen wird wie ein

Gemälde oder eine Metapher. Noch anders ausgedrückt: Natur verwandelt sich in ein Kunstwerk, und Technik eignet sich das Aussehen, die Beschaffenheit von Urnatur an. Jeder kennt die berühmten Dokumentaraufnahmen von den Seeschlachten des Ersten Weltkriegs: Kolosse von Kriegsschiffen, die sich schäumend und dampfend durch die hohe See bewegen, eines größer und gewaltiger als das andere. Wenn eines von ihnen getroffen ist, legt sich das Ungetüm langsam, mit schwerfälligen Bewegungen, die seine Macht und Kraft nur noch hervorheben, auf die Seite, bevor es wie ein verwundetes Riesentier der Urzeit stöhnend, ächzend, eine aufgebrachte See hinterlassend untergeht. Hunderte von Menschen, gleich Ameisen, die der Macht der Maschine hilflos ausgeliefert sind und die durch die eigene Winzigkeit deren Größe besonders augenfällig machen, springen ins Meer, in der Hoffnung, ihr Leben zu retten. Diese Aufnahmen erscheinen heute wie eine gelungene Eisenstein- oder von mir aus auch Cecil B. DeMille-Produktion. Trotz der Rauchschwaden von Kanonenfeuer, trotz sinkender Kolosse, und trotz der Tatsache, daß Menschen vor unseren Augen ihr Leben lassen, vermag keines dieser Bilder, ebensowenig übrigens wie die Aufnahmen von den Grabenkämpfen, die Vorstellung von Angst und Lebensbedrohung zu vermitteln.

Man könnte vielleicht einwenden, daß den Aufnahmen des Ersten Weltkriegs nur deshalb die Unmittelbarkeit abgeht, weil es Aufnahmen ohne Ton sind. Das Gegenteil ist der Fall. Denn diese Art der Wahrnehmung verstärkt sich noch bei den Bildern des Zweiten Weltkriegs. Die Aufnahmen der Bombenträger, die die Welt von oben beherrschen und auf Knopfdruck zu vernichten vermögen, das Entgleiten der Sprengkörper aus den Flugzeugen, der Anblick von malerischen Städtchen, die kurz darauf in die Luft gehen; die nächtlichen Feuergefechte, die Lichtkegel, die den Himmel absuchen, brennende Flugzeuge, die am Boden explodieren – all das erscheint auf dem Zelluloidstreifen wie ein brillant inszeniertes Feuerwerk, so perfekt, daß es alle Künstler der chinesischen Pyrotechnik in den Schatten stellt. Diese Kriegsaufnahmen, die nur noch vom Bild des Atompilzes über Hiroshima übertroffen werden, bieten ein ästhetisches Schauspiel, das dem, der die Ereignisse nicht am eigenen Leibe erfuhr, nichts von Tod und Todesangst erzählt. Diejenigen aber, die die Ereignisse am eigenen Leibe erfuhren, sind meistens nicht mehr da, um über das Grauen zu berichten. Von dem Piloten, der die Bombe über Hiroshima abwarf, wissen wir hingegen, daß er nichts anderes wahrnahm als den ästhetischen Eindruck des Pilzes, den er beim Wegfliegen aufsteigen sah.

Diese Beobachtungen über die Macht des Bildes, das Grauen in Ästhetik zu verwandeln, gelten nicht nur für Kriegsbilder und die großen, dramatischen Ereignisse der Geschichte. Sie gelten auch für die überlieferten Dokumente aus dem Alltagsleben und Alltagselend. Es liegt nahe, daß die Geschichtsdokumente der Jahrhundertwende vom Ästhetizismus des wohlhabenden Bürgers, von der Ausstattung der zum Kunstwerk erstarrten Frau, von der Inneneinrichtung des üppig dekorierten Cafés aufgesogen werden. Darüber mag sich niemand verwundern. Viele Spielfilme profitieren heute sogar vom Sog dieses Ästhetizismus, um Botschaften zu vermitteln, die mit der beschriebenen Zeit nichts zu tun haben. Ich denke zum Beispiel an den Film *Schwarze Augen*[7], bei dem sich unter dem Deckmantel dieser Ästhetik ein ganzer Paradigmenwechsel der Geschlechterrollen vollzieht, der weniger über die Jahrhundertwende aussagt als über transsexuelle Sehnsüchte und Vorstellungen von heute. Daß bei der Betrachtung des bürgerlichen Milieus im Kaiserreich das Schöne die Wirklichkeit hinwegschwemmt, erklärt sich also auch aus dem Selbstverständnis dieser Gesellschaft, die sich selbst wie ein Gemälde inszenierte. Daß jedoch die Aufnahmen von Arbeiterwohnungen, von Elendsquartieren, in denen große Familien zusammengepfercht lebten, oder die langen Schlangen Arbeitssuchender in der Weimarer Republik, wie auch die politischen Aufmärsche und Straßenschlachten der Zwanziger Jahre ebenfalls nur auf der Ebene einer bestenfalls neugierigen, oft aber bloß nostalgischen Betrachtung wahrgenommen werden, das ist eben doch weniger leicht zu begreifen. Ebensowenig wie der Weg, den die Handwerkszeuge zurückgelegt haben, die auf den Photos der Elendsquartiere zu sehen sind: Die Bottiche, die alten Bügeleisen und Waschbretter, an denen sich Tausende von Frauen wunde Hände, Rückgratverkrümmungen und schweres Gelenkrheuma holten, haben hohen Kurs in den Antiquitätenläden und dienen – Paradoxon schlechthin – inzwischen sogar dazu, den Wohnungen in den trostlosen Betonsilos einen Anschein von Gemütlichkeit und Vertrautheit zu verschaffen.

Noch unfaßbarer wird es, wenn man bedenkt, daß von den optischen Erinnerungen, die uns der Nationalsozialismus hinterlassen hat, die ästhetisierenden der Parteitage, der Menschen in Reih und Glied, der Militäraufmärsche und rollenden Panzerkolonnen, der Turnerinnen und Feldarbeiter, der jubelnden Menschenmengen einen weitaus tieferen Abdruck auf der Erinnerung hinterlassen als zum Beispiel die Bilder der Konzentrationslager, die von den Alliierten bei der Befreiung festgehalten wurden. Damals zwangen die Besatzungsbehörden alle erwachsenen

Deutschen, sich diese Bilder anzusehen oder aber die Konzentrationslager selbst zu besichtigen. Doch diese Entzauberung, dieser Versuch, einer optischen Entnazifizierung, der dem ästhetisierenden Gehabe des Nationalsozialismus die Realität des Nationalsozialismus gegenüberzustellen versuchte, hielt nicht lange an. In der historischen Wahrnehmung des Nationalsozialismus haben die Bilder einer Leni Riefenstahl das Grauen der KZ-Bilder schon längst wieder verdrängt. Darüber hinaus verschwand auch allmählich die Realität des Konzentrationslagers hinter eben der Photographie, dem Film, die diese Wirklichkeit festhielten. Was Leben und Todesangst in einem Konzentrationslager bedeuteten, das lassen uns die Berichte der Überlebenden ahnen – Claude Lanzmanns Zeugen in *Shoah* zum Beispiel, Eberhard Fechners Bericht über den Majdanek-Prozeß – die Dokumentaraufnahmen der realen Zustände und Ereignisse vermitteln dieses Wissen, diesen Schrecken nicht annähernd so deutlich; und sie werden es vermutlich immer weniger tun.

Denn die Zeitspanne, in der sich Realität in die Darstellung von Realität – und damit in ein Kunstwerk, eine Metapher – verwandelt, scheint immer kürzer zu werden. Die Trümmerfrauen tauchen heute als Frisur- und Kleidermode auf. Vergessen sind der Hunger, das Wohnungselend der Nachkriegsjahre; und diese Mode hat ihrerseits rückwirkenden Einfluß auf die Wahrnehmung der Vergangenheit: Die Dokumentaraufnahmen der Trümmerfrauen erscheinen nunmehr wie Bilder aus einem aktuellen Modejournal; die Wochenschauaufnahmen vom Schwarzmarkt, die Hinrichtung eines Spions, ja sogar die Filmaufnahmen bei den Nürnberger Prozessen, bei den Dachauer Prozessen gegen die KZ-Verbrecher wirken wie perfekt inszenierte Spielfilme, bei denen die Gestalt einer Ilse Koch zum Beispiel (der für ihre Grausamkeit berühmten Ehefrau des Kommandanten von Buchenwald) wie eine hochkarätige Hollywood-Besetzung anmutet. Die Gesichter, das Mienenspiel, das für uns wahrnehmbare Verhalten der Angeklagten – nichts vermittelt auch nur eine Ahnung von den Verbrechen, deren diese Angeklagten fähig waren; nichts verrät uns, daß in ihrer Psyche alle Gesetze des Ethos und der Menschlichkeit außer Kraft gesetzt worden waren.

Die Photographie als Schutz gegen die Wahrnehmung der Wirklichkeit

Woran liegt das? Die nächstliegende Antwort wäre natürlich die, daß die Bilder, die Dokumentaraufnahmen fast nie von den Opfern gemacht wurden, die das Grauen erlebten. Aber das stimmt nicht: Es gibt ja viele Photos, Filme, die nicht den Blick vom Schrecklichen abwenden. Dennoch wird das Grauen nicht sichtbar. Eine andere Erklärung wäre die, daß das Böse schlicht und einfach nicht sichtbar ist. Aber auch das glaube ich nicht. Ich bin überzeugt, daß die Opfer, die im Gerichtssaal saßen – und nicht nur sie, sondern auch der amerikanische Staatsanwalt zum Beispiel, auch der Übersetzer, auch die Richter – das Böse in den Mienen, in den Gebärden dieser Täter *gesehen* haben. Nur wir, die wir diese Prozesse und Verhandlungen dreißig oder vierzig Jahre später auf dem Zelluloidstreifen miterleben, können es nicht wahrnehmen.

Das hieße aber, daß sich der Film, das Photo wie eine Schutzschicht zwischen uns und die Wirklichkeit geschoben hat. Daß das Sichtbare sozusagen Blindheit erzeugte. Ein geschriebener Bericht verliert nicht, auch nicht nach längerem Zeitraum, seine Fähigkeit, das Grauen, die Realität mitzuteilen. Das Bild jedoch scheint das zu tun. Das bedeutet: Je mehr dem Bild, der Photographie die Bewahrung der Erinnerung anvertraut wird – und es gibt viele Anzeichen dafür, daß sich die Geschichtsschreibung allmählich in eine Geschichtsabbildung verwandelt – desto mehr werden die Erinnerungen auch dem Vergessen anheimgegeben sein.

Es scheint, als sei die Photographie, die den unverfälschten Zugang zur Wirklichkeit, eine objektive, überprüfbare Form der Erinnerung versprach, zum Schutzschild gegen die Wirklichkeit geworden; als habe sich die wahrheitsgetreue Wiedergabe der Wirklichkeit als ein besonders effektives Mittel erwiesen, die Wirklichkeit aus der Erinnerung zu löschen. Und nicht nur aus der Erinnerung zu löschen: überhaupt für die Vorstellungswelt unerreichbar zu machen. Wer die Massenmorde in Kambodscha, die Terrorregimes in Südamerika oder den Bürgerkrieg im Libanon auf Photographien oder in Filmberichten erlebt, der kann sie nur als Abbild der Wirklichkeit, nicht als Wirklichkeit selbst wahrnehmen. Das Abbild erscheint beinahe wie ein Symbol, eine Metapher, hat also imaginäre Qualität. Aber – und das ist der entscheidende Unterschied zur Imagination, die die Schrift vermittelt – es wird nicht als »andere« Wirklichkeit wahrgenommen, sondern nur als unwirklich.

Die Schrift als Schutz gegen die Photo Morgana

Dieses Verschwinden der Wirklichkeit aus dem Sichtfeld, dieser schleichenden Auslöschung einer Erinnerung, die sich selbst, durch ihre eigene Abbildung, aus dem Weg räumt, hat schon einige Dokumentarfilmer und Spielfilmregisseure beschäftigt. Auf die unterschiedlichsten Weisen versuchten viele von ihnen, diesem Prozeß Einhalt zu gebieten. Aber so unterschiedlich auch die Versuche eines Claude Lanzmann, eines Chris Marker oder eines Alexander Kluge aussahen: Alle haben sie sich in filmischer Form mit Fragen der Erinnerung auseinandergesetzt; und alle haben auf die eine oder andere Weise das Denken der Schrift in ihre Bilder hineingetragen. So unvergleichbar die Bildersprache eines Peter Greenaway oder einer Marguerite Duras auch sein mögen: ihren Filmen ist dennoch die Bedeutung gemeinsam, die der Abstraktion, dem Wort beigemessen wird. »Die Farbe in der Malerei und das Erzählen im Film, das ist beides so beliebig geworden«, sagt Peter Greenaway,

> daß ich andere Mittel brauche, um das Material zu organisieren, Systeme, die abgeschlossen sind, an die man glauben kann. Zahlen, Buchstaben, Abstraktionen. [...] Mein Kino ist ein Kino der Metaphern und Begriffe. Diese Elemente wählte ich aus, wie man einen Baum oder eine Landschaft aussucht. Meine Filme sind wie Essays, Dissertationen, sie untersuchen, erklären, spekulieren über einen Gegenstand, ein Thema.[8]

Ebenso bekennt sich auch die Filmemacherin Marguerite Duras zum geschriebenen Wort. Sie sagte einmal – und ich möchte diese Stelle etwas ausführlicher zitieren, weil sie nicht nur viel über Film und Photographie, sondern auch über das Verhältnis zur Wirklichkeit besagt: einer Wirklichkeit, die schon so sehr in den Sog des photographischen Auges geraten ist, daß es bald nicht einmal mehr der Photolinse bedarf, um das Auge gegen die Realität zu schützen –, Duras also sagte:

> Ich unternehme im Kino den Widerspruch, etwas Unsichtbares darzustellen. Ich zeige, was nicht gezeigt werden kann. Das was man darstellen kann oder gemeinhin für darstellbar hält, [...] ist nicht wert, gezeigt zu werden, weil es offensichtlich ist. [...] Es gibt zum Beispiel nichts, das weniger darstellbar wäre als das Glück. Warum? [...] Weil es das Glück nicht gibt. Die amerikanischen Filme versuchen etwas zu zeigen, das es nicht gibt. Ich hingegen versuche etwas zu zeigen, das es gibt. [...] Mit anderen Worten, das Glück existiert nicht. Aber in der Inexistenz des Glücks gibt es das Glück. [...] Erst hier erreicht man einen essentiellen Widerspruch, ein essentielles Paradoxon des Kinos. Ich betrachte das Kino als einen Träger des Geschriebenen, das

heißt statt auf Weiß zu schreiben, schreibt man auf das Bild. Man setzt das Geschriebene auf die Bilder. [...] Ich mag nur das intellektuelle Kino. Ich kann mir nur das intelligente Kino ansehen. Das andere Kino verstehe ich nicht. Ich begreife nicht, was mir darin gezeigt wird. Das kann man, wenn man so will, als eine Art von analphabetischer Situation beschreiben.[9]

Jahrzehntelang war Marguerite Duras völlige Außenseiterin. Sie mußte über 70 Jahre alt werden, bevor sie – vor allem als Schriftstellerin, aber als Folge davon auch als Filmemacherin – einem breiteren Publikum ein Begriff wurde. Das ist nicht erstaunlich, wenn man sie reden hört. Die Unverfrorenheit, mit der sie sich als Künstlerin dazu bekennt, eine »Intellektuelle« zu sein, jagt weiterhin vielen einen Schauder über den Rücken. Schriftsteller dürfen sich zur Not noch dazu bekennen, Intellektuelle zu sein – und auch das nur in Maßen, folgt man den Beobachtungen von Arthur Miller, daß sich in den Vereinigten Staaten auch die Schriftsteller zunehmend den Gesetzen der Unterhaltungsbranche unter-

Meret Oppenheimer: Das aufgeschlagene Bett (1939)

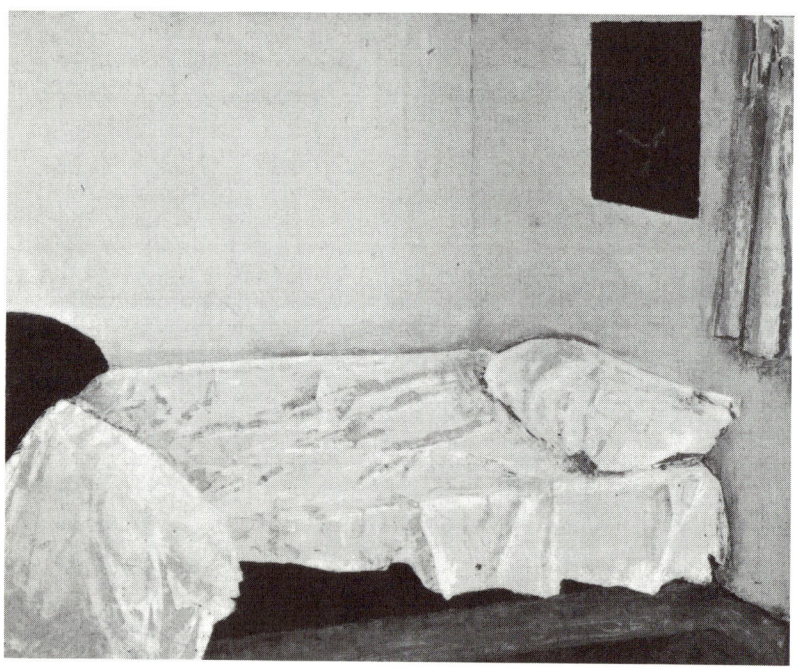

werfen müssen – Gesetze, nach denen der Begriff des Intellektuellen ein Schimpfwort darstellt. (Man hat übrigens seit einigen Jahren den Eindruck – genauer: seit dem Beginn des »Historikerstreits« – daß in Deutschland eine Reihe von Historikern dem Ruf der Unterhaltungsbranche noch geschwinder folgen als die Schriftsteller.)

Intellektuelle als bildende Künstler, als Filmemacher? Das erscheint wie ein Widerspruch in sich. Die Künstler sollen ihre Botschaften in sichtbarer, fühlbarer Form mitteilen. Und nicht nur das: Die Sichtbarkeit, Sinnlichkeit soll zur eigentlichen und einzigen Botschaft ihrer Arbeit werden, besonders bei den Filmemachern. Daher dieses seltsame Phänomen, daß, anders als ein Buch, ein Film zunächst nach seiner Form, nach seiner Bildgestaltung befragt und untersucht wird, und fast nie nach seinen Inhalten, geschweige denn nach seinen unbewußten Inhalten. Ob er neue Erkenntnisse, eine andere Art, die Welt zu begreifen, vermittelt, erscheint nicht so wichtig wie die Tatsache, daß er neue – und das heißt zumeist: bewegende – Bilder anzubieten hat. Intellektuelle hingegen »zersetzen« die Bilder, sie schaffen Distanz zum Sichtbaren, sie mißtrauen dem Fühlbaren und neigen dazu, die sinnlich wahrnehmbare Welt als eine Täuschung zu betrachten, sozusagen als Photo Morgana.

Umso bemerkenswerter also, daß es Künstler gibt, die sich dazu bekennen, Intellektuelle zu sein. Filmemacher, die ihrem eigenen Blick – und dem der anderen – den »Analphabetismus« des Auges abfordern, wie Duras so schön sagt: die Weigerung, eine allgemein anerkannte Bildsprache als allgemeingültig zu betrachten. Eben deshalb stellen aber auch Filmemacher wie Duras oder Greenaway, die das Kino zum Träger des Geschriebenen machen, die im Film mit Abstraktionen arbeiten und filmische Dissertationen herstellen, die letzte Bastion einer untergehenden Bildkultur dar.

Die Verwandlung der Wirklichkeit in eine Metapher

Daß die Realität nur als eine Metapher wahrgenommen werden kann, hängt mit vielerlei Faktoren zusammen – allen voran der Tatsache, daß die Metapher zur Realität geworden ist. Damit wären wir wieder bei der deutschen Geschichte. In der Geschichte keines anderen Landes haben philosophische Entwürfe, Konstrukte wie der Hegelsche *Weltgeist* einen derartigen Einfluß auf die Wirklichkeit ausgeübt wie in diesem. »Anders als die Engländer und Franzosen«, so sagte Nicolaus Sombart kürzlich,

»hatten die Deutschen gegen Ende des 18. Jahrhunderts noch kein Weltreich. Also erfanden sie den Weltgeist«[10]. Dieses Ideal, dieses Gefühl, zumindest geistig, kulturell den anderen Völkern überlegen zu sein, spielte wiederum eine entscheidende Rolle bei der Gründung des Deutschen Reichs, beim Bau der Flotte, beim Bestreben, eine Weltmacht zu werden. Im deutschen Nationalismus, in den deutschvölkischen Utopien, in den Texten aller geistigen Vorläufer und Mitläufer des Nationalsozialismus taucht immer wieder die Berufung auf den deutschen Idealismus, den deutschen Geist, kurz: die deutsche »Kultur« auf, die als Gegensatz zur materialistischen, dem Mammon verfallenen »Zivilisation« anderer Industrievölker gesehen wurde. Fragt man aber danach, worin die Eigenart des deutschen Geistes bestehe, so tauchen Mythen des Blutes und der Rasse auf – also Eigenschaften, fiktive Eigenschaften, versteht sich, die biologischer und nicht idealler Natur sind[11].

Eben hierin besteht das Paradoxon, das die deutsche Geschichte der letzten zweihundert Jahre kennzeichnet: Es ist unentwegt von unsichtbaren Idealen, vom deutschen Geist die Rede – aber dieser Geist hat sich ausgerechnet in einer Ästhetik des athletischen oder gebärfreudigen Körpers niedergeschlagen, und er fordert zudem sein Recht mit brutaler Gewalt ein. Der deutsche Weltgeist fand also in allem, nur nicht im Geistigen, seine besondere Eigenart. Der Schriftsteller Ernst von Salomon, der aus »Idealismus« an der Ermordung Walter Rathenaus beteiligt war und der in seinem berühmten *Fragebogen* noch nach 1945 diese Art von Berufung Deutschlands und seiner Generation zum Ideellen rechtfertigte, bietet in seinem Buch viele beredte Beispiel für dieses Wechselverhältnis von Utopie und Wirklichkeit in der deutschen Geschichte[12].

Die Bilder der Schrift

Hier taucht aber ein weiteres Paradoxon auf: Die imaginären Bilder – so auch die des deutschen Idealismus – sind Bilder, die einst aus dem Denken der Schrift hervorgingen. Es sind imaginäre Gegenentwürfe, Gedankenspiele, Utopien des Andersseins. Denn eben dies ist ja das Charakteristikum der Schriftkultur: sie gestattet das Denken in unsichtbaren Möglichkeiten; sie schuf den Monotheismus, den Glauben an einen unsichtbaren Gott. Sie formte aber auch den Intellektuellen, der heute die Macht des Sichtbaren anzweifelt, der die Wirklichkeit der Wirklichkeit in Frage stellt.

Das Paradoxon besteht darin, daß die Schrift selbst die Bilder schuf (vgl. S. 18ff), die die Intellektuellen heute anzweifeln. Denn nicht nur in der deutschen Geschichte, überhaupt haben die imaginären Bilder des Schriftdenkens eine fatale Sehnsucht danach, ihre Sichtbarwerdung einzufordern. Die Gegenentwürfe drängen zu ihrer Verwirklichung, das Reich des unsichtbaren Gottes nach weltlicher Bestimmung. Nicht nur hat die Schrift der sichtbaren Wirklichkeit eine unsichtbare Realität gegenübergestellt, sie setzte allmählich auch eine neue Wirklichkeit an die Stelle der alten. Die Metapher beleibte sich – und im gleichen Zuge verlor das Imaginäre, das Symbol an Bedeutung. Es wurde ununterscheidbar von der selbstgeschaffenen Wirklichkeit – war mithin nicht mehr Symbol. In diesem Verschwinden der Unterscheidung liegt einer der Gründe, weshalb es so schwer geworden ist, die Darstellung von Wirklichkeit und schließlich auch die Wirklichkeit selbst anders als symbolisch wahrzunehmen. Die Bilder sind die Wirklichkeit selbst – anders herum ist aber auch die Wirklichkeit zum Bild geworden und nur noch als solche ins Auge zu fassen. In ihrem Buch *Über Fotografie* schreibt Susan Sontag:

> Kameras begannen die Welt in dem Augenblick abzubilden, als die menschliche Landschaft sich rapide zu verändern begann: Während unzählige Formen biologischen und gesellschaftlichen Lebens in einer kurzen Zeitspanne vernichtet wurden, ermöglicht eine Erfindung die Aufzeichnung dessen, was dahinschwand.[13]

Eben weil die Schrift ihre eigenen, abstrakten Metaphern schuf, bietet sie heute aber auch den einzigen Schutz gegen den Untergang des Symbols, gegen die Ununterscheidbarkeit von Symbol und Wirklichkeit. Das bedeutet freilich nicht, daß nur Schriftzeugnisse die Erinnerung bewahren können. Es geht vielmehr um ein Denken, das den Abstraktionsgesetzen der Schrift verhaftet ist. Greenaway spricht von Metaphern und Essays, Duras nennt es das Sichtbarmachen des Unsichtbaren, die Darstellung von Licht durch das Nicht-Licht im Film. Die Künstler des 19. Jahrhunderts fanden völlig andere und dennoch vergleichbare Ansätze. Daß sich die abstrakte Malerei, oder auch der Symbolismus, der Sprachbilder in die Malerei übertrug, als eine Auflehnung gegen die Photographie, gegen den falschen Realismus der Abbildung, verstanden haben und ihre Entstehung nicht umsonst der Geburt der Photographie auf dem Fuße folgte, darauf haben auch schon viele andere verwiesen[14]. Aber auch in der Photographie selbst fanden vergleichbare Entwicklungen statt.

Nachum Tim Gidal, einer der großen Pioniere des modernen Photojournalismus, der sich auch um die Geschichte der Photographie sehr verdient gemacht hat – er wurde in München geboren und lebt heute in Israel –, wies kürzlich in einem Vortrag auf einige Gemeinsamkeiten der ersten großen Photojournalisten wie etwa Erich Salomon, Felix H. Man oder Wolfgang Weber hin[15]. Diese Photographen, die in den zwanziger Jahren (und nebenbei bemerkt vor allem in Deutschland) tätig waren, haben nicht nur die Photographie, sondern auch die Art, in der ihre Zeitgenossen die Wirklichkeit wahrnahmen, völlig verändert. Gidal also wies darauf hin, daß diese großen Photographen ausnahmslos Akademiker waren – er selbst hatte Geschichte und Kunstgeschichte studiert; Salomon war Jurist; Wolfgang Weber war Ethnograph und Musikwissenschaftler – und außerdem, so sagte Gidal weiter, waren alle, soweit sie Juden waren (und die meisten waren Juden), in orthodoxen Familien aufgewachsen. Das heißt diese Revolutionäre der Photographie kamen in jeder Hinsicht aus einer Tradition, in denen die Gesetze der Schrift bestimmend war. Das spiegelte sich auch in ihrer Arbeitsweise wieder. »Wir haben nur photographiert, wenn wir die einzigen waren«, sagte Gidal. Das heißt, diese Photographen arbeiteten unter Umständen, die den einsamen Arbeitsbedingungen des Schriftstellers sehr verwandt sind. In vielen Bildessays, wie ihre Arbeiten bezeichnenderweise genannt wurden, spielt das geschriebene Wort eine wichtige Rolle. Reklametexte, Straßennamen, Ladenschilder, die in den Motiven auftauchen, verdeutlichen oft ein Paradoxon, einen Widerspruch zwischen Ideal und Wirklichkeit. Sie bilden den Kontrast zum Sichtbaren. Besonders deutlich natürlich da, wo eine bewußte Montage stattfindet wie bei John Heartfield oder heute bei Klaus Staeck. Die Montage entsteht nicht notwendigerweise durch die Benutzung von Worten – und dennoch erscheinen die Photos immer wie »geschrieben«. Als André Kertész 1937 nach Amerika kam, lehnten die Redakteure von *Life* seine Photos deshalb ab, weil sie, wie sie sagten, »zuviel sprachen«. Sie brachten zum Nachdenken[16].

Diese Art von Nachdenklichkeit taucht in Ansätzen sogar in einigen Photos der Werbeindustrie auf. Ich denke etwa an eine Werbung für das Parfum von Fendi, die in der letzten Zeit an vielen Plakatwänden zu sehen war und in der eine Frau eine römische Statue, Abbild eines Jünglings küßt. Ihre Leidenschaft – das Parfum heißt »La passione di Roma« – richtet sich auf eine Figur, die sich durch idealisierte Schönheit, zeitliche Entrücktheit und vor allem durch die Tatsache, daß sie aus Stein ist, jeglicher Erwiderung und jeglicher Erfüllung der Sehnsucht entzieht. Es ist eine Darstellung von Begehren, wie sie Marguerite Duras beschrieben hat, wenn sie sagt, daß das Glück nicht darstellbar sei und sich das Begehren nur über den Mangel zeigen lasse. Aber auch durch eine seltsame Umkehr der Geschlechterrollen löst dieses Werbephoto Überraschung aus: Hier erscheint nicht eine Frauengestalt, sondern ein Mann als Projektionsfläche des Begehrens. Das schöpferische Subjekt ist weiblich, die Metapher, das Kunstwerk, auf das es sein Begehren richtet, jedoch männlich. Sonst sind es immer die Frauen, die sich in eine Symbolgestalt verwandeln müssen, um zum Objekt der wahren Liebe zu werden (vgl. S. 61ff) – hier jedoch ist das Gespenst ein Mann.

All diesen Photos gemeinsam ist die Nachdenklichkeit, die sie hinterlassen, der Raum, den sie der bewußten Beobachtung und den unsichtbaren Bildern gewähren oder gar eröffnen. Es sind Photos, die dem Auge nicht unbedingt die primäre Befriedigung verweigern und die dennoch gleichzeitig auf einen inneren Blick verweisen. Sie ähneln dem, was Kafka, der sich selbst einen Augenmenschen nannte, von der eigenen Schreibkunst sagte: »Meine Geschichten sind eine Art von Augenschließen.«[17]

Die Bilder des Unbewußten

Nicht durch Zufall erinnert der Ausspruch von Kafka an einen Traum von Freud, in dem dieser ein Schild mit der Inschrift sieht: »Man bittet, die Augen zuzudrücken.«[18] Der Traum bildete einen der Ausgangspunkte von Freuds Arbeit an der *Traumdeutung*. Er ist ein deutlicher Hinweis auf die Abwendung von der sichtbaren Realität, die Freud im Verlauf seiner Arbeit auch tatsächlich vollzieht. Begreift er die Phantasien zunächst als Ableitung von realen Erlebnissen, so kommt er bald immer mehr zur Erkenntnis, daß die Bilder des Unbewußten weniger von realen Erlebnissen als von den Wünschen des Unbewußten gesteuert werden. Interessanterweise wird eben dieser Wandel in seinem Denken heute oft kritisiert. Es gibt auch innerhalb der Psychoanalyse Strömungen, die die imaginären Bilder des Unbewußten zu Photographien der sichtbaren, der äußeren Welt erklären möchten. Besonders deutlich wird diese Tendenz bei Alice Miller und Jeffrey M. Masson, die beide Freud der Unredlichkeit oder zumindest mangelnder Standhaftigkeit bezichtigt haben, weil er seine anfängliche Hysterietheorie von einer realen Verführung der Patientinnen im Kindesalter wieder verwarf und die Verführung statt dessen zu einer Phantasie erklärte[19]. Es gibt viele andere Kritiken am Lehrgebäude und an der Erbschaft Freuds, die ich teile – aber diese nicht. In dieser Kritik kommt ein seltsamer Glaube an das Sichtbare, an die Wirklichkeit zum Ausdruck, der mir Unbehagen bereitet. Letztlich besagt diese Kritik sehr viel mehr über unser Zeitalter als über Freud. Sie ist symptomatisch für die Macht, die das photographische Auge inzwischen auf unseren Begriff von Realität ausübt. »Prenez vos désirs pour la réalité«, hieß 1968 einer der Schlachtrufe auf den Barrikaden von Paris. Ist es wirklich wünschenswert, daß Wunschphantasien zur Realität werden? Bedeutet eine solche Aufforderung nicht auch einen unermeßlichen Verzicht? Zumindest verschwindet der Unterschied zwischen Wunsch und Wirklichkeit. Die hysterischen Phantasien besagen genau das Gegenteil. Denn die Psychoanalyse, deren Entstehung immerhin den Hysterikerinnen zu verdanken war, läßt sich auch als Rückzug vor der sichtbaren Welt verstehen, als Versuch, den Sehnsüchten, den Phantasien wieder die Dimension des Unsichtbaren, des Unwirklichen zu verschaffen. Sie läßt sich auch begreifen als Hinwendung zur Macht der Metapher[20].

Man sollte nicht vergessen, daß die Psychoanalyse in demselben Jahrzehnt entsteht, in dem auch die Brüder Lumière ihre Erfindung, das bewegte Bild, zum ersten Mal vorführen. Und man sollte auch nicht übersehen, daß es die Hysterikerinnen, diese »Lügnerinnen«, »Simulantinnen«, Erfinderinnen von Hirngespinsten waren, die Freud den Weg wiesen. Der von ihnen vorgezeichnete Weg führt in genau die entgegengesetzte Richtung zu dem, den die Brüder Lumière einschlugen. Während sich das Photo und mit ihm das Bild zunehmend der Realität annähert – zunächst durch die Bewegung, dann durch die Vertonung und schließlich durch die Farbe –, entziehen die Hysterikerinnen der Jahrhundertwende ihre Bilderwelt, ihre phantasmagorische Produktion immer mehr der Realität. Die große hysterische Symptombildung verschwindet – ohne daß irgend jemand eine überzeugende Erklärung dafür zu geben vermag. Und nicht nur die Symptombildung der Hysterikerinnen verschwindet: an ihre Stelle tritt in demselben Zeitraum die Magersucht, die Symptombildung des Verschwindens, des Unsichtbarwerdens schlechthin[21].

Die Phantasien der Verführung sind Phantasien des Irrealen, die realen Erinnerungen aber vergraben die Hysterikerinnen an einem Ort, an dem sie gegen den Ansturm der Photolinse, der Reproduzierbarkeit gesichert sind. »Die Amnesie der Verdrängung«, so hat Lacan einmal gesagt, »ist eine der lebendigsten Form des Gedächtnisses«[22]. Die Hysterikerinnen verdrängen nicht nur, sie fabrizieren auch erfundene Bilder: imaginäre Bilder, Phantasien, die – und das ist entscheidend – ausschließlich über die Sprache erreichbar sind. Sehen kann keiner diese Bilder, auch nicht der Analytiker. Wenn überhaupt werden sie ihm nur über eine Beschreibung zugänglich. Es waren also geschriebene Bilder, Bilder, die mit der Doppelbedeutung von Worten spielten, Bilder, die kein Künstler malen, geschweige denn photographieren konnte. Nur schreiben ließen sie sich. Das Unbewußte, so sagte Lacan, »ist wie eine Sprache strukturiert«[23]. Und dennoch produziert es Bilder: Sprachbilder, Wortgemälde, Kunstwerke, die wie Sätze geformt sind und die nur durch Worte mitgeteilt und begriffen werden können.

Schamlose Bilder

Will man die Gemeinsamkeit dieser ganzen Bilder, von denen bisher die Rede war – ob es sich um den frühen Photojournalismus, um die Darstellung des Mangels bei Duras oder die Sprachbilder des Unbewußten handelt –, will man also die Gemeinsamkeit dieser Bilder definieren, so stellt man fest, daß es allesamt Bilder sind, die durch den Kopf gehen, Bilder, die einen Abstraktionsvorgang, Distanz und Nachdenklichkeit erfordern. Eben dies ist der entscheidende Unterschied zwischen diesen Bildern und denen der Photo Morgana. Ich beziehe mich damit nicht nur auf die Sensationsbilder der Boulevardpresse, sondern zum Beispiel auch auf die Berichte vom Vietnamkrieg. Es ist unbestreitbar, daß die Photoreportagen über Indochina oder die Bildberichte über Kriege und Hungersnot oft dazu beigetragen haben, Bewußtsein wachzurütteln, Protest auszulösen und Unterstützung zu organisieren. Gerade am Beispiel des Vietnamkriegs läßt sich das deutlich nachweisen. Dennoch sind es allesamt Bilder, die direkt an die Emotionen appellieren, das Denken aber umgehen oder sogar gezielt auszuschalten versuchen. So sehr auch viele dieser Bilder, die sich ausschließlich an die Gefühle richten, redliche Zwecke verfolgen, es bleibt unbestreitbar, daß sie einer Ästhetik folgen, die der des Nationalsozialismus verwandt ist, einer Ästhetik des Auslöschens von Imagination und Denkfähigkeit.
Mit dieser Ästhetik haben wir es zu tun, wenn wir vor der Frage stehen, warum das Grauen aus den Dokumentaraufnahmen verschwindet und die Photos ihre »Scham« verlieren. Die Photos des Vietnamkrieges schmücken heute prächtige Bildbände; und an den Photos, die die *Stern-*

Reporter in Uwe Barschels Hotelzimmer gemacht haben, werden die Betrachter bald nicht mehr den Abgrund erkennen können, der sich hinter den Bildern auftat: den Abgrund, der sich hier hinter der Wirklichkeit des politischen Alltags auftat; die Erkenntnis, daß der Verstorbene nie anders als hinter einer Charaktermaske zum Leben gekommen war. Da diese Photos keine andere Ebene als die des Sichtbaren haben, können sie den Mangel, das Vakuum hinter dem Sichtbaren nicht beschreiben. Es sind Photos ohne »Scham« – nicht etwa weil es schamlos wäre, einen Toten zu photographieren, sondern weil sie keine Erinnerung an das Unsichtbare vermitteln.

Das Verschwinden der Geschlechter

Das Wort »schamlos« hat viele Bedeutungen, und ich möchte jetzt auf einen anderen Aspekt zu sprechen kommen, der in engem Zusammenhang zum vorher beschriebenen wie auch zur deutschen Geschichte steht. Es ist ein Aspekt, in dem es um die sexuellen Komponenten dieses Vorgangs geht, bei dem die Wirklichkeit hinter ihrer Abbildung verschwindet. »Schamlosigkeit« bedeutet ja nicht nur die Unfähigkeit, Scham zu empfinden für begangene Verbrechen. Mit »schamlos« wird vor allem der Verlust der sexuellen Scham bezeichnet.

Die Tatsache, daß das Auge im Photo, in der filmischen Abbildung das Ästhetisierende, das Befriedigende, das Schöne so gerne – und zwar geradezu süchtig – aufnimmt, das Grauen aber so völlig verdrängt, hängt nicht nur damit zusammen, daß das Angenehmere leichter haften bleibt, sondern auch mit einem Wandel des Eros. Hinter dem Verschwinden der Wirklichkeit in unserer Wahrnehmung verbirgt sich auch das Verschwinden des Anderen, die Unterwerfung des Fremden, die Auslöschung der Unterscheidung zwischen den Geschlechtern. Wenn es immer weniger Bilder gibt, die uns erlauben, zwischen den Zeilen zu lesen, das Unsichtbare wahrzunehmen, so liegt das auch daran, daß sich die Leere, der Mangel zwischen den Geschlechtern verflüchtigt hat – oder genauer: gewaltsam ausgefüllt wurde. »Die Scham ist vorbei«, hieß es einmal – vielleicht ein wenig voreilig – in der Frauenbewegung. Voreilig deshalb, weil allmählich offenbar wird, daß gerade Frauen für das Verschwinden der »Scham« zwischen den Geschlechtern einen hohen Preis zu zahlen haben: die Auslöschung der weiblichen Andersartigkeit, den Untergang der Alterität überhaupt.

Daß ich das Wort »Scham« nicht in irgendeinem prüden Sinne benutze, sondern in seinem ursprünglichen, brauche ich hoffentlich nicht ausdrücklich zu betonen. »Scham« bezeichnet ursprünglich die Gesamtheit der primären äußeren weiblichen Geschlechtsorgane, also sozusagen das Sichtbare des weiblichen Körpers. Von dieser Bedeutung leitet sich wiederum die andere Bedeutung des Wortes ab, die ich umschreiben möchte als eine Form von Schutz des Ichs gegen Selbstentblößung, aber vor allem auch gegen die Übergriffe der anderen, der Gruppe, des Kollektivs. Es ist eine Gefühlsregung, die in der Wechselbeziehung zwischen dem individuellen Selbstsein und dem Teil-einer-Gemeinschaft-Sein eine wichtige Rolle spielt und nur dort auftritt. Wenn ich das Wort Scham benutze, dann also in diesem Sinne: als Bedürfnis nach Unterscheidung des einen Geschlechts vom anderen, aber auch als Bedürfnis nach Abgrenzung des Ichs vom Wir.

Was mit dem Verlust der Scham zwischen den Geschlechtern gemeint ist, zeigt sich vielleicht am deutlichsten am Motiv des Geschwisterinzests, auf den ich in diesem Kontext noch einmal zurückkommen möchte, und zwar unter dem Aspekt des »Unsichtbarwerdens«, des Verschwindens der Unterscheidung zwischen den Geschlechtern dank der Photo Morgana.

Der Topos der Geschwisterliebe taucht in demselben Zeitraum auf, in dem auch die Photographie erfunden wird; und so wie die Photographie gegen Ende des 19. Jahrhunderts schon die Sehweisen zu bestimmen beginnt, beherrscht auch das inzestuöse Liebesideal um die Jahrhundertwende zunehmend die Vorstellungen vom Verhältnis der Geschlechter. Es gibt unendlich viele Variationen dieses Topos: Mal handelt es sich um die Liebesleidenschaft zwischen echten Geschwistern, ein anderes Mal ist es die Liebe auf den ersten Blick zwischen zwei Fremden, die nicht wissen, daß sie Geschwister sind. In wieder einem anderen Fall verlieben sich vermeintliche Geschwister ineinander. Wenn sie Glück haben, und in dieser Version ist das meistens der Fall, stellt sich kurz vor dem gemeinsamen Selbstmord heraus, daß sie nicht von demselben Blute sind. Statt sich umzubringen dürfen sie also heiraten. Die Fassungen, die dieser Liebesmythos erfahren hat, sind unzählig. Darüber hinaus ist dieser Mythos aber auch in all den Liebesdramen präsent, in denen von der Ähnlichkeit, der Identität (im Sinne von identisch sein) von zwei Personen die Rede ist.

Egal um welche Version es sich handelt: Das zentrale Thema dieses Liebesdramas ist immer die Vorstellung, daß nur der geliebt werden kann,

129

»Der andere Zustand«
(Italienische Postkarte)

der dem Selbst ähnlich ist; daß das Du ein Spiegelbild – gleichsam eine Photographie – des Ichs darstellen muß, um der Liebe würdig zu sein. Je größer die Ähnlichkeit, desto gewaltiger die Leidenschaft. Die Bedeutungszunahme dieses Liebesmotivs zeigt deutlich, daß der Eros eine völlige Umkehrung erfährt. War es einst die Andersartigkeit, die Unvergleichbarkeit, die erotische Anziehungskraft ausübte, die das Ich in den Bann zog – und eben deshalb ja auch als Bedrohung empfunden wurde, als Gefahr des Selbstverlustes, gegen den das Ich durch viele Gesetze zu schützen sei – war es also einst die *Fremdheit* des anderen Geschlechts, die das Ich gefangen nahm, so ist es nunmehr die *Ähnlichkeit* des anderen Geschlechts, die das Blut in Wallungen versetzt. Es läßt sich auch anders ausdrücken: Die Ohnmacht und »Hörigkeit«, vor der das Verbot, mit dem eigenen Blut, dem Alter ego zu verkehren, den einzelnen bewahren soll, wird zum Prinzip der Lust an sich – eines Eros, der den Selbstverlust lustvoll besetzt. Dieser Wandel des Begehrens – oder des Objekts, auf das sich das Begehren richtet – bedeutet den Untergang der »Scham« im erotischen Sinne: im Sinne einer Lust an der »Hörigkeit«*, im Sinne eines Verschwindens der Unterscheidung zwischen den Geschlechtern und im Sinne einer Aufhebung der Differenz zwischen dem Ich und dem Wir.

Daß es einen Zusammenhang zwischen diesem Liebesmythos und dem Verschwinden der Wirklichkeit hinter der Photo Morgana gibt, wird besonders deutlich an einem der berühmtesten Romane, die den Topos der Geschwisterliebe behandeln: an Robert Musils *Mann ohne Eigenschaften*. Ulrich und Agathe, Bruder und Schwester sind auf der Suche nach einer Erfahrung, die sie den »anderen Zustand« nennen. Es ist ein Zustand, den Ulrich mit den mystischen Erfahrungen der Heiligen vergleicht. Aber anders als die Mystiker suchen die Geschwister das Heilige nicht im Transzendenten, in einer Begegnung mit Gott, sondern in ihrer Vereinigung miteinander, in der Fusion mit dem siamesischen Zwilling, wie sie sich gegenseitig titulieren. Der Lebenssinn wird nicht auf einen

---

* In diesem Zusammenhang ist es nicht uninteressant, daß ein von Männern getragener Ohrring einst entweder den Sklaven symbolisierte, der ausdrücklich auf die Freiheit verzichtet hatte, oder den Sohn, der von seiner Familie nicht in die Mündigkeit entlassen werden wollte. Beide gaben durch den Ohrring zu verstehen, daß sie »hörig« bleiben wollten. Vgl. dazu u.a. *Die Bibel*, Exodus 21, 4-6. Den Hinweis auf diese traditionelle Symbolik verdanke ich Helmut Kohlenberger. Angesichts einer solchen Symbolik ist die Modeerscheinung des männlichen Ohrrings auch in dem vorliegenden Kontext nicht ohne Bedeutung.

unsichtbaren Gott projiziert, sondern auf eine sichtbare Schwester; sie ist der Spiegel, das Alter ego, in dem das Ich seine Seinsbestätigung findet. Kurz: Es handelt sich hier um eine Liebesgeschichte mit quasi religiösem Anspruch, bei der das Liebespaar einander so ähnlich ist wie der Photographierte und sein Photo. Freilich: eine Photographie, die in jedem Sinn des Wortes verblichen ist.

Bevor die Geschwister füreinander zum Spiegel werden können, müssen sie ihre »Scham« verlieren, ihre sichtbare Unterscheidung; sie müssen bereit sein, auf die physische Realität ihres Seins zu verzichten, und das heißt: auf die geschlechtliche Unterscheidung. Vor allem die Schwester muß so unsichtbar werden wie Gott, so immateriell wie ein Symbol, wie eine Metapher. Nicht nur im *Mann ohne Eigenschaften*, auch in den meisten anderen Romanen und Erzählungen, die das Inzestmotiv aufgreifen, ist es die Schwester, die verschwindet. Von Agathe schreibt Musil, daß sie den Körper als Gefängnis empfindet und ihn in ihren Träumen zu fliehen versucht[24]; sie ist es, die ihre eigene Entleibung herbeisehnt[25], während der Bruder einiges unternimmt, sein Ich vor dem Untergang im Wir zu bewahren, das er – bei aller »Verzauberung« – als Bedrohung empfindet[26]. An einer Stelle erklärt Ulrich seiner geliebten, (noch) sichtbaren Schwester, daß sie erst dann den Zustand der unio mystica erlangen würden, wenn es ihnen gelungen sei, den Körper – die Welt überhaupt – als immateriell zu betrachten. Die Entleibung stelle die conditio sine qua non dar; sie erlaube es, den Unterschied, der sie trennt, auszuräumen. In dieser Passage wird besonders deutlich, wie eng dieser Liebesmythos mit der Verwandlung der Welt in eine Metapher, mit dem Verlust der Realitätswahrnehmung zusammenhängt. Ulrich im Gespräch mit seiner Schwester:

> Wir haben davon gesprochen, daß, was du siehst und tust und was dir einfällt, niemals dem gleich sein wird, was mir widerfährt und was ich tue. Und die Frage haben wir untersucht, ob es nicht trotzdem möglich wäre, bis ins letzte eins zu sein, und zu zweien mit einer Seele zu leben? Wir haben allerlei ausgezirkelte Antworten angedeutet, aber die einfachste habe ich dabei vergessen: daß die beiden Menschen gesonnen und imstande sein könnten, alles, was sie erleben, nur als Gleichnis hinzunehmen! Bedenke bloß, daß jedes Gleichnis für den Verstand zweideutig, aber für das Gefühl eindeutig ist. Wem die Welt bloß ein Gleichnis ist, der könnte also wohl, was nach ihren Maßen zwei ist, nach den seinen als eins erleben.[27]

Die Vereinigung von Bruder und Schwester, die Erfüllung der Liebessehnsucht setzt also voraus, daß sich die Wirklichkeit – und damit auch

Gustave Moreau: Jason und Medea

die Wirklichkeit des männlichen und weiblichen Körpers – in ein Gleichnis, eine Metapher verwandelt: ein Vorgang, der dem vorher beschriebenen Verhältnis von Wirklichkeit und photographischer Abbildung entspricht. So wie die Realität nur noch als Gleichnis, als Metapher wahrgenommen werden kann – und deshalb auch das Grauen nicht mehr spürbar ist –, so erfahren sich auch die Geschlechter als Gleichnis füreinander: ein Gleichnis, hinter dem die Wirklichkeit, das Grauen der Differenz immer weniger erfahren werden kann.

Daß dank der Photographie und dem Film nicht nur die Welt, das politische Ereignis zum Gleichnis werden, sondern auch der Mensch, das hat Joseph Roth schon 1934 mit Schrecken wahrgenommen – zu einer Zeit also, in der Film und Photographie zum ersten Mal bewußt als Instrumente emotionaler, pseudo-erotischer – man möchte sagen: schamloser – Beeinflussung eingesetzt wurden.*

In seinem Aufsatz *Der Antichrist*, in dem er Hollywood als den »Hades des modernen Menschen« bezeichnet, beschreibt Roth, wie die Filmbilder – also die Sichtbarmachung von Menschen – zu deren Verschwinden aus der Wirklichkeit beitragen. Wenn ihm ein Schauspieler begegne, dessen Gestalt ihm von der Leinwand her bekannt sei, schreibt er:

> so scheint es mir, daß ich nicht ihm selber sondern seinem Schatten begegne; wo es doch gewiß ist und meine Einsicht es mir sagt, daß er der Urheber jenes Schattens ist, den ich von der Leinwand her kenne. Dennoch wird er also, wenn er mir begegnet, wie er leibt und lebt, der Schatten seines eigenen Schattens.

Er nennt ihn auch den Doppelgänger seines eigenen Schattens: eines Schattens, von dem er, der Schauspieler, der lebendige Mensch, in den

---

* Im März 1933 erklärte Goebbels vor einer Versammlung von Rundfunkintendanten die Leitlinien der nationalsozialistischen Medienpolitik folgendermaßen: »Das ist das Geheimnis der Propaganda: den, den die Propaganda erfassen will, ganz mit den Ideen der Propaganda durchtränken, ohne daß er überhaupt merkt, daß er durchtränkt wird. Selbstverständlich hat die Propaganda eine Absicht, aber die Absicht muß so klug und so virtuos kaschiert sein, daß der, der von dieser Absicht erfüllt werden soll, das überhaupt nicht merkt.«[28] Dieser Ausspruch ähnelt auf frappierende Weise der Absichtserklärung, die Richard Wagner über seine Musik gab: Sie solle »bis auf das Mark des Lebens« eindringen, »um dort Alles zu überwältigen, was irgend wie Klugheit und selbstbesorgte Erhaltungskraft sich ausnimmt.« Die Musik solle alles hinwegschwemmen, bis »nur der wunderbar erhabene Seufzer des Ohnmachtbekenntnisses« übrig bleibe[29]. Wagner, dessen Kompositionen in denselben Jahrzehnten entstanden, in denen auch die Photographie zu ihrem Triumphzug antrat, hat mit seiner Musik die Vorlage für eine schamlose Filmsprache geschaffen.

Schatten gestellt werde. Doch es kommt noch schrecklicher, so fährt Roth fort. Denn während das Original, der lebendige Mensch irgendwann einmal sterben müsse, führe der Schatten auf der Leinwand eine unsterbliche Existenz: Die Leinwand werde zur einzigen Realität, auf der sich sein echtes Leben abspielt:

> Das heißt also: es gibt eine Art Menschen, die nicht als Menschen gelebt haben, sondern als Schatten: und es sind auch Menschen, die nicht sterben können. Sie können nicht sterben, weil sie niemals gelebt haben. Sie wurden Schatten. [...] Und sie verkauften nicht nur ihr Leben: sie verkauften auch ihren Tod. Sie bekamen Honorar von Hollywood. Dafür war die Seligkeit dahin. Man war nicht nur sein Leben lang ein Schatten, *man blieb es auch nach dem Tod.*[30]

Die Verwandlung der Wirklichkeit in ein Gleichnis, die Ulrich als Voraussetzung für die völlige Vereinigung mit der Schwester betrachtet, die Aufhebung der Unterscheidung zwischen den Geschlechtern kann also durch die Verwandlung eines Menschen in einen »Schatten« seiner selbst, in ein (verblichenes) Photo herbeigeführt werden – ein Vorgang, der verdeutlicht, was Film und Photographie mit dem Aufkommen dieses Liebesideals zu tun haben. Bruder und Schwester, werden zum (in jeder Bedeutung des Wortes) »idealen« Liebespaar, indem sie sich in Photos verwandeln. Sie werden unsichtbar, indem sie sich in Abbildungen ihrer selbst verwandeln. Sie verlieren ihre »Scham«, indem sie hinter der Photo Morgana verschwinden.

In *Die helle Kammer* hat Roland Barthes die Erfahrung beschrieben, im Betrachtet-Werden den eigenen Untergang zu erleben:

> Vor dem Objektiv bin ich zugleich der, für den ich mich halte, der, für den ich gehalten werden möchte, der, für den der Photograph mich hält, und der, dessen er sich bedient, um sein Können vorzuzeigen. In anderen Worten, ein bizarrer Vorgang: ich ahme mich unablässig nach, und aus diesem Grund streift mich jedesmal, wenn ich photographiert werde (mich photographieren lasse), unfehlbar ein Gefühl des Unechten, bisweilen von Hochstapelei (wie es manche Alpträume vermitteln können). In der Phantasie stellt die PHOTOGRAPHIE (die, welche ich *im Sinn* habe) jenen äußerst subtilen Moment dar, in dem ich eigentlich weder Subjekt noch Objekt, sondern vielmehr ein Subjekt bin, das sich Objekt werden fühlt: ich erfahre dabei im kleinen das Ereignis des Todes (der Ausklammerung): ich werde wirklich zum Gespenst.[31]

Die Photographie bringt das Ich zum Verschwinden, weil sie das Du – oder die Andersartigkeit, die Subjekt und Objekt, Wirklichkeit und Abbildung voneinander trennt – aufhebt. Man könnte meinen, so schreibt Barthes weiter, »die PHOTOGRAPHIE habe ihren Referenten immer im Gefolge und beide seien zur gleichen Unbeweglichkeit verurteilt, die der Liebe oder dem Tod eignet.« Sie seien aneinander gebunden, »Glied an Glied, wie der Verurteilte, den man bei bestimmten Arten der Folter an einen Leichnam kettete«, oder aber wie jene Fischpaare, die Haie, die nur gemeinsam schwimmen, »als wären sie in einem ewigen Geschlechtsakt vereint«[32].

Wie sehr die Vereinigung von Photographie und Photographiertem dem Ideal einer symbiotischen Vereinigung mit der Schwester ähnelt – eine Symbiose, bei der es immer die Frau/Schwester ist, deren Ich dem Tod anheimgegeben wird –, zeigt eine überraschende Erkenntnis, zu der Barthes am Ende seiner Überlegungen über die Photographie kommt. Der ganze Essay stellt einen Versuch dar, die Gesetze zu verstehen, nach denen der Autor von bestimmten Photos angezogen wird, während ihn andere unberührt lassen. So sitzt er eines Abends mit Freunden im Kino und sieht Fellinis *Casanova*, einen Film, der ihn bis zu dem Moment langweilt, in dem

> Casanova mit der mechanischen Puppe zu tanzen begann, da traf es meine Augen mit schrecklicher und zugleich köstlicher Schärfe, als ob ich mit einem Mal die Wirkung einer seltsamen Droge spürte; jede Einzelheit, die ich genauestens sah und – wenn man so sagen kann – bis auf den Grund auskostete, brachte mich aus der Fassung: das Zierliche, Zarte der Silhouette, als ob unter dem flachen Schnürleib nur *eine Wenigkeit* an Körper wäre; die zerknitterten Handschuhe aus weißer Florettseide; das etwas Lächerliche der mit Federn herausgeputzten Frisur (das mich gleichwohl rührte), das bemalte und dennoch individuelle, unschuldige Gesicht: etwas verzweifelt Lebloses und dennoch Verfügbares, Hingebungsvolles, Zärtliches in einer engelsgleichen Geste »guten Willens«. Da kam mir unwillkürlich die PHOTOGRAPHIE in den Sinn: denn dies alles konnte ich auch von den Photos sagen, die mir naheingen.[33]

Der Eros im Tanz mit der Puppe ist auch der Eros, der für die verblichene Schwester empfunden wird, deren Körper, deren Ich auf dem Altar des Wir geopfert wird: Es ist der Eros eines Ichs, das mit »etwas verzweifelt Leblosem«, das dennoch »guten Willens« ist, einem ausgestopften Du, dem Abbild der eigenen Phantasien Hochzeit feiert. Es ist aber auch dieses »verzweifelt Leblose«, das die spezifische Erotik der Photos ausmacht, die die Wirklichkeit, das Grauen nicht mitzuteilen vermögen: Weder das Grauen vor der Vernichtung, dem Untergang noch das Grauen vor der Andersartigkeit. Hier wird die enge Verwandtschaft zwischen einem Liebesmythos, der die Identität und Gleichheit der Geschlechter zum Ideal erhebt, und einer Bilderwelt, in der der Unterschied zwischen Wirklichkeit und Abbildung aufgehoben ist, deutlich. Peter Greenaway hat die enge Beziehung, die zwischen dem Verschwinden der Metapher und dem Verschwinden der sexuellen Andersartigkeit besteht, nicht nur analysiert, sondern auch zum zentralen Thema eines Filmes gemacht. Er hat also die Beziehung zwischen dem Verschwinden der Wirklichkeit und dem Verschwinden der sexuellen Alterität mit den Mitteln der Bildersprache selbst darzustellen versucht. In seinem Film *Drowning by Numbers* (*Die Verschwörung der Frauen*) werden drei Ehemänner, einer nach dem anderen, von ihren Ehefrauen (die alle den gleichen Namen tragen) ertränkt. Die jüngste der Frauen, selbst Meisterschwimmerin, heiratet ihren Mann, bevor sie ihn, den Nichtschwimmer, im Swimmingpool ertrinken läßt. Die Ehe, Institution der Vereinnahmung des Anderen schlechthin, wird bei Greenaway zur Voraussetzung für den Untergang der Andersartigkeit: der symbiotischen Vereinigung zu einem schamlosen Wir. Bild für Bild, Szene für Szene, Zahl für Zahl, verschwinden in Greenaways Film die Ehemänner. Sogar der Leichenbeschauer geht unter, auch er Nichtschwimmer. Er hatte den Ehefrauen den Gefallen erwiesen, die Normalität der Todesfälle ihrer Gatten zu bescheinigen. Aber er hatte leichtsinnigerweise auch den Versuch unternommen, mit jeder der Witwen eine Liebesbeziehung eingehen zu wollen. Zuletzt bleiben nur noch die drei gleichnamigen Frauen übrig – das andere Geschlecht, das zum »einen« geworden ist. Daß in Greenaways Darstellung der Einswerdung – anders als im Mythos der Geschwisterliebe – nicht die Frauen/Schwestern untergehen, sondern die männliche Andersartigkeit geopfert wird, ist ein Aspekt, auf den ich noch im folgenden Aufsatz zurückkommen werde. In jedem Fall verdeutlicht dieser Film, wie eng Mythen über die Geschlechterbeziehung, in denen der Untergang der Andersartigkeit zum Liebesideal erhoben wird, wie eng verwandt diese Sexualmythen mit der Schamlosigkeit eines Auges sind, das die Wirklichkeit nicht mehr wahrzunehmen vermag.

Das ist Fiktion, wird man einwenden: Wie können Liebesmythen aus Literatur und Film erklären, daß das Grauen in den Kriegsbildern, in Aufnahmen aus den Konzentrationslagern nicht mehr wahrnehmbar ist? Ist es wirklich nur Fiktion? Ist nicht eben dies eines der Merkmale des 20. Jahrhunderts: daß der Unterschied zwischen Metapher und Realität ungreifbar geworden ist? Der Nationalsozialismus läßt sich auch als eine Epoche definieren, in der die Imagination zur Wirklichkeit erstarrt ist.

Und gerade der Mythos der Geschwisterliebe ist ein beredtes Beispiel dafür.

Es wurde schon darauf hingewiesen, daß das Motiv des Geschwisterinzests in der deutschsprachigen Literatur besonders häufig auftaucht und daß er in enger Beziehung zum Aufkommen des antisemitischen Rassismus stand – ein Rassismus, der eine Fiktion, den imaginären Juden, dessen Blut »giftig« sei, zum Inhalt hatte. Diese Fiktion wiederum stand in enger Beziehung zum literarischen Mythos der Liebe zum eigenen, zum »reinen« Blut. Wenn es je eine Fiktion gegeben hat, die Wirklichkeit – grausame, unfaßbare Wirklichkeit – geschaffen hat, dann diese. Sowenig der imaginierte Jude mit dem realen zu tun hatte, so sehr hat dennoch das Bild des imaginären Juden über Leben und Tod von realen Juden in Deutschland bestimmt. So wird man schwerlich behaupten können, daß das literarische Motiv einer zu sich selbst gewandten Liebe nicht in engem Zusammenhang zu den Feindbildern steht, die die Wirklichkeit der deutschen Geschichte geprägt haben. Wir blicken heute zurück aus der Kenntnis dieser Realität und haben Schwierigkeiten, das, was als Imagination begann, noch als Imagination wahrzunehmen.

Es sei ein Paradoxon, so sagt Roland Barthes, daß ein und dasselbe Zeitalter sowohl die Geschichte wie auch die Photographie erfunden habe[34]. Ist es wirklich ein Paradoxon? Ist es nicht vielleicht sogar so, daß die Geschichte erst dann »erfunden« werden konnte, als die Fähigkeit, die Wirklichkeit, das Grauen zu begreifen, zu verschwinden begann? Zu verschwinden begann dank Photographie, dank eines Liebesideals, das den Untergang der Andersartigkeit forderte. Ich denke, solange unsere Augen nicht wieder gelernt haben, sich der Andersartigkeit zu erschließen, wird weder unser Blick in die Vergangenheit noch der auf die Gegenwart seine Schamlosigkeit verlieren. Aber haben wir überhaupt noch Augen?

Anmerkungen

1 Zum Beispiel: *Von Wunschtraum zu Alptraum – eine Geschichte des utopischen Denkens* (1984); *»Die Waffen nieder« – eine Geschichte des Pazifismus im Deutschen Reich* (1984); *Der Hitlerputsch von 1923 in Augenzeugenberichten* (1985); *Die Erben des Hakenkreuzes. Eine Geschichte der Entnazifizierung in beiden Teilen Deutschlands* (1988)
2 *Die eingepflanzte Zunge.* Filmreihe in drei Folgen über zeitgenössische irische Literatur (1986)
3 Mündliche Mitteilung von Hans Keilson, Amsterdam
4 Der Hegelsche »Weltgeist« zum Beispiel
5 Nietzsche hat diesen Vorgang am Beispiel von Richard Wagner treffend umschrieben: »Erinnern wir uns, daß Wagner in der Zeit, wo Hegel und Schelling die Geister verführten, jung war; daß er erriet, daß er mit Händen griff, was allein der Deutsche ernst nimmt – die Idee, will sagen etwas, das dunkel, ungewiß, ahnungsvoll ist; [...] Es ist *nicht* die Musik, mit der Wagner sich die Jünglinge erobert hat, es ist die Idee. [...] Sie hören mit Zittern, wie in seiner Kunst die *großen Symbole* aus vernebelter Ferne mit sanftem Donner laut werden...« (Friedrich Nietzsche, Der Fall Wagner, Mit einer Einführung von Walter Franke, Frankfurt/Main 1946, S. 66f) Die Hegelsche »Idee« hatte nicht nur Einfluß auf die Musik (und über Wagner auf die Entstehung des rassistischen Antisemitismus), sie spielte auch eine Rolle bei der Entstehung des Deutschen Reichs. Die »Proklamation an mein Volk und an die deutsche Nation« des preußischen Königs Friedrich Wilhelm IV. von 1848 endete mit dem Satz »Preußen geht fortan in Deutschland auf« – eine Formulierung, die ihr Erfinder, der Außenminister Heinrich von Arnim mit der Hegelschen Dialektik erklärte. Vgl. Christina von Braun, *Nicht ich. Logik Lüge Libido,* Frankfurt 1985, S. 425
6 Der Mythos des Wirklichen zeigt sich auch an der Faszination, die etwa die Bilder der Katastrophe bei der Flugschau von Ramstein oder die Verfolgungsjagd der Geiselnehmer von Gladbeck ausstrahlten. Er zeigte sich auch an dem Prozeß in New York gegen Joel Steinberg – einem Prozeß, bei dem Abgründe über Zweisamkeit und Familienleben zutage traten (vgl. *Die Zeit* vom 27.1.1989). Bei diesem Prozeß waren zum ersten Mal Fernsehkameras zugelassen, die Aussagen wurden zum Teil live übertragen: Die Faszination dieses Prozesses stellte alle *Dallas*- und *Denver*-Clan-Dramen völlig in den Schatten. Nicht nur, weil die Realität so unendlich erschütternder ist als jede Inszenierung, sondern weil sie auch von der Aura der Authentizität umgeben ist – eine Aura, die inzwischen ihrerseits die Filmsprache der Drehbücher, der inszenierten Bilder prägt. Zum Thema Sensation der Fernsehbilder vgl. auch Cordt Schnibben, *Herr Minister, ich danke Ihnen!* Über das Elend des deutschen Fernsehjournalismus, in: *Die Zeit* vom 16.9.1988
7 *Schwarze Augen*, Regie Nikita Michalkov, Italien/UdSSR 1986. Der Film basiert auf einer Novelle von Tschechow, *Die Dame mit dem Hündchen*, Erzählungen, 1897-1903
8 Peter Greenaway in einem Gespräch mit Andreas Kilb. Vgl. *Ein Lexikon lernt laufen, Verschwörung der Frauen und andere Manierismen: Der Regisseur Peter Greenaway, Die Zeit* vom 25.11.1988
9 Marguerite Duras in einer Dokumentation über ihre Filmarbeit. Vgl. *Duras filme* v. Jérôme Beaujour und Jean Mascolo. Vgl. auch S. 159f in diesem Band.
10 Nicolaus Sombart, *Der jüdische Beitrag zur bürgerlichen Kultur der Jahrhundertwende*, Eröffnungsvortrag zum Kongreß »Juden als Träger bürgerlicher Kultur in Deutschland«, Mülheim/Ruhr 24.-28.4.1988. Das obige Zitat von Sombart ist aus der Erinnerung wiedergegeben.
11 Vgl. S. 106, Anmerkung 9
12 Ernst von Salomon, *Der Fragebogen*, Reinbek b. Hamburg 1951

13 Susan Sontag, *Über Fotografie*, München 1978, S. 21

14 Ich habe das Thema auch in einem Film behandelt: *Kunst und Künstlichkeit – Gustave Moreau, Claude Monet und die Geburt der Photographie* (1984). Zu Gustave Moreau vgl. auch Peter Hahlbrock, *Gustave Moreau oder das Unbehagen in der Natur*, Berlin 1976

15 Nachum Tim Gidal, *Der moderne Photojournalismus – Ausdruck des Zeitgeistes*, Vortrag im Rahmen des Kongresses »Juden als Träger bürgerlicher Kultur in Deutschland«, Mülheim/Ruhr 24.-28.4.1988. Vgl. auch Nachum Tim Gidal, *Beginn und Entwicklung des modernen Photojournalismus*, Luzern 1972

16 Vgl. Roland Barthes, *Die helle Kammer*. Bemerkungen zur Photographie, Übersetzt von Dietrich Leube, Frankfurt/Main 1985, S. 47

17 Gustav Janouch, *Gespräche mit Kafka*, Frankfurt 1968, S. 54

18 Es hieß auch: »Man bittet, ein Auge zuzudrücken«. Freud träumte von diesem Schild in der Nacht vor dem Begräbnis seines Vaters, Sigmund Freud, Gesammelte Werke, Frankfurt 1952ff, Bd. III, S. 322f

19 Vgl. Alice Miller, *Du sollst nicht merken*. Variationen über ein Paradies-Thema, Frankfurt 1983; Jeffrey Moussaieff Masson, *Was hat man dir, du armes Kind, getan?* Sigmund Freuds Unterdrückung der Verführungstheorie. Deutsch von Barbara Brumm, Reinbek b. Hamburg 1984. Wenn ich Kritik an der Behauptung äußere, daß es sich bei Freuds Patientinnen um eine reale Verführung gehandelt habe, so nicht etwa, weil ich das Problem des sexuellen Mißbrauchs von Kindern und der frühkindlichen Verführung durch Angehörige unterschätze. Im Gegenteil. Wer vom Vater oder einer anderen Person, in deren Abhängigkeit das Kind steht, verführt oder vergewaltigt worden ist, leidet an Depressionen, vielleicht sogar an psychotischen Zuständen – aber *nicht* an Hysterie. Hinter der Hysterie verbirgt sich, wie ich an an der Geschichte dieses Krankheitsbildes aufzuzeigen versuchte (vgl. Christina von Braun, *Nicht ich*, S. 21-77) eine Form von Überlebenswillen und Widerstandskraft, die mit der frühkindlichen Erniedrigung und der Erfahrung des Ausgeliefertseins schwerlich vereinbar ist. Ich möchte sogar soweit gehen zu sagen, daß die Hysterie ein Indiz dafür ist, daß kein »Attentat«, wie Freud die frühkindliche Verführung durch den Vater oder Verwandte nannte, stattgefunden hat. Das bedeutet freilich nicht, daß ich die Ansicht Freuds teile, der in den Berichten seiner Patientinnen ödipale Wunschphantasien sah.

20 Die Psychoanalyse bezeichnet einen Vorgang, bei dem Körper (die Symptome) in Sprache verwandelt wird und Bilder in Worte. In einer seiner frühen Schriften beschreibt Freud den psychoanalytischen Prozeß folgendermaßen: Die Hysterischen, so sagt er, sind zumeist »Visuelle«; im psychoanalytischen Prozeß tauchen bei ihnen zumeist »Bilder« auf. Aber diese Bilder »zerbröckeln« und »werden undeutlich« in dem Maße, in dem der Kranke in seiner Schilderung derselben und damit seiner Heilung fortschreite. »Der Kranke trägt es [das Bild, d.V.] gleichsam ab, indem er es in Worte umsetzt«. (S. Freud, GW I, S. 282f). – Die Hysteriker lassen also Bilder *verschwinden*; und mit diesen Bildern verschwinden auch ihre Symptome. Das heißt aber, daß die Hysteriker, die die psychoanalytische Umsetzung des Symptoms in Worte erfunden haben, an dieser historischen Stelle eine Kehrtwende machen. Sie verwandeln nicht mehr das Symbol in ein Symptom oder die Sprache in einen Körper, sondern umgekehrt: Sie geben ihrem Bedürfnis Ausdruck, den Körper in Sprache zu verwandeln, zum Symbol *zurückzukehren*. Das heißt, der Moment, in dem Freud entdeckt, daß Hysterikerinnen Sprache und Phantasmen mit ihrem *Körper* ausdrücken, ist eigentlich der, an dem sie selbst den Körper in Sprache oder ein Phantasma verwandeln.

21 Zur Anorexie vgl. Chr.v.Braun, *Nicht ich*, S. 458-468

22 Jacques Lacan, *Funktion und Feld des Sprechens und der Sprache in der Psychoanalyse*. Aus dem Franz. von Klaus Laermann, in: Lacan, *Schriften*, Bd. 1, Frankfurt 1975, S. 100

23 Ebda., S. 117

24 Robert Musil, *Der Mann ohne Eigenschaften*, in: *Gesammelte Werke*. Hrsg. von Adolf Frisé (1952), Reinbek b. Hamburg 1978, S. 1060

25 Ebda., S. 1356f

26 Ulrich führt Tagebuch, wenn auch mit schlechtem Gewissen, »denn der kühlende Zustand des heimlich begangenen Unrechts zerstörte die geistige Verzauberung, die ebenso gefürchtet wie begehrt war«. (S. 1209) Ähnliche Rückzugsversuche von Agathe duldet Ulrich dagegen nicht: Er ist eifersüchtig auf ihre Gespräche mit dem Schulleiter Lindner, und als sie einmal am Klavier spielt, um für sich zu sein, greift er zur Pistole und zerstört den Flügel mit einer Salve von Schüssen: »Ich habe es tun müssen,« erklärt er nachher. »Ich hätte ebenso gerne in einen Spiegel geschossen, wenn du dich darin gerade angesehen hättest.« (S. 1372)

27 Ebda. S. 1160

28 Ansprache des Reichspropagandaministers an die Intendanten und Direktoren der Rundfunkgesellschaften vom 25.3.1933 (Tondokument), zit. nach Rolf Seubert, *Junge Adler*, in: *Medium*, Frankfurt/Main, 3/1988

29 Vgl. S. 108, Anmerkung 18

30 Joseph Roth, *Der Antichrist*, in: ders., *Werke in drei Bänden*, Köln/Berlin 1956, Bd.3, S. 702f

31 Roland Barthes, *Die helle Kammer*, S. 22

32 Ebda. S. 13

33 Ebda. S. 127

34 Ebda. S. 104

Der Anfang eines Romans
(Nach einem Gemälde von E. Fischer-Cörlin)

Nada Dada Ada

oder Die Liebe nach dem Jüngsten Gericht

Die französische Wochenzeitschrift *Le Nouvel Observateur* veröffentlichte vor einigen Jahren eine größere Untersuchung über Mischehen von Schwarzen und Weißen, Christen und Juden, Franzosen und Arabern. In der Untersuchung wurde auch ein Mann zitiert, der sagte: »Von Mischehen verstehe ich viel: Ich bin seit langem mit einer Frau verheiratet.« Ich denke, dieser Mann hat mit seiner kleinen Pointe Mythos und Realität der Geschlechterbeziehung im 20. Jahrhundert treffend umrissen. Er löst mit seiner Feststellung, daß die Frau anders sei als der Mann Belustigung aus. Seine Bemerkung und die Reaktion darauf besagen aber auch viel über die Vorstellungen unserer Zeit von Normalität, zu der das Verschwinden der Unterscheidung zwischen den Geschlechtern gehört. In einer Ehe oder Liebesbeziehung findet die Begegnung mit dem Fremden nur dann statt, wenn der andere eine andere Hautfarbe hat oder einer anderen Religion angehört. Frau-Sein an sich impliziert noch keine Andersartigkeit – und das ist neu. Nachdem Weiblichkeit über Jahrhunderte als *die* Definition von Andersartigkeit – und das hieß meistens: Minderwertigkeit – gegolten hatte, bedeutet diese Vorstellung von Normalität einen ungeheuren Wandel, dessen Bedeutung nicht nur für das Verhältnis der Geschlechter, sondern auch für die Gesellschaftsgeschichte, für Entwicklungen im politischen Alltag, kaum zu überschätzen ist.

Zunächst zum Titel dieses Aufsatzes, der vielleicht einige Rätsel aufgibt. Mit *Nada* ist die Verneinung, das Nichts gemeint, und mit diesen Begriffen auch das Vakuum, das das Verschwinden »der Frau« beziehungsweise der Verlust ihrer Andersartigkeit hinterlassen hat. Mit *Dada* beziehe ich mich nur nebenbei auf die allgemein bekannte Kunstrichtung des frühen 20. Jahrhunderts, mehr noch auf das russische »Ja«[1], wobei hier von

Bedeutung ist, daß der Laut »Ja« im Russischen wiederum »Ich« bedeutet, andererseits aber auch die Kurzform des Gottesnamens Jahwe – *Jah* – darstellt[2]. Mit *Ada* ist schließlich eine Frauengestalt und ein Roman von Vladimir Nabokov gemeint, der zeitlebens – diese Parenthese möchte ich hier gleich einfügen – darunter gelitten hat, daß sein Name falsch ausgesprochen wird. Als *Time Magazine* anläßlich des Erscheinens seines Romans *Ada or Ardor – A Family Chronicle* eine Titelgeschichte über den Autor veröffentlichte[3], kam er als erstes auf die Aussprache seines Namens zu sprechen. Im Russischen betone man die zweite Silbe des Namens, sagte Nabókov und fügte hinzu, daß das auch für den Vornamen gelte. »Vladímir as in Redeemer«, erläuterte er. »Redeemer« ist das englische Wort für Erlöser, Heiland. In der Ironie versteckt sich oft, was ernst gemeint ist, und hier – das wird noch deutlich werden – gilt das ganz besonders.

Insgesamt bezieht sich der Titel *Nada Dada Ada* auf die Geschichte des Selbstbildes, von der hier die Rede sein wird. Bei Nabokov geht es dabei in erster Linie um das Selbstbild des Schriftstellers, das im Verlauf dieses Jahrhunderts, vor allem nach dem Zweiten Weltkrieg, einen entscheidenden Wandel erfährt – einen Wandel, in dem sich ganz allgemeine Veränderungen der Vorstellungen über das Ich, das Du und die Beziehung der Geschlechter widerspiegeln. Dabei stehen die Begriffe *Nada*, *Dada* und *Ada* sowohl chronologisch wie auch zeitgleich nebeneinander: In jedem Fall stellt *Ada* die Synthese einer dialektischen Entwicklung dar, die vom *Nada* über das *Dada* zur Schöpfung einer Frauenfigur führt, in der sowohl das Nichts wie das Sein – ganz im Hegelschen Sinne – »aufgehoben« sind. Den ersten Teil dieses Prozesses – das *Nada* und das *Dada* – werde ich nur kurz andeuten, bevor ich auf *Ada* eingehe, den Liebesmythos der Jetztzeit.

Nabokovs Roman erschien 1969 in den Vereinigten Staaten und sechs Jahre später auf deutsch. In *Ada oder Das Verlangen* – so der deutsche Titel[4] – geht es um das Begehren, um erfüllte und unerfüllbare Sehnsucht. Aber es geht auch um Zeit und Erinnerung, um das Verhältnis von Roman und Film, von Fiktion und Wirklichkeit. Vor allem aber handelt *Ada oder Das Verlangen* von Sprache und Wortspielen, von der Vieldeutigkeit der Begriffe und der unendlichen Verdoppelung von Menschen – genauer gesagt: der Verdoppelung des Ichs, das ein zentrales Thema aller Romane und Erzählungen von Nabokov ist. Spielerisch kalauert er auf französisch, englisch, deutsch und russisch vor sich hin – so als sei es ihm, und zwar gerade in diesem Alterswerk, gelungen, alle

Ebenen seiner Identität, seiner vielen Sprachen[5] und der verschiedenen kulturellen Traditionen, denen er verpflichtet ist, zusammenzuziehen zu einer Einheit. Insofern ist dieser Roman zweifellos das Werk eines Einzelgängers: ein Werk, das symptomatisch ist für die Geschichte des russischen Emigranten, der zu einem der bedeutendsten amerikanischen Schriftsteller wird.

Gleichzeitig ist aber der Liebesmythos, den er in seinem Roman *Ada oder Das Verlangen* aufgreift, um sein zerstückeltes Ich – das »shattered self«, wie es so treffend in einem amerikanischen Ausdruck heißt[6] – zusammenzuflicken, alles andere als ein literarischer Einzelgang. Denn er greift den Mythos der Leidenschaft zwischen Geschwistern auf; er beschreibt das sexuelle Begehren zwischen einem Mann und einer Frau, die einander ähneln wie ein Ei dem anderen, oder anders ausgedrückt: ein Ich (one I) dem anderen.

Daß das Motiv der Geschwisterliebe bei Nabokov auftaucht, ist nicht erstaunlich: Dieser Topos stellte – wie im Aufsatz über den Wandel des Begriffs der »Blutschande« beschrieben – im 19. und noch Anfang des 20. Jahrhunderts eine Art von literarischem Religionsersatz dar, der den Säkularisierungsprozeß begleitete. Schon deshalb wäre es erstaunlich, wenn dieses Motiv verschwunden wäre aus der Literatur nach 1945. Darüber hinaus mußte aber auch gerade der »Redeemer« Vladimir Nabokov für einen literarischen Topos, in der der Literatur eine quasi sakrale Rolle zugewiesen wird, mehr als empfänglich sein. Um darzustellen, welchen Wandel das Motiv jedoch unter seiner Feder erfuhr, muß ich kurz historisch zurückgreifen.

Rückblick

Das Motiv des Geschwisterinzests taucht in der europäischen Literatur seit Ende des 18. Jahrhunderts – mit der Säkularisierung also – immer häufiger auf. In Schillers *Die Braut von Messina* ist die Liebe zwischen Geschwistern noch belastet vom uralten Fluch, der, zumindest für die Irdischen, auf dem Inzest liegt. Bei Goethe – in *Wilhelm Meisters Lehrjahre* – kann sich der Inzest auf die Gesetze der Natur berufen[7]. Mit der Romantik aber gewinnt die Liebe zwischen Bruder und Schwester eine völlig neue Dimension, die sie zu *dem* Liebesmythos der Moderne machen wird. Gleichzeitig erlebt das Inzesttabu eine Aufweichung, die Anfang des 20. Jahrhunderts – mit Freuds ödipalem Dreieck, das dem

Inzestwunsch geradezu normativen Charakter für jede Liebesbeziehung zuweist – legitimiert wird.

Allen Variationen dieses Liebesmythos ist gemeinsam, daß es um eine narzißtische Problematik geht, was sich übrigens nicht zuletzt darin zeigt, daß die Werke – vor allem die neueren Werke – fast immer einen Ich-Erzähler haben. (Diese narzißtische Problematik war für mich einer der Gründe, der Entwicklung dieses Topos in der neueren Literatur nachzugehen.) Tatsächlich offenbart der Wandel im Mythos der Geschwisterliebe, daß sich zwischen dem Beginn des 19. und dem Ende des 20. Jahrhunderts eine erhebliche Veränderung des Ichbildes vollzogen hat. Spiegelte sich in der Geschwisterliebe zunächst das Bild eines gefräßigen Ichs wider, das sich des anderen *bemächtigt*, so wird sie nunmehr zum Abbild eines Ichs, das seine Seinsberechtigung aus der *Erzeugung* des anderen bezieht. In den Romanen und Novellen des 19. und noch Anfang dieses Jahrhunderts wird meistens der *Untergang* des weiblichen Ichs zelebriert: Eine Schwester wird geopfert, damit der Mann/Bruder die Erlösung findet: Châteaubriands *Atala* und *René*[8], E.T.A. Hoffmanns *Elixiere des Teufels*[9], aber auch Leonhard Franks *Bruder und Schwester*[10] sind symptomatisch für diesen Vorgang, der dem *Nada* zuzuordnen ist. Ganz anders bei Nabokov: In *Ada oder Das Verlangen* ist die Schwester keineswegs dem Verderben anheimgegeben. Im Gegenteil: Der Wandel des literarischen Mythos, die Verlagerung der narzißtischen Problematik scheint geradezu zu fordern, daß sich die Frau/Schwester einer blühenden Gesundheit und einer vitalen Sexualität erfreut. Sie wird zur Galionsfigur einer sexuellen Leistungsgesellschaft des 20. Jahrhunderts, sozusagen zum »kategorischen weiblichen Imperativ«, wie es eine Kritikerin beim Erscheinen des Buches formuliert hat[11]. Das Ich vereinnahmt nicht mehr die Schwester, das weibliche Ich, sondern das Ich wird von dieser Schwester entbunden – mit allen Implikationen des Gebärens, die der Begriff beinhaltet. Dieser Aspekt am Motiv des Geschwisterinzests taucht ansatzweise auch schon im 19. Jahrhundert auf, aber seine Bedeutung – auch für das Leben jeder einzelnen Frau – werden erst im 20. Jahrhundert deutlich sichtbar.

Noch ein weiteres Merkmal unterscheidet die Behandlung dieses Topos in der heutigen Literatur von der des 19. Jahrhunderts. Im 19. Jahrhundert taucht der Inzest in den Biographien einer ganzen Reihe von Dichtern und Künstlern auf. Am bekanntesten sind die Beispiele von Byron und Trakl. Aber auch im Leben von Wordsworth, Shelley, Beardsley spielt die Liebe zur Schwester eine wichtige Rolle. Zugleich sind im

Werk dieser Dichter und Künstler die Begriffe Liebe und Tod eng verwoben. In einigen Fällen endet auch ihr reales Leben tragisch. Die Grenze zwischen Liebesmythos und Wirklichkeit zum Verschwinden zu bringen, erscheint nachträglich gesehen sogar wie die Haupttriebfeder ihrer Existenz und ihres Schaffens. Dabei zeigen ihre Beispiele aber auch deutlich, wie nah der literarische Mythos der Geschwisterliebe bei Mord und Selbstmord liegt. Byrons Liebesverhältnis mit seiner Halbschwester Augusta verursacht in der Londoner Gesellschaft einen ungeheuren Skandal. Er muß England schließlich verlassen und sucht im griechischen Freiheitskampf einen als Heldentod kaum verschleierten Freitod. Georg Trakl, dessen Liebesbeziehung zu seiner Schwester Grete auch sein Werk prägt – sie taucht darin unter anderem als »Jünglingin«, als »Fremdlingin« oder als »Mönchin« auf – Trakl nimmt sich im Ersten Weltkrieg mit Rauschgift das Leben. Die Schwester begeht einige Jahre nach seinem Tod Selbstmord (übrigens mit einer Pistole, was bei Frauen selten ist). Die enge Verbindung des Inzestthemas mit Selbstmord taucht sogar in den Biographien einiger Dichterinnen und Schriftstellerinnen auf, so bei Karoline von Günderode, in deren Liebesgedichten der Topos der Geschwisterliebe wiederholt – wenn auch verschlüsselt – vorkommt: als Motiv des Verschwindens jeglicher Differenz zwischen dem Ich und dem Du: »Eins im Andern sich zu finden / Dass der Zweiheit Gränzen schwinden / Und des Daseins Pein«.[12] Auch die Günderode, die sich mit sechsundzwanzig Jahren das Leben nahm, gehört zu diesen Dichtern, bei denen die Grenze zwischen einem Liebesmythos des Untergangs und dem realen Untergang aufgehoben scheint.

Ganz anders bei Nabokov: Daß er seiner Romanfigur *Ada* den Namen von Byrons Tochter gab, zeigt, wie genau ihm die Tradition bewußt war, an die er hier anschloß. Doch er verlegte die Handlung von der Ebene der realen Biographie auf die des Romans. Die Trennung von Fiktion und Wirklichkeit ist sogar das Entscheidende an seiner Behandlung dieses Liebesmythos, wie noch zu zeigen sein wird.

Wie eng gerade in der deutschsprachigen Literatur der Mythos der Geschwisterliebe mit realem Tod und Untergang zusammenhängen, darauf habe ich schon in den zwei vorangegangenen Aufsätzen verwiesen. Der Topos der Geschwisterliebe, der Vereinigung mit dem eigenen, dem »reinen« Blut liefert gleichsam den mythischen Überbau für alle Theorien vom »fremden« Blut und der »fremden Rasse«, die das deutsche Geistesleben des späten 19. und frühen 20. Jahrhunderts prägen. Wie fiktiv diese »Rasse« und das »Fremde« dieses »anderen« Blutes sind, darauf will ich hier nicht erneut eingehen. Aber es ist wichtig festzuhalten, *daß* es sich um eine Fiktion handelt (gerade wenn man begreifen will, weshalb sich ein Wandel in der Behandlung des Mythos der Geschwisterliebe vollzogen hat) und daß sich in dieser Fiktion die fatale Wechselwirkung von Imagination und Wirklichkeit zeigt – eine Wechselwirkung, die mit dem Einfluß der Religion auf die gesellschaftliche Wirklichkeit zu vergleichen ist. Vielleicht hat Nabokov die Deutschen, unter denen er immerhin fünfzehn Jahre gelebt hat (von 1922 bis 1937) eben deshalb so verabscheut[13]: In diesen Jahren erscheint nicht nur bei einzelnen Dichtern, sondern in Deutschland überhaupt der Unterschied zwischen Fiktion und Wirklichkeit wie ausgelöscht. In der Erzählung *Der Späher*, die Nabokov 1930 in Berlin verfaßt hat, heißt es an einer Stelle: »Es ist beängstigend, wenn sich das wirkliche Leben plötzlich als Traum erweist, aber um wie vieles beängstigender ist es, wenn das, was man für einen – fließenden und verantwortungslosen – Traum gehalten hat, plötzlich zur Realität zu erstarren beginnt!«[14] Tatsächlich läßt sich der Nationalsozialismus auch als eine Epoche definieren, in der Mythen und Metaphern zu Fleisch und Blut wurden. Vielleicht ist dies einer der Gründe dafür, daß uns die Wirklichkeit dieser Zeit – bei allem was wir inzwischen über sie wissen – noch immer so unfaßbar erscheint.

Nada oder Die Entsagung

Die Vorgeschichte des Inzestmythos erklärt wohl, weshalb der Topos der »Blutschande« in der deutschsprachigen Nachkriegsliteratur kaum mehr – oder höchstens unter sehr veränderten Vorzeichen auftaucht. Wie soll eine Literatur, die Wirklichkeit – grausame Wirklichkeit – geworden ist, noch Mythen produzieren? Liebesmythen? Mythen des Begehrens – denen per se die Unerreichbarkeit eigen sein muß? Woher soll eine Fiktion, die bei ihrer Entgrenzung, bei ihrer Übertragung auf die Wirklichkeit gezeigt hat, daß sich Liebesmythen in realen Haß und Mord verkehren können, noch den Mut nehmen, neue Liebesmythen zu produzieren?

Dort, wo der Geschwisterinzest in der deutschsprachigen Literatur nach 1945 auftaucht, verweist er oft ausdrücklich auf diese Erbschaft. Ich möchte das an drei Beispielen darstellen: Geno Hartlaubs *Der Mond hat Durst*, Ingeborg Bachmanns *Der Fall Franza* und Reinhold Batbergers *Skalp*. Schon die Tatsache, daß zwei der Autoren Frauen sind, deutet auf einen Wandel hin. Außer bei Emily Brontë[15] taucht der Mythos der Geschwisterliebe nur selten in der von Frauen geschriebenen Literatur auf. Gelegentlich, wie bei Karoline von Günderode, zeigt er sich in verkleideter Form: als Sehnsucht nach einem Untergang des Ichs im Wir. Diese Scheu vor dem Topos hängt zweifellos mit der Opferrolle zusammen, die der Schwester in diesem Liebesmythos zugewiesen wird. Mit dieser Opferrolle hängt aber auch die Faszination zusammen, die er auf einige zeitgenössische Schriftstellerinnen ausgeübt hat.*

Dennoch erklärt sich die Tatsache, daß in der deutschsprachigen Literatur der zweiten Hälfte des 20. Jahrhunderts mehr Frauen das Motiv der Geschwisterliebe aufgegriffen haben, nicht nur mit der weiblichen Faszination für diesen Topos des Untergangs. Sie hat auch mit dem Zusammenbruch zu tun, den der Liebesmythos in Deutschland erfahren hat. Die drei folgenden Beispiele aus der Literatur der Nachkriegszeit, zeigen sehr deutlich, daß aus diesem einstigen Liebesmythos – den man als *den* Liebesmythos der deutschsprachigen Literatur der Vorkriegsjahre betrachten muß – ein Motiv geworden ist, das auf Destruktivität und Bedrohung verweist. Aus einem einstigen Topos des Begehrens ist die *Darstellung* von Vernichtung geworden.

---

* Es ist bemerkenswert, wieviele Dichterinnen und Schriftstellerinnen, die sich diesen Liebesmythos des Untergangs zueigen gemacht haben, im tatsächlichen Leben einen gewaltsamen Tod fanden. Das gilt nicht nur für die Günderode, sondern auch für Ingeborg Bachmann, die im Bett verbrannte; und es gilt für eine Autorin der Trivialliteratur, Alexandra Cordes, die den Topos der Geschwisterliebe in einem ihrer vielen Romane (mit Millionenauflagen) behandelte: *Geschwister der Sünde*[16]. Alexandra Cordes wurde von ihrem Ehemann erschossen. Emily Brontë starb dreißigjährig »mit fast selbstmörderischer Entschlossenheit an Tuberkulose«, wie Elsemarie Maletzke und Christel Schütz schreiben[17]. Auch wenn es fragwürdig erscheint, den Tod durch Krankheit mit Selbstmord gleichzusetzen, so bleibt doch unbestreitbar, daß die Autorin von *Wuthering Heights* immer vom Mythos der früh Verstorbenen umgeben war und wahrscheinlich auch schon zu Lebzeiten mit einer entsprechenden Erwartungshaltung konfrontiert wurde. So schreibt Elizabeth Gaskell, die Biographien von Charlotte Brontë, über deren jüngere Schwestern: »Ich erinnere mich, wie ich diese beiden traurigen, ernsten, überschatteten Gesichter betrachtete und mich fragte, ob ich darin den geheimnisvollen Ausdruck entdecken konnte, der, wie man sagt, auf einen frühen Tod hindeutet.« Eine andere Dichterin, die sich im 20. Jahrhundert das Leben nahm, Sylvia Plath, schrieb ihrerseits in einem Gedicht über *Wuthering Heights*, (in dem sie nebenbei gesagt keinen Unterschied zwischen der Landschaft in Yorkshire, wo die Brontë-Schwestern lebten, und dem Roman macht): »Kein Leben ist höher als die Grasspitzen / Oder die Herzen von Schafen, und der Wind / Fließt vorbei wie das Schicksal, und beugt / Alles in eine Richtung. / Ich fühle wie er versucht / Meine Leidenschaft abzusaugen. / Wenn ich die Heidewurzeln zu stark / Beachte, laden sie mich ein, / Meine Knochen zwischen ihnen zu bleichen.«[18]

Geno Hartlaub: Abnehmender Mond

Geno Hartlaubs Roman *Der Mond hat Durst* erschien 1963[19]. In der Erzählung verführt ein älterer Bruder seine jüngere Schwester, die Ich-Erzählerin des Romans, die sich selbst als den Mond empfindet, der die Sonne, den großen Bruder umkreist. Anders als in den Romanen der Vorkriegszeit, ist der Geschwisterinzest in dieser Erzählung weniger vom Begehren geprägt als von der Komplizenschaft. Die Geschwister verbünden sich, um sich gemeinsam gegen die Eltern, die symbiotische Enge der Familie aufzulehnen: gegen das Wir, das kein Ich toleriert. Bruder und Schwester werden zu einer Festung innerhalb der festen Burg Familie, die sie auf diese Weise von innen heraus zu sprengen suchen. Schließlich brechen die Geschwister aus. Sie fliehen das Elternhaus mit einem geliehenen Wagen und geliehenem Geld. Während einer Irrfahrt durch Spanien versuchen sie, ihre Erotik und ihre Lust aneinander auszuleben. Aber es stellt sich keine rechte Lust ein, wie überhaupt die Erzählung – anders als Nabokovs *Ada* oder Marguerite Duras' *Agatha*, auf die ich ebenfalls noch zu sprechen komme – kaum eine erotische Faszination ausstrahlt. Denn den in die Freiheit gelangten Geschwistern fehlt die Enge der Familie, deren Ablehnung vorher ihr Zusammengehörigkeitsgefühl bestimmt hat.

Die Erotik ist offensichtlich nicht das Thema dieser Erzählung, sondern die Befreiung von der Bevormundung. Aber es geht eben nicht nur um die Befreiung aus der elterlichen Bevormundung, sondern beinahe mehr noch um die Befreiung der Schwester aus der Bevormundung durch den Bruder, der das inzestuöse Liebesverhältnis initiiert und quasi erzwungen hat. Der Bruder stirbt bei einem Autounfall, der übrigens wie ein kaum getarnter Selbstmord dargestellt wird. Die Schwester aber, die Ich-Erzählerin, wird von ihren Eltern wegen Depressionen und Halluzinationen in ein psychiatrisches Krankenhaus eingeliefert. Hier entstehen ihre Aufzeichnungen, die ihr die endgültige Erlösung verschaffen werden. Der Roman endet damit, daß sich die Ich-Erzählerin heimlich aus der Anstalt davonstiehlt. Sie verschwindet, wie nur ein Mond zu verschwinden vermag: Indem sie »unsichtbar« wird, erringt sie die Freiheit. Ihre Satellitenexistenz erweist sich zuletzt als Überlebensstrategie, als Möglichkeit des Entzugs. Dieses literarische Bild des Verschwindens erinnert übrigens nicht nur an die Verweigerung des photographischen Blicks (vgl. S. 126ff); der »abnehmende« Mond weist auch frappierende Ähnlichkeit mit der Nahrungsverweigerung der Magersüchtigen auf.

Ingeborg Bachmann: Ich habe an meinen Mörder geglaubt wie an meinen Vater

Tatsächlich taucht das Motiv des Geschwisterinzests in der deutschsprachigen Nachkriegsliteratur nie unter dem Aspekt einer erotischen Vereinigung auf, sondern, ganz im Gegenteil, unter dem Aspekt einer Befreiung, einer Aufhebung von Bindungen, der Erlösung aus mörderischen Liebesbeziehungen, die den Namen Liebesbeziehung nicht verdienen. Besonders deutlich wird das in Ingeborg Bachmanns *Der Fall Franza*[20]. Daß Franza ihren Bruder Martin in die ägyptische Wüste begleitet, hat nichts mit geschwisterlicher Erotik zu tun. Sie tritt diese Reise an, um vor ihrem Ehemann zu fliehen, dem prominenten Wiener Psychiater Leopold Jordan. Sie versucht, sich vor der psychischen und physischen Bedrohung durch einen Mann zu retten, der die Liebe zu einem Instrument der Vernichtung gemacht hat.

Franzas Flucht vor dem Tod endet mit einer Flucht in den Tod, als sie begreift, daß sie sich von ihrem Mann nie wird befreien können. Sogar hier, in der fernen Wüste und trotz der schützenden Arme des Bruders, hält er ihre Psyche und ihren Körper an Ketten. Am Bahnhof hatte Franza einen Araber gesehen, der seine Frau auf ähnliche Weise hielt: Die Frau kniete am Boden, an Händen und Füßen gefesselt, während der Mann ihre Haare wie einen Strick hielt, so daß die Frau, den Kopf weit zurückgebogen, nur nach oben blicken konnte. »Ich liege dort an ihrer Statt«, denkt Franza, »und mein Haar wird, zu einem langen, langen Strick gedreht, von ihm in Wien gehalten. Ich bin gefesselt, ich komme nie mehr los.«[21]
Bei Ingeborg Bachmann wird noch viel deutlicher als bei Geno Hartlaub, daß mit diesem gescheiterten Versuch einer Flucht aus dem Gefängnis der Liebe auch die Unmöglichkeit gemeint ist, dem Gefängnis der deutschen Geschichte zu entkommen: Franza träumt, sie sei allein in einer Gaskammer, die Türen seien verschlossen, ihr Mann befestige die Schläuche und lasse das Gas einströmen. In Kairo begegnet sie einem ehemaligen KZ-Arzt, der hier untergetaucht ist und in der »Kolonie« als Wunderdoktor gepriesen wird. Sie kennt seinen Namen aus Arbeiten, die sie für ihren Mann abgeschrieben hatte. Die Berichte über seine Menschenversuche an KZ-Häftlingen hatten sie bis in den Schlaf hinein verfolgt. Von diesem Arzt nun fordert Franza eine Todesspritze, um endlich frei zu sein. Er verweigert sie ihr. »Was ist das für eine Welt?« denkt

Franza, »ich bitte ihn um etwas, das er früher freiwillig getan hat und ohne darum gebeten worden zu sein, und jetzt kommt jemand und darf nicht einmal betteln darum und zahlen dafür.«[22]
Ingeborg Bachmann benutzt das Motiv des Geschwisterinzests nicht als erotisches Bild. Es ist nicht einmal Schutz, den die Geschwisterliebe bietet, so sehr Franza zunächst auch in den Armen ihres Bruders Zuflucht sucht. Daß die Arme des Bruders keinen Schutz zu bieten vermögen, hängt mit dem Fluch zusammen, der gerade in der deutschen Literatur auf der Geschwisterliebe lastet – ein Fluch, der Liebe zu einem Synonym für Untergang werden ließ. Im Roman *Malina* benutzt Bachmann sogar ausdrücklich den Begriff der »Blutschande« zur Bezeichnung dieser Art von mörderischer Liebe[23]. Auch in *Der Fall Franza* heißt es an einer Stelle: »Unter hundert Brüdern dieser eine. Und er aß ihr Herz.«[24] Und an einer anderen Stelle sagt Franza: »Mein Mörder ist ganz einfach mein Vater, was für eine unliebsame Überraschung. Ich habe an meinen Mörder geglaubt, wie an meinen Vater. So sag ichs wohl besser. Denn mein Vater ist nicht mein Mörder.«[25]
Die Tragödie der »Blutschande« liegt hier im Bereich des Glaubens. Der Vater ist nicht der Mörder, aber er kann morden, weil sie an ihn geglaubt hat. Weil sie ihn liebte. Der Vater wird zum Synonym für Tod, und mit dem Vater schlafen heißt, sich mit dem Tod vereinigen. Die »Blutschande«, so möchte man beinahe sagen, besteht bei Bachmann in der Faszination, ermordet zu werden. Sie spricht nicht nur die fatale Rolle an, die dieses Liebesmotiv in der deutschen Geschichte gespielt hat, sondern sie beschreibt auch, wie dieses Liebesmotiv zu einem Teil ihrer eigenen, weiblichen Gefühlswelt geworden ist.
Dabei hat die Anziehungskraft, die der Tod auf Ingeborg Bachmann – oder auch auf Dichterinnen wie Sylvia Plath – ausgeübt hat, paradoxerweise etwas mit Selbstbehauptung zu tun: mit der Erkenntnis, daß die Andersartigkeit nur der »verschiedenen« Frau zugestanden wird. Durch seine literarische Thematisierung wird der Tod zu einem »Akt der autonomen Selbstautorschaft«, wie Elisabeth Bronfen schreibt[26]. Dennoch ist eine solche Erkenntnis schwerlich vereinbar mit einem Bekenntnis zur Liebe – und wenn Bachmann in ihren späten Texten immer weniger die Liebe und immer mehr den Tod thematisiert, so hängt das auch mit einem Liebesideal zusammen, das das Wort »Liebe« in Deutschland anscheinend für lange Zeit unaussprechbar gemacht hat. Ich möchte aber schon hier darauf verweisen, daß die Gleichsetzung von Liebe (oder Vater) mit Tod nicht nur etwas mit der deutschen Geschichte zu tun hat,

sondern auch in engem Zusammenhang zu den Liebesmythen der *Lolitas* oder *Adas* gesehen werden muß, auf die ich noch eingehen werde.

Reinhold Batberger: Meine Schwester, mein Irrtum

Bei Reinhold Batberger geht es ebenfalls um eine Sprache, die ihre Glaubwürdigkeit verloren hat. Seine Erzählung *Skalp* erschien 1987[27]. Die Handlung dieses Prosatextes zusammenzufassen, ist unmöglich. Er besteht aus der Aneinanderreihung von Bildern, Wortketten, Dialogen und stellt ein dichtes Sprachgeflecht dar (das hier, wie auch im Fall der anderen angeführten Texte, nur unter dem Aspekt behandelt werden soll: Was ist in der deutschsprachigen Literatur aus dem Topos der Geschwisterliebe geworden?)

Auch in Batbergers Text hat der Topos des geschwisterlichen Beischlafs nichts mit Erotik oder Begehren zu tun[28]. Den Titel *Skalp* trägt das Werk, weil seine beiden Hauptfiguren, ein Bruder und eine Schwester, überzeugt sind, ihre Kopfhaut verloren zu haben – und weil sie keine Kopfhaut besitzen, fällt ihnen die Erinnerung so schwer. Diese verlorene Kopfhaut erscheint wie das Bild für eine Sprache, die keinen Schutz mehr bietet. Die Haut, die das Innere vom Äußeren trennt, ist abgerissen; nichts trennt das Ich vom Wir. Hilflos ausgeliefert ist der Kopf den Bildern, die auf ihn eindringen. Die Sprache, einst Garantin der Unterscheidung, der Alterität, ist machtlos geworden gegen die Bilder. Mein Mörder ist ganz einfach meine Sprache, so scheint Batberger zu sagen, was für eine unliebsame Überraschung! Skalp, der Ich-Erzähler, der den Glauben an die Sprache verloren hat, hofft, daß sich die Bilder selbst gegenseitig auslöschen, damit erneut die ersehnte Blindheit eintreten kann:

> Auch mit herausgerissenen Augen, auch im Finstern, auch im Stande nachgewiesener Unschuld besteht der Zwang zu sehen. Die erwünschte Erblindung, nach der wir süchtig geworden sind, die uns zum Leben notwendig scheint, die uns die Paradiese rettet, die uns vom Zwang zu sehen befreit; befreit zu einem Zeitpunkt, an dem noch keine Erblindung gefordert wird; nicht durch Augenausstechen und Augenherausreißen, sondern durch Augenvollstopfen und Augenvollkleben erreichen wir endlich die ersehnte Blindheit.[29]

Der Bruder wird verfolgt – oder fühlt sich verfolgt – von Leuten, die seine Doppelgänger zu sein scheinen. Wenn jemand zu ihm sagt: »Dort sitzt einer, der sieht aus wie du, erschrick nicht«, oder: »Gleich kommt

Besuch, keine Angst, er sieht dir etwas ähnlich«, weiß er: Die Verfolger sind auf seiner Spur[30]. Wie Dostojewskijs Held, Herr Goljädkin, versucht er sich zunächst durch allerlei Tricks gegen seine Doppelgänger und Verfolger zu schützen. Er baut sich Schlupflöcher unter der Erde, um ihnen zu entgehen. Doch, anders als bei Dostojewskij, verschwindet eines Tages die Angst vor den Doppelgängern. Das ist der Moment, in dem der Bruder bei seiner Schwester, die er Jahre vorher verlassen hatte, vor der Tür steht. »Wenn du bleibst, dann für immer«, sagt sie zu ihm, »und wage es nicht, dich zu erinnern.« »Wie sollte ich«, antwortet er, »ohne Kopfhaut«.[31]

Skalp hatte sich von der Schwester getrennt, als sie schwanger war. Es war sein Kind, das sie austrug. Das Kind wächst auf in einem Internat – einem »verbrecherischen Internat«, wie es im Text heißt. Die Schwester wohnt allein im obersten Stock eines zeitweilig menschenleeren Bürohauses. In der Wohnung türmt sich der Müll. Herr Altmann, ein Geschäftsmann aus der Welt draußen, versorgt die Schwester mit Nahrungsmitteln und Wasser, die er per Lastenaufzug in den obersten Stock schickt. Der Schmutz spielt eine wichtige Rolle in dieser Erzählung: der Schmutz innen, der Schmutz außen. Es ist, als sei es unmöglich, diesen Lawinen von Dreck zu entgehen. Auch der Ich-Erzähler, der sich Löcher in die Erde gebohrt hat, um dort Ruhe vor seinen Verfolgern zu finden, holt der Dreck, die Jauche des verschmutzten Flusses ein. Der Schmutz ist einerseits Naturelement, Element von Lebendigkeit, Element des Verfalls und einer Zeit, die sich nicht zum Stillstand bringen läßt. (Wie eng das Motiv einer reglosen Zeit mit dem Inzestthema, mit der Behandlung einer erotischen Vereinigung von Bruder und Schwester zusammenhängt, wird am Beispiel von Nabokov noch zu behandeln sein). Andererseits erscheint der Schmutz aber auch wie der Niederschlag der Vergangenheit, der Dreck, der in die Köpfe dieser Geschwister ohne Kopfhaut eingedrungen ist.

Nur eine Schnee-Eule, die in der Mitte der schwesterlichen Wohnung thront, setzt sich durch ihr weißes Gefieder und ihr unbeirrbares Zeitgefühl gegen den Dreck und gegen die Zeitlosigkeit der anderen ab. Die Geschwister leben mit geschlossenen Fensterläden. Sie wissen nicht, wann es Tag und wann es Nacht ist. Ein lähmender Schlaf, der depressive Schlaf der Traumlosen, überfällt immer wieder die Figuren der Erzählung, nicht nur Skalp und seine Schwester. Die Schwester bewahrt ihre Habseligkeiten in Schließfächern. Es scheint, als sei sie auf der Durchreise. Aber es herrscht Unbeweglichkeit in dieser Welt: die Unbeweglichkeit des Paradieses, in dem die Fiktion Wirklichkeit und die Zeit zum Stillstand gekommen sind. »Stehlen Sie uns doch die Zeit mit Ihrer sogenannten Sekunde«, ruft der Ich-Erzähler sich selbst zu:

versuchen Sie's ruhig, verknoten Sie sich Ihren Hals mit Ihrem Zeitknoten, Herr Skalp; [...] graben Sie Ihre Wasserkanäle, schlurchen Sie durch den Osthafen, paddeln Sie hin oder zurück oder vorwärts oder rückwärts auf Ihrem Flußsumpf; reden Sie, Herr Skalp, sprechen Sie in der gehaßten Sprache; geben Sie uns ein sinnloses Zeichen, Herr Skalp, damit wir das Paradies überleben, Herr Skalp, und wenn wir als Tote überleben; [...] das müssen wir schon sagen dürfen, Herr Skalp, das müssen Sie schon aushalten, das Glück; das müssen Sie sich schon gefallen lassen, daß wir Sie lieben, Herr Skalp.[32]

Das Paradies, das Glück, die Liebe erscheinen hier wie die Gefängnisse einer Außenwelt, gegen die sich die Geschwister zu schützen versuchen. »Es gibt Paradiese, wir fürchten sie,« sagen sie[33]. Daß diese Flucht vor dem Paradies auch etwas mit der deutschen Geschichte zu tun hat, das verdeutlichen nicht nur die Passagen, in denen es um den Schmutz, die Unbeweglichkeit der Zeit und den Zwang zu sehen geht[34]. Es wird auch deutlich an dem »verbrecherischen Internat«, in dem der gemeinsame Sohn aufwächst und aus dem die Geschwister schließlich das Kind befreien. Das Internat ist eine »Zuchtanstalt« für »jenes genetische Material«, mit dem der Staat »gesunde Bürger zu produzieren gedenkt«[35]. Der Sohn, Produkt eines inzestuösen Verhältnisses, weist die nötigen Voraussetzungen dafür auf. Der Leiter des Internats ist »Hüter des Erbguts« und nennt die Kinder seine »Tierchen«. Mit dieser Zuchtanstalt wird die Anspielung auf die Erbschaft eines Liebesideals des »reinen Blutes«, der reinen Rasse besonders deutlich.

Ob die Geschwister – allein oder zu zweit – schließlich dem Paradies entkommen, bleibt offen. Aber in den letzten Worten der Erzählung scheint zumindest die Sehnsucht danach auf, daß das Wort »Liebe« oder »Schwester« in der deutschen Sprache eines Tages wieder ohne die Konnotation Untergang benutzt werden kann:

Meine Schwester, Skalp, wage das zu sagen; damit zwei Worte bleiben in der verfluchten Sprache; meine Schwester, mein Irrtum, Skalp, wag es zu sagen; meine Schwester, mein Irrsinn.[36]

Dada oder Die Bejahung

Eine derartig negative Besetzung erfuhr der Topos der Geschwisterliebe nur in der deutschsprachigen Literatur. Das zeigen Texte aus der Literatur Englands, Frankreichs oder der Vereinigten Staaten, wo es – offenbar, weil der Topos weniger belastet ist als in Deutschland – nicht so einen radikalen Bruch in der Behandlung des Inzestthemas gibt. In der ausländischen Literatur ist die Geschwisterliebe weiterhin ein Motiv des Begehrens. Aber auch hier ist ein Wandel spürbar: Das Begehren hat eine andere Richtung eingeschlagen. Diese Entwicklung soll wiederum an drei Beispielen dargestellt werden: Ian McEwans 1978 in England erschiener *Zementgarten*, Marguerite Duras' 1981 in Paris erschienene Erzählung *Agatha* und natürlich, last not least, Nabokovs Roman *Ada oder Das Verlangen*. Es ist übrigens bemerkenswert, daß zumindest zwei dieser Autoren – nämlich Duras und Nabokov – zu den »Großen« der zeitgenössischen Liebesliteratur zählen[37]. Es ist dies eines von mehreren Indizien dafür, daß das Inzestmotiv in der Mythenbildung über die Geschlechter und die Sexualität weiterhin eine wichtige Rolle spielt und in Deutschland vielleicht nur vorübergehend verschwunden ist.

McEwan: Der zementierte Garten der Lüste

Als McEwans *Zementgarten* erschien, lag die sogenannte sexuelle Revolution von 1968 kaum zehn Jahre zurück[38]. Das Buch ist ein Produkt der Aufbruchstimmung dieser Jahre, in denen die Werke von Wilhelm Reich mit großer Begeisterung gelesen und zitiert wurden. Beim Erscheinen des *Zementgarten* schrieb Michael Rutschky im *Spiegel*:

> Ich wünsche Ian McEwans Büchern vor allem aus einem Grund Erfolg in der Bundesrepublik. Mir erschiene dieser Erfolg als zivilisatorischer Fortschritt – nicht mehr und nicht weniger. Was er als Erzähler zärtlich, unnachgiebig, auch boshaft, aber immer mit Delikatesse bearbeitet, das ist das polymorph perverse, im wesentlichen phantastische Sexualleben der Kinder, das in das Liebesleben der Erwachsenen immer wieder hineingreift.[39]

Im Roman geht es um das Leben einer Familie von vier Kindern. Die Familie bildet eine Festung und lebt abgeschirmt gegen die Außenwelt. Nach einem ersten Herzinfarkt beschließt der Vater, den Garten zuzubetonieren; er kommt gegen das Unkraut nicht mehr an. Aber noch bevor das große Werk vollendet ist, stirbt er an einem zweiten Herzinfarkt, verursacht durch die Anstrengungen der Zementarbeiten. Bald darauf erliegt auch die Mutter einer Krankheit. Die Kinder beschließen, den Tod der Mutter zu verheimlichen: Sie wollen vermeiden, auseinandergerissen und in Pflegefamilien gegeben zu werden. Wichtiger noch als das Bedürfnis nach Zusammengehörigkeit scheint bei diesem Entschluß aber die Phantasie zu sein, eine vormundsfreie Existenz zu führen. Mit den Zementsäcken, die der Vater hinterlassen hat, betonieren sie den Leichnam der Mutter im Keller ein.

Dieser respektlose Umgang mit den sterblichen Resten der Mutter und die Auflehnung gegen eine Bevormundung durch Staat und Gesellschaft gehen einher mit einem immer reger werdenden Sexualleben der Kinder. Vor allem für den Ich-Erzähler, das zweitälteste der Kinder, wird das Onanieren zur Hauptbeschäftigung. An dem Tag, an dem der Vater seinem Herzinfarkt erliegt, hatte der Sohn seinen ersten Samenerguß erlebt. So beginnt auch der Roman:

> Ich habe meinen Vater nicht umgebracht, aber manchmal kam es mir vor, als hätte ich nachgeholfen. Und bis auf die Tatsache, daß sein Tod zeitlich mit einem Meilenstein in meiner eigenen körperlichen Entwicklung zusammenfiel, schien er unbedeutend, verglichen mit dem, was dann kam.

Hatte der Sohn vorher schuldbewußt in der Toilette, hinter verschlossener Tür onaniert, so tut er sich nach dem Tod der Eltern keinen Zwang mehr an. Er gibt sich seiner Lieblingsbeschäftigung ohne Schuldgefühle und an jedem Ort des Hauses hin. Dabei träumt er vom Beischlaf mit seinen Schwestern. Die ältere Schwester nimmt sich ihrerseits einen Liebhaber, und der wird schließlich das Geheimnis lüften und mit einer Axt den Betonsarg der Mutter, deren Verwesungsgeruch inzwischen das ganze Haus durchdringt, zerschlagen.

Man spürt in diesem Roman das Gedankengut von Freud und vor allem von Wilhelm Reich. Die Sexualität als politische Macht, die Sexualität als autoritätssprengender Widerstand, der Orgasmus als Revolution: Die Slogans von 1968 haben deutlich ihre Spuren hinterlassen und verleihen diesem Roman, der gleichwohl in einer sehr klaren und nüchternen Sprache geschrieben ist (das machte zweifellos auch seine Sprengkraft aus, als er 1978 erschien), den fatalen Beigeschmack, vor allem ein interessantes Zeitdokument darzustellen. Frühkindliche und pubertierende Sexualität, der Verwesungsgestank des mütterlichen Leichnams, die Berge von Essensresten und verschmutztem Geschirr, die sich in der Küche türmen, der schwüle Sommer, die Sonne, die ihre heißen Strahlen auf die Zementdecke im Garten wirft: Diese ganzen Bilder und Geruchsbeschreibungen hinterlassen beim Lesen das Gefühl, daß es hier um die Literaturfähigkeit der »polymorph-perversen« Phantasien von Kindern (und mit ihnen um die Salonfähigkeit der psychoanalytischen Lehren) geht. Abgründe tun sich auf: die kindliche Gleichgültigkeit (im Sinne von Gleichwertigkeit) gegenüber Tod, Sexualität und Leben. Diese Abgründe erscheinen wie das Abbild eines ungebrochenen, von keiner Zivilisation verfälschten Sexual- und Todestriebs. Doch eben diese Vorstellung, daß es sich bei den polymorph-perversen Phantasien um unverwandelbare Erscheinungen, gleichsam um Urgesetze der menschlichen Psyche handle, verleihen dem Roman auch seine Datierbarkeit. Er scheint mir wenig symptomatisch für die dominierenden Liebes- und Sexualmythen des späten 20. Jahrhunderts, für die eher die Werke von Nabokov bezeichnend sind – Mythen, die eine deutlich antifreudianische Richtung einschlagen und die auf ein Liebesideal verweisen, das im Bereich des nicht Konkretisierbaren bleibt. Überlegungen über ein – wie auch immer geartetes – reales Unbewußtes spielen im Nabokovschen Liebesmythos eine untergeordnete oder überhaupt gar keine Rolle.

Der grundlegende Unterschied zwischen den literarischen Sexualphantasien eines McEwan und denen eines Nabokov – Sexualphantasien, die wiederum eng mit dem Selbstbild des Schriftstellers zusammenhängen – besteht darin, daß für McEwan die Realität eine wichtige, für Nabokov aber nicht die geringste Rolle spielt. Nabokov hat es auf die *Erzeugung* des Imaginären – und damit auch auf die Erzeugung des Begehrens, ja sogar des Unbewußten – abgesehen. McEwan hingegen geht vom real existierenden Unbewußten aus. Für den Autor des *Zementgarten* existiert das Fremde, die Andersartigkeit. Nabokov dagegen sagt: Ich brauche keinen Garten mit Pflastersteinen zuzudecken und keinen mütterlichen Leichnam einzuzementieren, denn dies sind ohnehin nicht die Stätten der Fruchtbarkeit noch die Orte des Begehrens. Er trachtet vielmehr danach, im Unbewußten einen *neuen* Garten anzulegen – einen Garten der Lüste, in dem die Sünde, die polymorph-perversen Phantasien nicht nur frei schießen dürfen, sondern sogar gesät und gezüchtet werden. Bevor wir in Nabokovs Garten Eden eindringen, soll jedoch noch dem Paradies von Marguerite Duras ein Besuch abgestattet werden.

Marguerite Duras: Gestern das Paradies

Marguerite Duras' *Agatha*, eine in Dialogform geschriebene Liebesgeschichte, erschien 1981 gedruckt und 1982 als Film[40]. Interessanterweise
vermittelt der Film beinahe mehr vom Begehren als der geschriebene
Text. Interessanterweise deshalb, weil der Film sich einer Bildersprache
und eines Imaginären bedient, die eigentlich kennzeichnend sind für das
geschriebene Wort. (Der volle Titel des Werks lautet auch: *Agatha ou Les
Lectures illimitées*: Agatha oder Die grenzenlose Lektüre.) Es gibt in diesem Film keine Darstellung von Erotik – im Gegenteil: Die beiden
Hauptfiguren, ein Bruder und eine Schwester, sind fast nie zusammen zu
sehen. Ihre Stimmen kommen häufig aus dem Off. Manchmal sind sie
im Bild: schweigend. Öfter noch sieht man aber den verlassenen Strand
von Trouville. Ein kalter Wind jagt über das Meer. Graue Wolken hängen über den Himmel. Eine Villa an der Strandpromenade hält mit ver-
schlossenen Läden ihren Winterschlaf. Man bewegt sich mit der Kamera
durch die menschenleere Halle eines großen Hotels. Zu diesen Bildern
hört man die Geschwister sprechen: Sie gedenken ihrer Liebesleidenschaft füreinander; sie erinnern sich an das Geheimnis, das sie teilten; sie
verspüren noch die Schmerzen, die ihnen die gewaltsame Trennung voneinander zufügte.
Duras erzählt eine regelrechte, eine klassische Liebesgeschichte, die sogar
banal wäre, wenn sie nicht das inzestuöse Motiv enthielte. (Vielleicht
erscheint sie auch banal, *weil* Duras das Inzestmotiv aufgegriffen hat.)
Wenn es Duras gelingt, das Begehren, das diese Geschwister füreinander
empfinden, spürbar zu machen, so durch die Beschreibung von Abwesenheit: der verlassene Strand, das menschenleere Hotel, die verschlos-
sene Villa und vor allem das Geschwisterpaar, das manchmal »du« und
manchmal »Sie« zueinander sagt. Duras läßt das Begehren spürbar werden, indem sie den Mangel zeigt, indem sie Bilder von Abwesenheiten
entwirft, indem sie eine Liebe beschwört, die unerreichbar ist. Unerreichbar durch die Tatsache, daß die Liebenden voneinander getrennt
wurden, unerreichbar aber vor allem deshalb, weil ihre Liebe der Vergangenheit angehört.
Diese Unwiederbringlichkeit des Vergangenen ist einer der Gründe, weshalb sie auf das Motiv des Geschwisterpaares zurückgreift. Kein Liebespaar vermittelt so wie dieses die Vorstellung, daß das Paradies der Vergangenheit (der Kindheit) angehört und somit auch endgültig verloren

ist. Marguerite Duras, die während der Dreharbeiten zu *Agatha* ihrerseits von einem Filmteam beobachtet wurde, sagt von dieser Liebesgeschichte:

> Dies ist ein Sommerfilm, der im Winter gedreht wird. Es ist ein Film über das Begehren – ein existentielles und unauslebbares Begehren –, das in der Kälte gedreht wird. *Agatha* ist der Film, den ich machen wollte. Agatha hat es nicht gegeben. Die Villa von Agatha hat es nicht gegeben. Nur jetzt, im tiefsten Winter, kann ich von dieser Liebesgeschichte zwischen Bruder und Schwester erzählen, von diesen Sommerferien berichten, in denen es zum Inzest gekommen ist.[41]

Dieser Hintergrund des *verlorenen* Paradieses stellt den entscheidenden Unterschied zwischen Marguerite Duras' Behandlung des Topos der Geschwisterliebe und der der deutschsprachigen Literatur vor 1933 dar: Bei Leonhard Frank, bei Robert Musil, aber auch bei anderen Autoren liegt das Paradies immer *vor* den Geschwistern. Sie treten eine Reise an, die sie in die Erfüllung führt und dort auch endet – im einen Fall glücklich, im anderen tragisch. Bei Duras hingegen bleibt das Paradies unerreichbar, weil es der Vergangenheit angehört und weil es »Agatha nie gegeben hat«. Eben weil das Begehren unerfüllt und unerfüllbar bleibt, bleibt es aber auch Begehren. Was Duras – ebenfalls im Zusammenhang mit den Dreharbeiten zu *Agatha* – über die *Darstellung* des Begehrens sagte, gilt auch für seine *Erfüllung*:

> Man beschreibt die Wirklichkeit der Dinge über den Mangel: über das Fehlen von Leben, das Fehlen von Sichtbarem. Man zeigt das Licht über das Fehlen von Licht, das Begehren über den Mangel an Begehren, die Liebe über das Fehlen von Liebe. Ich glaube, das ist eine absolute Regel. Ich glaube, daß die Erfüllung des Begehrens, der Liebe, der Wärme, der Lebenslust, keinen Seinsmangel enthält und deshalb nicht dargestellt werden kann.

Marguerite Duras gehört zu den wenigen Filmemachern, denen es gelungen ist, die imaginären Bilder des geschriebenen Wortes in eine Welt hineinzutragen, in der das Gesetz der Realität, der Sichtbarmachung vorherrscht (vgl. S. 119f). Diesem Gesetz der Bilderwelt setzt sie das Gesetz der Schrift gegenüber, die Begehren und Verführung durch das Verschwinden, durch die Abstraktion (das Abziehen vom Sichtbaren) mitteilt. Dabei bedient sie sich einer Bildersprache, die die Sehnsucht erhöht, den Mangel verstärkt, der von den geschriebenen Worten ausgeht. Ihre Bilder von Abwesenheiten steigern das Verlangen, das in den Worten liegt: das Verlangen zu sehen, das Verlangen, die Erfüllung an der eigenen Haut zu erfahren. Duras greift also das Motiv der Geschwisterliebe – ein Motiv des Verschwindens der Andersartigkeit – auf, um dahinter die

160

Liebe selbst unsichtbar werden zu lassen. Aus einem Topos der Verflüchtigung macht sie Bildersprache. Auf diese Weise gelingt es ihr, einen Mythos des Untergangs in einen Mythos des Begehrens zu verwandeln.

Die Filme der Duras, in denen es immer um Liebe und Begehren geht, handeln auch immer von Literatur und Bildersprache, von Erinnerung und Vergessen. In Nabokovs Werken geht es um ganz ähnliche Fragen – aber während Duras dem Film die »Blindheit« der literarischen Sprache abverlangt (Blindheit im Sinne von bildlich nicht darstellbar), bedient sich Nabokov in seinen Texten einer Sprache des Bilderreichtums, man möchte beinahe sagen: einer Filmsprache. Nicht nur greift er oft auf das Motiv des Auges oder des Spiegels zurück; nicht nur bedient er sich mit Vorliebe verschiedener Montagetechniken, wie sie für den Film typisch sind – Doppelbelichtung, Rückblende, irreale Zeitsprünge, Verlangsamung oder Zeitraffer – kennzeichnend ist vor allem, daß Nabokov mit dem Mangel oder der Unerfüllbarkeit nichts im Sinn hat. Dennoch bleiben seine Werke Literatur, geschriebene Worte, die mit der sichtbaren Welt nichts zu tun haben wollen. (An dieser Tatsache scheitern auch alle Versuche, die Romane und Erzählungen von Nabokov zu verfilmen: Der Film kann das Imaginäre an einer Figur wie *Lolita* nicht nachvollziehen: Statt von den *Phantasien* eines Humbert Humbert zu sprechen, zeigt er die sichtbare Gestalt des Eis lutschenden Mädchens, das diese Phantasien personifiziert. Das heißt die Verfilmung der Texte von Nabokov scheitert letztlich daran, daß seine Werke – wie heute fast jeder Film – die eigene Sprache zum Thema haben: Alle Figuren bei Nabokov sind letztlich nur Metaphern für den literarischen Prozeß, für das Verhältnis des Autors zu seiner Schöpfung.)

Ada oder Das Verlangen

Im Roman *Ada oder Das Verlangen* begegnen sich ein Cousin und eine Cousine im Alter von 14 beziehungsweise 12 Jahren zum ersten Mal. Ivan, genannt Van, und Adelaide, genannt Ada, verbringen die Sommerferien auf dem Landsitz der Familie, einem ausgedehnten Gut mit unendlich vielen Möglichkeiten, sich unbeobachtet Liebesspielen hinzugeben. (Wie sich hinterher zeigt, bleiben sie doch nicht ganz unbeobachtet: Ein Photograph hält von Anfang an alles fest[42].) Die Anziehung der beiden füreinander besteht vom ersten Augenblick an und wird noch durch die Entdeckung erhöht, daß sie Halbgeschwister sind, Kinder desselben Vaters. Später erfahren Van und Ada, daß sie sogar dieselbe Mutter haben. Das Haus, in dem die lebenslange Liebesbeziehung von Ada und Van beginnt, heißt Ardis Hall. Anläßlich eines Scrabble-Spiels erfahren die Leser, daß *Ardis* auf griechisch die Pfeilspitze heißt und zugleich erotische Anspielung und Bedrohung bedeutet. Aus *Ardis* wird das französische *Château de la Flèche* und daraus dann wiederum das englische *Flesh Hall*. Der Kreis schließt sich: Über eine Kette von Wortassoziationen hat Nabokov seine Leser in den Garten der Lüste dieses Geschwisterpaares geführt.

Die leidenschaftliche Liebesgeschichte von Van und Ada setzt sich, mit Unterbrechungen, über eine Reihe von Jahren fort, bis eines Tages der Vater der beiden – sie sind inzwischen schon erwachsen – das Geheimnis entdeckt und die Trennung fordert. Ada heiratet. Erst dreißig Jahre nach der gewaltsamen Trennung findet das Liebespaar, finden Van und Ada, Bruder und Schwester, wieder zusammen. Inzwischen sind nicht nur Adas Ehemann, sondern auch die Eltern, einzige Zeugen dieses inzestuösen Verhältnisses, verschieden. »Wenn alle Leute sich an dasselbe erinnerten, wären sie nicht verschieden«, sagt Ada: »Aber wir sind nicht ›verschieden‹!« – »Douceur«*, antwortet ihr Bruder, »mein Kind, mein Reim.«[43] In diesem kurzen Wortwechsel werden schon die entscheidenden Muster dieses Liebesmythos deutlich: die Gemeinsamkeit der Erinnerung als Strategie der Unsterblichkeit; die Schwester als Gedicht, als Schöpfung des Autors. Denn Bruder Van ist natürlich auch der Autor selbst. »Van's Book« heißen die Aufzeichnungen, in denen der greise Liebhaber die Geschichte der Liebesleidenschaft zu seiner Schwester erzählt. »Van's Book« ist ein Anagramm, das neu durchgeschüttelt »Nabokov's« ergibt.

The I of the Book Cannot die in the Book

Bei Nabokov wird besonders deutlich, wie eng das Selbstbild des Schriftstellers mit den Liebesmythen der Neuzeit zusammenhängt. Denn Nabokov hat sich als Schriftsteller vornehmlich mit zwei Stoffen beschäftigt: Das eine ist die Liebe, das andere ist der Doppelgänger. Er hat aber letztlich immer nur über *ein* Thema geschrieben: über Vladimir Nabo-

---

* douce soeur: sanfte Schwester

kov. Und tatsächlich gelang es ihm auch, über mehr als zwanzig Bücher hinweg das Interesse an seiner Person aufrecht zu erhalten – indem er diese Person zum Verschwinden brachte[44].

Die Konzentration auf die Ich-Thematik, die Nabokovs gesamtes Werk durchzieht, erscheint als ein großes Manöver, das reale Ich auszulöschen und durch ein fiktives, ein Roman-Ich zu ersetzen, das für ihn freilich, das »wirkliche Ich« darstellt. Wir hienieden, so hat er einmal in einem Essay geschrieben, sind nichts anderes als »die irdischen idiotischen zerknüllten Photographien« der Jenseitigen, der Unsterblichen[45] – der literarischen Figuren also[46]. Antiterra heißt der Planet, auf dem in *Ada oder Das Verlangen* die beiden Geschwister ihrer Leidenschaft nachgehen. Antiterra ist aber auch der Roman selbst: die fiktive Welt, auf der sich für Nabokov die eigentliche Wirklichkeit des 20. Jahrhunderts abspielt. Diese fiktive Welt ähnelt der Erde natürlich in vieler Hinsicht – wie ein Geschwisterplanet[47] dem anderen – aber für den Autor stellt der sichtbare Planet die zerknüllte Abbildung dar, während die imaginäre Welt als die primäre Realität begriffen wird.*

Warum aber ein solches Streben danach, die Wirklichkeit hinter der Imagination verschwinden zu lassen? Was gewinnt das Ich bei seiner Verwandlung in eine Fiktion? Kurz gesagt: Es gewinnt die Unsterblichkeit. Die Sehnsucht, die Gesetze der Zeit zu durchbrechen und der Vergänglichkeit des Ichs einen Riegel vorzuschieben, durchzieht das gesamte Werk Nabokovs. Die Unsterblichkeit ist der Schlüssel zum Verständnis des schriftstellerischen Ichbildes, das Nabokov entwickelt, wie auch seiner literarischen Frauengestalten und der Liebesmythen, die er entwirft. »The I of the book cannot die in the book«, so hat es Nabokov einmal ausgedrückt[48].

---

* Diese Vorstellung weist eine große Ähnlichkeit mit der von Roland Barthes und Joseph Roth beschriebenen Beziehung zwischen dem Menschen und seiner photograpischen Ablichtung auf (vgl. den Aufsatz »Die schamlose Schönheit des Vergangenen«). Auch bei Nabokov zeigt sich die enge Verwandtschaft des Inzestmotivs mit der »Photo Morgana« – wobei für Nabokov freilich die literarische Fiktion an die Stelle der realitätsgetreuen Photographie tritt. Die Fiktion wird zu einer Art von Photographieersatz und bleibt dennoch geschriebenes Wort. Das ist gemeint, wenn davon die Rede ist, daß sich der Schriftsteller Nabokov einer Sprache und einer Technik bediene, die der des Films sehr ähnlich ist.

Unsterblichkeitsstrategie: The Eye of the Book Cannot Die in the Book

Weil Nabokov das »echte Ich« – man könnte auch sagen: das sichtbare Ich – zum Verschwinden bringen möchte, ist er auch ein virulenter Gegner der Psychoanalyse. Er läßt keine Gelegenheit ungenutzt, in seinen Texten eine Polemik gegen Sigmund Freud loszuwerden, den er mal als Dr. Froid, ein anderes Mal als Sigismond Lejoyeux tituliert. In *Ada oder Das Verlangen* ist sogar von einem Dr. Sig Heiler die Rede[49]. Kein Werk, in dem nicht beißende Kritik an den psychoanalytischen Texten geübt würde – die Nabokov aber offenbar eifrig gelesen hat[50]. Nabokovs Einwände gegen die Psychoanalyse richten sich vor allem gegen die Symbollehre. Da Träume und Bilder ebenso konkret seien wie zum Beispiel ein Bleistift, könne das eine nicht als Allegorie für das andere dienen, so sagt er[51]. Doch der Hauptgrund für Nabokovs Kritik an der Psychoanalyse liegt nicht in der Symbollehre.

Nabokovs gesamtes Werk – und gerade dieser Liebesroman macht es deutlich – läßt sich als ein Gegenentwurf zu den Freudschen Lehren vom Unbewußten und seiner Funktionsweise verstehen. Nicht durch Zufall hat Nabokov, der in *Ada oder Das Verlangen* zwei Zeitrechnungen von etwa fünfzig Jahren Abstand einführt (ich verwies schon auf das filmische Stilmittel der Doppelbelichtung, der Übereinanderlegung von zwei verschiedenen Bildern und Zeitebenen), nicht durch Zufall hat Nabokov also in einer dieser beiden Zeitrechnungen den Beginn der Liebesgeschichte von Van und Ada um 1890 angesiedelt, in genau den Jahren also, in denen auch die *Studien zur Hysterie* erschienen und die Geburtsstunde der Psychoanalyse einläuteten. Seine *Ada* ist sozusagen der Gegenentwurf zum Modell *Anna O*.

Nicht nur Nabokovs erbitterte Feindschaft gegen die Psychoanalyse, auch die *Parallelen* zwischen seinem Werk und den psychoanalytischen Lehren verweisen auf eine Konkurrenzsituation. Die Parallele wird besonders deutlich, wenn man seine Schriften mit denen von Jacques Lacan vergleicht: diesem französischen Psychoanalytiker, der zwei Jahre nach Nabokov geboren, vier Jahre nach ihm gestorben, ebenfalls Mitte der 30er Jahre seine ersten größeren Texte veröffentlicht und der, wie Nabokov, ein Philosoph der Sprache ist. Auch Lacan liebt es, mit der Doppelbedeutung von Begriffen zu jonglieren, die Vieldeutigkeit der Sprache bis in die Nuancen auszukosten; und auch er betrachtet die Sprache als die Macht, die über die Funktionsweise des Unbewußten

Meret Oppenheim: Polophème amoureux (1973)

und die sexuelle Identität des einzelnen, der einzelnen bestimmt[52]. Trotz vieler Parallelen gibt es aber einige Unterschiede zwischen den beiden Sprachakrobaten: Ist Nabokovs Sprache wie die der Filmbilder strukturiert, so sagte Lacan, daß die Bilder des Unbewußten »wie eine Sprache strukturiert« seien[53].

In der schon erwähnten Erzählung *Der Späher*, die Nabokov 1930 in Berlin schrieb, nimmt sich der Ich-Erzähler das Leben, um fortan als Auge weiterzuleben. Wen beobachtet das Auge? Sich selbst natürlich, der als Smurow weiterhin unter den Lebenden weilt und dessen Geheimnis der Ich-Erzähler zu ergründen sucht. *The Eye* heißt die Erzählung auf englisch – wie das Auge, wie das Ich. Nachdem das Auge schließlich mit Smurow wieder verschmolzen ist – im Spiegel eines Blumenladens (in dem der Ich-Erzähler Blumen besorgte, um endgültig Abschied zu nehmen von einer eingebildeten Liebe) – kommt das Ich zur Erkenntnis, daß es Smurows Geheimnis – das Geheimnis seiner Herkunft – nie wird ergründen können.

> Denn es gibt mich nicht: Es gibt nur tausende von Spiegeln, die mich reflektieren. Mit jeder neuen Bekanntschaft wächst die Population der Phantome, die mir ähneln. Irgendwo leben sie, irgendwo vermehren sie sich. Ich alleine existiere nicht. Smurow indessen wird es noch lange geben.[54]

Diese Beschreibung weist eine bemerkenswerte Nähe zu den Lacanschen Lehren vom »Spiegelstadium« auf (die er 1936 in Marienbad verkündete), laut denen sich das Ich aus den Funktionen, Verkennungen und Idealisierungen der anderen zusammensetze[55]. Dennoch gibt es einen entscheidenden Unterschied: Sagt Lacan, für die Imagination, für das Unbewußte gibt es den Anderen nicht, so setzt Nabokov dagegen, daß das Ich sogar der Schöpfer des Anderen sei. Denn ebenso wie sich das Ich aus den Projektionen der anderen zusammensetze, vermöge auch das Auge – oder das Ich – seinerseits die Spiegelbilder der anderen beliebig zu arrangieren, neu zu ordnen, gleich einem Kinoregisseur zu den Schatten seiner Phantasien zu machen. In *Der Späher* heißt es an einer Stelle:

> Nutzlos, es zu verhehlen – alle diese Leute, die ich kennengelernt hatte, waren keine lebenden Wesen, sondern nur Smurows zufällige Spiegel; [...] Wann immer es mir beliebt, kann ich die Bewegung all dieser Menschen beschleunigen oder lächerlich verlangsamen, kann sie zu verschiedenen Gruppen anordnen, zu diversen Mustern arrangieren, sie bald von unten, bald von der Seite anstrahlen. [...] Für mich ist ihr ganzes Dasein nichts gewesen als ein Schimmer auf der Leinwand.[56]

Unsterblichkeitsstrategie: die Verwandlung der Erinnerung in eine Fiktion

Noch eines erinnert an die Psychoanalyse: In Nabokovs gesamtem Werk geht es um Erinnerungsarbeit – wie auch in der Psychoanalyse, nur unter umgekehrten Vorzeichen. Nabokov interessiert sich nicht für die Aufdeckung realer Erinnerungen, sondern ihm geht es um die Verwandlung von Erinnerung in eine Fiktion. Die Verwandlung der Erinnerung in eine Fiktion ist die Voraussetzung für das Verschwinden des Ichs hinter einem erdachten Gebilde. In seinem Memoiren *Sprich, Erinnerung, sprich* beschreibt Nabokov die Arbeit und Schmerzen, die mit dieser Metamorphose verbunden sind:

> Immer wieder habe ich die Feststellung machen müssen, daß jeder mir teure Bestandteil meiner Vergangenheit, mit dem ich die Figuren meiner Romane ausgestattet hatte, in der künstlichen Welt unweigerlich verkümmerte, der er sich so unvermittelt ausgesetzt fand. Obwohl er in meinem Geist fortlebte, hatte er seine persönliche Wärme, seinen retrospektiven Charme eingebüßt, und fortan war er meinem Roman enger zugehörig als meinem früheren Selbst, wo er dennoch einst vor der Zudringlichkeit des Künstlers so sicher schien.[57]

Mit den Figuren der Vergangenheit, mit den »teuren Bestandteilen« seiner Erinnerung verwandelt sich nicht nur die Wirklichkeit der anderen, sondern auch das Ich des Schriftstellers in eine Fiktion. »Ich gestehe, daß ich nicht an die Zeit glaube«, schreibt Nabokov in seinen Memoiren, »und am meisten genieße ich die Zeitlosigkeit«[58]. In *Ada oder Das Verlangen* verfaßt Van, der nicht nur als ausdauernder Liebhaber, sondern auch als Verfasser einer *Textur der Zeit* in Erscheinung tritt, ein Traktat, in dem es heißt, daß es nur eine einzige qualitativ erhebliche Zeit gebe, die »vorsätzliche Gegenwart«: »Reine Zeit, Wahrnehmbare Zeit, Anfaßbare Zeit, Zeit frei von Inhalt, Zusammenhang und laufendem Kommentar [. . .]. Meine Zeit ist auch Reglose Zeit«[59]. – Diese Sehnsucht nach einer immerwährenden Gegenwart erinnert auf seltsame Weise an Ernest Hemingway, der sich auf einer völlig anderen Ebene – im Stierkampf, in der Auseinandersetzung mit den Mächten der »Natur« (Frauen eingeschlossen), im politisch-revolutionären Einsatz – ebenfalls eine immerwährende Gegenwart zu erlangen trachtete: die reglose Zeit, die zugleich die Zeit des einsamen Helden darstellt. Hemingway erringt die reglose Zeit durch die Ausschaltung des anderen (namentlich der Frau) aus seiner Gefühlswelt. Er erwehrt sich der Empfindung von Ohnmacht, die

die Nähe eines lebendigen (und sterblichen) Wesens erweckt, indem er sich auf keine Nähe einläßt. Bei Nabokov geschieht etwas Vergleichbares, sowenig die beiden Schriftsteller sonst gemein haben. Auch Nabokov verschafft sich den Zustand der reglosen Zeit, indem er um die Einsamkeit ringt, aber seine »Einsamkeit« entsteht nicht durch die kriegerische, männliche Beherrschung der anderen (ein Krieg, den Hemingway auch in seiner literarischen Arbeit führt), sondern durch die Verwandlung des Ichs in eine Fiktion. Anders als Hemingway erringt Nabokov die reglose Zeit nicht durch die *Ausschaltung*, sondern durch die *Erzeugung* der Andersartigkeit. Das erklärt, daß in Hemingways Werken Frauengestalten eine untergeordnete (oder gar keine) Rolle spielen, in Nabokovs aber eine zentrale.

Die Arbeit der Imagination, durch die die reale Erinnerung in eine Fiktion verwandelt wird, dient für Nabokov also auch dem Ziel, aus Vergänglichkeit eine immerwährende Gegenwart zu machen. Sagt Lacan: »Die Amnesie der Verdrängung ist eine der lebendigsten Formen des Gedächtnisses«[60], so beruft er sich auf reale Erinnerungen und deren Fortbestehen im Unbewußten. Das Credo eines Nabokov lautet genau umgekehrt: Die Verwandlung der Erinnerung in eine Fiktion ist die sicherste Methode, der Vergänglichkeit des Ichs einen Streich zu spielen:

Ein Gefühl von Sicherheit, Wohlbehagen und Sommerwärme durchdringt meine Erinnerung. Jene robuste Wirklichkeit macht die Gegenwart zu einem bloßen Schemen. Der Spiegel strömt über vor Helligkeit; eine Hummel ist hereingekommen und stößt gegen die Decke. Alles ist, wie es sein sollte, nichts wird sich je ändern, niemand wird jemals sterben.[61]

Vor allem im Roman *Ada oder Das Verlangen*, dessen Handlung in einem imaginären Land spielt, wo die Ortsnamen wie eine russisch-amerikanische Abrüstungskonferenz klingen (der Roman endet um 1940, dem Jahr, in dem sich Nabokov in Amerika niederläßt) – vor allem in diesem großen Roman einer Liebesleidenschaft zwischen Geschwistern fließen die ganzen realen Erinnerungen zu einer vollkommenen Fiktion zusammen: Aus Nabokovs verlorener Kindheit wird das Liebesglück von Van und Ada. In Ada, dieser schönsten aller Frauen, wird die Vergangenheit zu einem »glittering now«, wie es im Roman heißt. Nabokov macht aus dem Mythos der Geschwisterliebe, dem Mythos einer Liebe zwischen Gleichen, auch einen Mythos der Gleichzeitigkeit von Vergangenheit und Gegenwart. »Als Liebende *und* Geschwister«, sagt Ada zu Van, »haben wir eine doppelte Chance, in Ewigkeit, in Terrakeit zusammenzubleiben. Vier Augenpaare im Paradies.«[62]

»Als Liebende *und* Geschwister haben wir eine doppelte Chance, in Ewigkeit, in Terrakeit zusammenzubleiben. Vier Augenpaare im Paradies.«

Wie eng bei Nabokov das Motiv der Zeitlosigkeit und Unsterblichkeit mit dem Motiv des Inzests, dem Topos des Verschwindens der Andersartigkeit zusammenhängt, zeigt sich auch in anderen Zusammenhängen. Die Erfahrung der Zeitlosigkeit wird auch als ein erotisches Glückserlebnis beschrieben: ein Glückserlebnis, das ihm das Schreiben und die Schmetterlingsjagd bereiten. (Nabokov machte sich nicht nur als Schriftsteller sondern auch als Lepidopterologe einen Namen):

> Und am meisten genieße ich die Zeitlosigkeit, wenn ich – in einer aufs Geratewohl herausgegriffenen Landschaft – unter seltenen Schmetterlingen und ihren Futterpflanzen stehe. Das ist Ekstase, und hinter der Ekstase ist etwas anderes, schwer Erklärbares. Es ist wie ein kurzes Vakuum, in das alles strömt, was ich liebe. Ein Gefühl der Einheit mit Sonne und Stein.[63]

Die Schmetterlinge, die Nabokov fängt, werden unsterblich, ewig, indem sie in Kunstwerke verwandelt werden – in Schöpfungen, denen der Tod des Geschöpfes vorangegangen sein muß. Etwas Ähnliches geschieht auch mit den Frauengestalten in seinem Werk. In *Fahles Feuer* verkündet der Dichter John Shade in einer Liebeserklärung an seine Frau, daß die Zeit spurlos an ihr vorübergegangen sei. Noch immer sei sie so schön wie bei ihrer ersten Liebesbegegnung vierzig Jahre zuvor. Er vergleicht sie dabei mit einem Schmetterling. Die Frau wird zu einem Kunstwerk, so lieblich und so herrlich tot wie *Madame Butterfly*:

> Komm, sei angebetet, komm und laß dich streicheln,
> Meine dunkle Vanessa, karmesingestreift, admirable, mein
> Gepriesener Schmetterling! Erkläre mir, wie
> Du im Dämmer der Lilac Lane es duldetest,
> Daß der plumpe und hysterische John Shade
> Dir das Gesicht und Ohr und Schulterblatt beleckte?[64]*

Ada ist ihrerseits Insektensammlerin und, trotz ihres jungen Alters, nicht nur bewandert in der Liebeskunst, sondern auch eine erfahrene Kennerin von Raupen, Käfern und Schmetterlingen. Sie ist ein »Scient« des »insect«, das wiederum nur ein Anagramm für »incest« darstellt – und der ist, so teilt uns Nabokov mit, »nicest«.

Unsterblichkeitsstrategie: Das gespaltene Ich

Es wurde schon darauf verwiesen, daß der Topos des Geschwisterinzests eine Art säkularer Religion darstellt. Auch aus diesem Grund ist es nicht erstaunlich, daß Nabokov dieses Liebesmotiv aufgegriffen hat. Für ihn, er hat es wiederholt gesagt, gleicht der Schriftsteller Gott: Er sei allmächtig, weil er einen Kosmos erschaffe, in dem alle Figuren nach seinen Gesetzen zu leben haben[65].
Die Gleichsetzung des Schrifstellers mit Gott ist nicht neu. Neu ist aber die Tatsache, daß der Künstler seine Allmacht aus genau dem bezieht, was bis ins 20. Jahrhundert hinein als Schwäche, als Unvollständigkeit gewertet wurde und noch wird: aus der Gespaltenheit des Ichs, aus der Tatsache, daß sich das Ich aus unzähligen Spiegelbildern zusammensetzt und als Einheit gar nicht existiert[66]. Nabokov, dessen Biographie ihn zu

---

* Mit der Gleichsetzung des Schmetterlings mit Eros und Tod greift Nabokov übrigens auf eine Tradition der Antike zurück, die sich die Seelen der Verstorbenen als kleine geflügelte Wesen dachte und auf den Grabreliefs Amor und Psyche als Schmetterlinge darstellte.

einem der vielen Entwurzelten dieses Jahrhunderts gemacht hat, der heimatlose Nabokov, dem die Geschichte der Neuzeit eine gespaltene Identität und die perfekte Zweisprachigkeit abverlangte, der Schrifsteller Nabokov also macht aus dem »shattered self« Ich-Stärke, ja sogar Omnipotenz. Das schon zitierte Roman-Gedicht *Fahles Feuer* besteht aus vier Gesängen, in denen der Dichter John Shade – Nabokovs Schatten – seine Versuche beschreibt, das Dunkel zu erhellen, das über dem Leben nach dem Tod liegt. Seine Gesänge sind versehen mit den ausführlichen Anmerkungen eines Ich-Erzählers, der vorgibt, John Shade gut gekannt zu haben. Es handelt sich also auch in diesem Werk, wie in *Der Späher*, um die Beschreibung einer Ich-Spaltung: Der Schriftsteller Nabokov läßt einen Dichter in Ich-Form erzählen, der wiederum von einem anderen Dichter in Ich-Form kommentiert wird. Als John Shade versucht, dem Tod ein logisches Schnippchen zu schlagen, indem er sagt: »Andere Leute sterben, ich jedoch / Bin kein anderer; also sterb ich nicht«, kommentiert der andere Dichter: »Dies mag einem Knaben gefallen. Später lehrt uns das Leben, daß *wir* diese ›anderen‹ sind.« [67] Nabokov wird auf diese Weise zum »anderen« seiner selbst[68]. Aus eben dieser Gespaltenheit bezieht er aber wiederum seine Vorstellung von der Omnipotenz des Schriftstellers.

Diese Demontage und Rekonstruktion der schriftstellerischen Allmacht spiegelt sich auch im Wandel des Inzestmotivs wider. Bei vielen Autoren, die Anfang des 20. Jahrhunderts das Motiv des Geschwisterinzests behandelt haben – Robert Musil, Frank Thiess zum Beispiel – taucht die platonische Sage von den zwei Hälften auf, die einander suchen, um miteinander wieder »ganz« zu werden[69]. Ganz anders bei Nabokov: Die Spaltung des Ichs wird zur conditio sine qua non der Vollständigkeit. Die Allmacht des Ichs – und mit ihm das Begehren – entstehen durch die Teilung in zwei (beinahe) identische Hälften: Bruder und Schwester. Verbarg sich einst hinter dem literarischen Topos der Geschwisterliebe ein Ideal der Vereinigung, so ist es nunmehr symptomatisch für ein Ideal der Vervielfachung des einen, vergleichbar nicht durch Zufall – dem Kloning.

Dennoch ist hier eine andere Phantasie am Werke als die, die der Gentechnologie zugrundeliegt. Denn während hinter dem Kloning das Wunschbild einer ewig zu wiederholenden Reproduktion desselben steht, handelt es sich hier, in der Literatur, um die Produktion des Anderen, der Alterität. Ada ist Frau und zugleich Literatur, Sprache, das Irreale – der »andere Zustand«, nach dem auch schon Ulrich und Agathe, die

Geschwister in Musils *Der Mann ohne Eigenschaften* suchten. In beiden Fällen hat die Literatur das Erbe der Religion angetreten. Aber während Musils Kinder zueinander streben, um die Erfahrung der *unio mystica* zu machen, zeugt Nabokov Kinder – literarische Frauenfiguren wie Ada oder Lolita –, um die *Andersartigkeit* zu erzeugen.

In *Ada oder Das Verlangen* bedient er sich dabei einer literarischen Gattung, die über Jahrhunderte wegen ihrer Intimität als »weiblich« galt: des Tagebuchs, »Van's Book«. Führten Frauen einst ein Tagebuch, um sich ihrer völligen Vereinnahmung zu widersetzen – einer Vereinnahmung, die gerade im Ausschluß der Frauen aus allen Bereichen der schriftstellerischen und künstlerischen Arbeit bestand –, schrieben Frauen also einst, um ihrem Ich, ihrer Andersartigkeit einen Ort zu verschaffen, der durch die anderen nicht besetzbar war, so ist eben dieses Tagebuch nun zum Ort geworden, an dem das Ich seine eigene Alterität zelebriert: ein Alterität, die in der Schwester, in Frauenfiguren wie Ada ihre Inkarnation findet.

Unsterblichkeitsstrategie: Die Frau im Buch darf nicht sterben im Buch

Die Tatsache, daß Ada die Alterität – eine selbsterzeugte Alterität – darstellt, erklärt das Verschwinden der Tragödie aus dem Inzestmotiv: War für die Schwestern einst die Vereinigung gleichbedeutend mit dem physischen oder psychischen Tod, mußten sie ihr Ich auf dem Altar des Wir opfern, so dürfen, ja sollen sie sich nunmehr, (da sie die Erfindung des Schriftstellers verkörpern) bester Gesundheit und der Erfüllung jeglicher Liebessehnsucht erfreuen.

Der Funktion, die den Frauengestalten in Nabokovs Werk zugewiesen wird, ist mit dem Wort Projektionsfigur nicht beizukommen. Die Frauen sind seine Schöpfung und seine Geliebten zugleich. Der Liebesakt gleicht der Schöpfung von literarischen Werken, und er besteht darin, das Objekt der Liebe zu zeugen: die Erzählung, den Roman, die durch Frauengestalten wie Lolita oder Ada personifiziert werden. Nabokov hat den Vorgang in *Der Zauberer* anschaulich dargestellt: einer Erzählung, die im Herbst 1939 entstand und in der er zum ersten Mal das Motiv der *Lolita* aufgreift[70]. In dieser Erzählung überkommt einen Mann von etwa vierzig Jahren mit bürgerlichem Beruf die leidenschaftliche Begierde beim Anblick von zehn- bis zwölfjährigen Mädchen, von

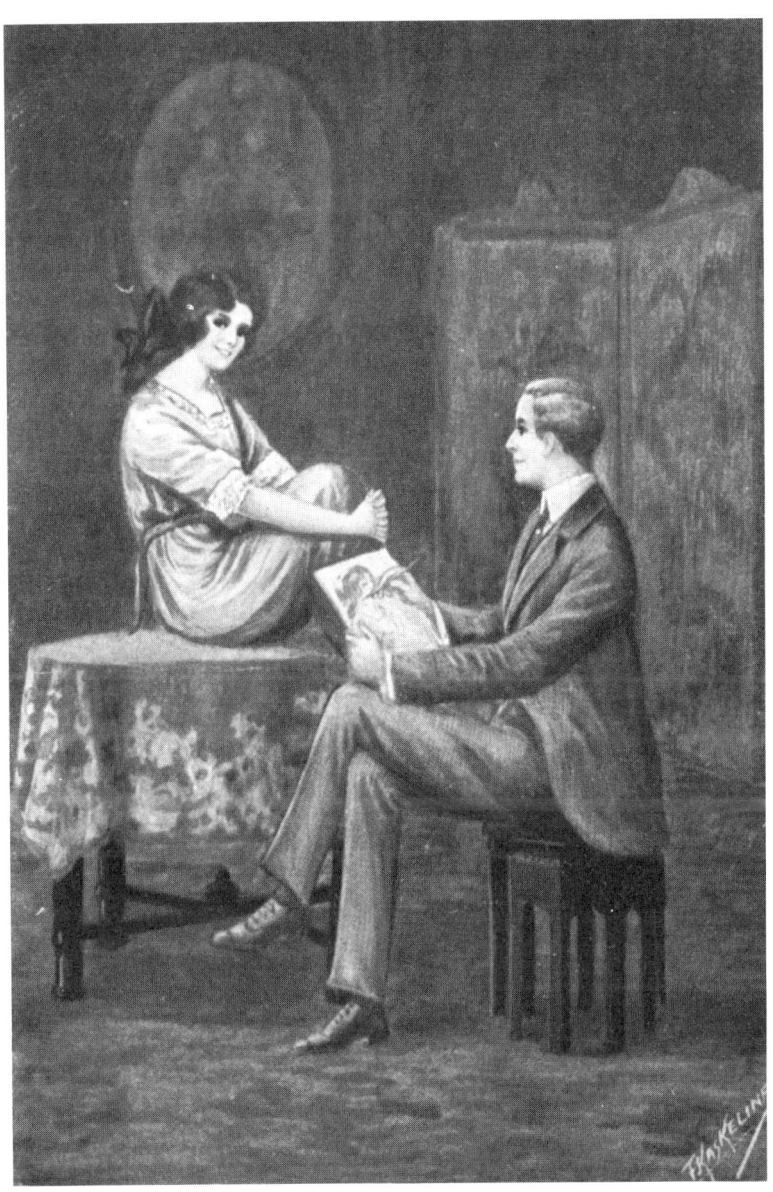

Kaskeline: Sein liebstes Modell

ihm »Nymphchen« genannt. Besonders ein veilchenblau gekleidetes Mädchen auf Rollschuhen, dem er in einem Park begegnet, tut es ihm an. Er sieht das Mädchen, und es erscheint ihm, »als hätte er sie auf der Stelle, gleich im allerersten Moment ganz und gar, von Kopf bis Fuß in sich aufgenommen«. Dieser Verschlingung folgt die »Zeugung« des Mädchens – und die löst eine sexuelle Begierde aus, in der, so heißt es im Text, »die Welle der Vaterschaft« mit »der Welle geschlechtlicher Liebe« verschmilzt. Um seiner Nymphe näher zu sein, heiratet der Mann die (todkranke) Mutter des Mädchens, die ihm auch bald den Gefallen tut zu sterben. Der Zauberer hat nun sein Ziel erreicht: Er ist der »Vater« des Kindes, und schon die erste Nacht ihres neuen Zusammenlebens verbringen sie im Doppelbett eines Hotels. Dort kommt es zur Katastrophe. Die Erzählung, die auch die Studie eines Wahns darstellt, durch die Augen des Wahnsinnigen gesehen[*], endet damit, daß sich der Zauberer unter einen vorbeidonnernden Lastwagen wirft: »und der Film des Lebens war gerissen«.

Wie auch in *Lolita*, hat das Begehren, von dem hier die Rede ist, nichts mit Zweisamkeit zu tun: Das junge Mädchen begehrt nicht selbst, und es wird auch nur begehrt, weil es die Schöpfung des Zauberers ist, sein Alter ego. Es ist die personifizierte Fiktion. In ihm begehrt der Schriftsteller seine eigene Schöpfung. Mit dieser »Schwester«, seinem »Kind, seinem Reim« feiert der Schriftsteller eine hocherotische Hochzeit, die jegliche reale physische Sinnlichkeit weit in den Schatten stellt[71]. Sagt Lacan: »Sie mögen denken, daß ich an Gott glaube; ich glaube an die Sinneslust der Frau«[72], so verkündet Nabokov:

> [...] die Bücher, die man liebt, muß man auch mit Seufzen und Schaudern lesen. Lassen Sie mich folgenden praktischen Vorschlag machen. Man darf Literatur, wahre Literatur, nicht wie einen Heiltrank hinunterstürzen, der gut für Herz oder Hirn ist – Hirn, dieser Magen der Seele. Literatur muß man zerlegen, zerstückeln, zerquetschen, um ihren lieblichen Duft in der hohlen Hand wahrnehmen zu können. Nur wer sie gründlich kaut und voll Entzücken auf der Zunge rollt und zergehen läßt, erlebt ihr seltenes Aroma in seinem wahren Wert und dann fügen sich ihm auch die einzelnen Teile im Geist wieder zusammen und enthüllen die Schönheit eines Ganzen, zu dem man ein wenig von seinem eigenen Blut gegeben hat.[73]

---

[*] Das Inzestthema hat nicht nur etwas mit der Gewalttätigkeit gegen andere zu tun, sondern auch mit sexuellem Wahn, mit mangelndem Selbstschutz, mit der Sehnsucht nach Ich-Vernichtung, nach »Hörigkeit«. Ich habe schon verschiedentlich darauf hingewiesen. Das ist ein Aspekt, der einer ausführlicheren Behandlung bedarf und in diesem Band nur angedeutet werden kann.

Mit seiner Romanfigur Ada hat Nabokov »von seinem eigenen Blut« gegeben. So nimmt es nicht wunder, daß dieser Liebesroman auch von einer Geschwisterliebe handelt, von einem Paar, das mit dem eigenen Blut verkehrt.

Obgleich wir auch der Gestalt der Ada im Alter von zwölf Jahren begegnen, unterscheidet sie sich grundlegend von den Frauengestalten der Lolita oder dem veilchenblauen Mädchen. Denn im Gegensatz zu diesen wächst Ada zu einer reifen Frau heran. Vor allem aber: Während es in *Der Zauberer* oder im Roman *Lolita* eindeutig ist, daß es nur einen Liebenden gibt, nämlich den älteren Mann, wird der Frauengestalt in *Ada oder Das Verlangen* eine eigene Leidenschaftlichkeit und eine eigene Liebesfähigkeit zugewiesen. Daß jedoch auch mit dieser Frauengestalt nur die Selbstliebe gemeint ist, darauf verweisen eine Reihe von Eigenschaften Adas. Vans Geliebte zeichnet sich durch eine unglaubliche Schönheit aus, einen unglaublichen sexuellen Appetit, einen unglaublich hohen IQ (er beträgt zweihundert, wird an einer Stelle des Romans präzisiert). Außerdem lebt sie in unglaublichem Wohlstand. Mehr noch: Die beiden Geschwister sind steril. Sie können keine Kinder bekommen, aus Gründen, die nicht näher erläutert werden, aber mit »einer alten Krankheit« zusammenhängen, über die man, so heißt es, in einer Familienchronik besser schweige[74].

Diese Sterilität erhöht ihrerseits die Übersinnlichkeit der beiden Figuren – Übersinnlichkeit im Sinne von überlegener Sinnlichkeit, aber auch im Sinne eines quasi religiösen Anspruches auf Auserwähltheit, wie er für die Literatur dieses Liebesmotivs charakteristisch ist. Die Sterilität verschafft diesen beiden Geschwistern, und mit ihnen auch ihrer Liebesgeschichte, Zeitlosigkeit und Unwirklichkeit. Durch sie verlieren die Liebenden jeglichen Bezug zur Wirklichkeit. Sie werden zu echten Kunstwerken, die sich als Schöpfungen nicht verselbständigen – keine eigenen Kinder zeugen – können. Sie werden zu den Garanten einer reglosen Zeit, einer immerwährenden Gegenwart.*

Nur in einer Beziehung versagt Ada völlig: Sie ist eine miserable, drittklassige Schauspielerin. Tatsächlich verbietet es die »Echtheit« des Kunstwerks, das sie darstellt, sie als Meisterin der Simulation in Erscheinung

---

* Übrigens scheint mir die Tatsache, daß auch in der Trivialliteratur selten und in den Liebesliedern der Popmusik nie die Phantasmagorie eines gemeinsamen Kindes auftaucht, ein Indiz dafür, daß Nabokovs Mythos des Begehrens repräsentativ ist für den Liebesmythos der Jetztzeit.

treten zu lassen; sie darf nicht zum Abbild, zum Schatten ihrer selbst werden, wie Joseph Roth es genannt hat (vgl. S. 134f). Aus demselben Grund unterscheidet sich Ada auch von den Mädchenfrauen des fin de siècle, an die sie ihrem Aussehen nach erinnert. Der schmale Körper, das wallende dunkle Haar: Man meint, die Frauengestalten eines Fernand Khnoppf, eines Gustav Klimt oder eines Franz Stuck vor sich zu sehen. »Jeune fille fatale« wird Ada an einer Stelle des Romans von ihrem Vater genannt[75]. Obgleich also Ada diesem fragilen, verführerischen Frauentypus der Jahrhundertwende ähnelt, umgibt sie doch eine völlig andere Aura des Begehrens als etwa Lulu und Salome: Weder treibt Ada ihren Geliebten ins Verderben, noch braucht sie selbst den Tod zu erleiden. Überhaupt fehlt dem Roman *Ada oder Das Verlangen* jegliches Element der Tragödie. Es ist eine glückliche Liebesgeschichte, in der ohne Unterlaß die Sonne scheint, die Blumen immer in Blüte stehen und alle Orte des Geschehens, auch die Bordelle, von erlesenem Geschmack sind. Vor allem aber: Der Roman stellt eine Liebesgeschichte mit happy end dar, und eben diese Anhäufung von Glück und Erfüllung verleiht ihm auch etwas Beklemmendes. Der Roman nimmt die Gestalt eines totalitären Kosmos an, er erweist sich als ein Paradies der Erfüllung, aus dem es kein Entrinnen gibt – schon gar nicht für die Frauen, die zum Leben verurteilt sind.

Literatur als Schöpfung von Alterität

Das Beispiel von Nabokov und anderen großen Schriftstellern verdeutlicht, daß sich mit der Literatur – und dem Begehren – im 20. Jahrhundert ein Wandel vollzogen hat – ein Wandel, der sich im schriftstellerischen Selbstbild, aber auch in der Literatur selbst niedergeschlagen hat. Betrachtete sich der Künstler einst als einen Fremden, der in der Kunst oder der geschriebenen Sprache seine Heimat suchte, so ist es heute die Heimat, die den Schriftsteller bedrängt. Es scheint beinahe, als dienten Literatur und künstlerisches Schaffen im 20. Jahrhundert der »Auswanderung« in die Fremde, der Entfremdung. In der Literatur (und Philosophie) keines anderen Zeitalters haben Ironie (die Entfremdung schlechthin) und das Spiel mit der Doppelbedeutung von Worten, dem Doppelsinn und der Zweideutigkeit der Sprache einen solchen Raum eingenommen wie in der des 20. Jahrhunderts[76].
Besonders deutlich zeigt sich dieses Bedürfnis nach Entfremdung bei

Joyce zum Beispiel, der der englischen Sprache jegliche Sicherheit entzogen und der Literatur die Gemütlichkeit eines Hauptbahnhofs verliehen hat. »Joyce«, so sagt der irische Dichter John Montague, »ist die Rache Irlands an den Engländern, die uns ihre Sprache und ihre Kultur aufgezwungen haben. Er nahm ihre Sprache und zerfetzte sie.«[77] Beckett schreibt zunächst auf französisch, um der Vertrautheit der englischen Sprache zu entkommen; und als ihm das Französische wiederum zu vertraut ist, sucht er wieder im Englischen die Entfremdung. Ähnlich Nabokov: Als russischer Schriftsteller hat er mühsam die englische Sprache erobern müssen. Doch als er sich in der englischen Sprache heimatlich zu fühlen beginnt, verläßt er Amerika. In Montreux läßt er sich nieder: in der Mitte zwischen Ost und West, zwischen allen Stühlen. Er lebt im Hotel – dem Ort der Fremde schlechthin – und schreibt dort seinen großen Liebesroman *Ada.**

In der Schweiz beendet auch das greise Liebespaar des Romans, Van und Ada, seine Tage. Bei Nabokov wird also aus dem Topos der Geschwisterliebe, hinter dem sich einst ein Liebesmythos der Vereinigung und der Heimat verbarg – so bei Frank Thiess zum Beispiel (vgl. S. 93f) –, ein Motiv der Fremde: einer Fremde, die sich im fiktiven Ich und einer ebenso fiktiven Alterität ansiedelt.

Kein Beispiel zeigt so deutlich wie das von Nabokov, daß die Suche in der modernen Literatur und Kunst nach der Entfremdung auch mit einem Wandel des Begehrens einhergeht. Nabokovs Werk bietet einen Schlüssel zum Verständnis des Wandels, der sich im Verhältnis der Geschlechter vollzogen hat und heute, im ausgehenden Zwanzigsten Jahrhundert, auch in anderen Werken zutage tritt.

Zum Beispiel in Peter Greenaways Film *Die Verschwörung der Frauen*, auf den ich hier noch einmal zurückkommen möchte (vgl. S. 137). In diesem Film ertränken drei Frauen – wie Ada schöne, gescheite, selbstbewußte Frauen – ihre Ehemänner. Zuletzt müssen sogar der unverheiratete Leichenbeschauer Madgett, der die Verschwörung der Frauen unterstützt hatte und sein Sohn Smut – übrigens, wie Ada, leidenschaftlicher Insektenforscher – dran glauben. Übrig bleiben nur die drei Frauen, die

---

* »Ada« heißt übrigens auch eine Computersprache, die das Pentagon in den sechziger Jahren entwickelte – also in der Zeit, in der auch Nabokovs Roman entstand. Mit »Ada« sollten die Geheimdaten der amerikanischen Abwehr gegen östliche Spionage gesichert werden. Benannt ist diese Computersprache interessanterweise nach Byrons Tochter Ada, die ein mathematisches Genie gewesen sein muß und an der Entwicklung der ersten Rechenmaschine beteiligt war.[78]

alle denselben Namen tragen, Cissie Colpitts: ein Trio, das sich aus Mutter, Tochter und Enkelin (einer Nichte der Tochter) zusammensetzt. Es bleibt also übrig das altbewährte Bild der heiligen Dreieinigkeit, das Modell des Monotheismus mit seinem Ausschluß der Andersartigkeit. Allerdings weist diese heilige Dreieinigkeit eine entscheidende Neuerung auf: Sie entfaltet sich ausschließlich in weiblichen Gestalten. Auf den ersten Blick ließe sich das als emanzipiert oder gar feministisch interpretieren. Letztlich verbirgt sich jedoch hinter diesen Bildern von »reiner« Weiblichkeit – diesen sichtbaren Fiktionen – nichts anderes als das Ich eines Autors, das sich in weiblichen Gestalten inkarniert. Übrig bleiben also nicht drei Frauen, sondern ein Autor, der sich selbst als weibliche Dreieinigkeit darstellt. Das große Ertrinken überlebt nur das Ich eines Künstlers, der die eigene Andersartigkeit erzeugt und diese Fremde auch soweit besetzt, daß er dafür die eigene Identität – seine männliche Identität – zu opfern bereit ist[79].

In Schwestern ertrinken

Was bedeutet nun aber ein solcher Liebesmythos, in dem das Begehren nur durch die immer wieder erneute Zeugung von Frauen »des eigenen Blutes« zustandekommen kann – was besagt dieser Liebesmythos für die profane Liebe der »realen« Frauen? Auf diese Frage möchte ich (und kann ich) nur mit einigen Thesen antworten.
Dieser Liebesmythos spiegelt nicht die Abwendung vom realen Begehren wider, sondern einzig das Verschwinden der realen Personen, auf die sich das Begehren richtet. So erklärt sich auch die Tatsache, daß Nabokov, wie er selbst sagt, ein generelles »Vorurteil gegen weibliche Autoren« hegt[80]. Es ist tatsächlich nicht erstaunlich, daß ausgerechnet Nabokov, der »Dichter der Liebe«[81], Abneigung gegen die schriftstellerische Tätigkeit von Frauen empfand. Da das Schreiben für ihn den eigentlichen Liebesakt darstellt – einen Liebesakt, der in der Erzeugung des Liebesobjekts besteht –, können reale Geliebte nur als störend empfunden werden. Vor allem dann, wenn sie selber schreiben. Wenn sie Künstlerinnen sind, statt Kunstwerke zu sein, Schöpferinnen statt Schöpfungen.
Aber auch auf einer anderen Ebene geraten die Frauen, die Künstlerinnen – Frauen, die sich ihrer Verwandlung in ein Kunstwerk widersetzen – in Konflikt mit den Gestalten der Adas und ihren Schöpfern. Denn ihre Alterität, der Ort ihrer Selbstbehauptung ist besetzt von der

Andersartigkeit, die das männliche Ich als Alterität »vom eigenen Blut« entworfen hat: als Schwester, als Personifizierung der eigenen Schöpfung. Daß es für Künstlerinnen und Schrifstellerinnen erheblich schwieriger ist, die männliche Andersartigkeit als Alterität des Ichs zu begreifen, als umgekehrt für männliche Künstler ein weibliches Ich zu erschaffen, zeigt sich schon an den drei von Frauen geschriebenen Inzestgeschichten, die hier zitiert wurden. Ob es sich um Ingeborg Bachmanns *Der Fall Franza*, um Geno Hartlaubs *Der Mond hat Durst* oder Marguerite Duras' *Agatha* handelt: In jeder dieser Erzählungen steht das *weibliche* Ich im Vordergrund. Die männlichen Figuren erscheinen gegen die Frauen entweder blaß oder unfähig zur Liebe. Ihr Begehren ist für den Leser oder die Leserin kaum nachvollziehbar und stellt für die Autorinnen offensichtlich kein Terrain erotischer Phantasien dar. Anscheinend – und das ließe sich auch an anderen Beispielen aus der Literatur belegen – haben männliche Schriftsteller weniger Schwierigkeiten, sich ein weibliches Ich zu erschreiben – bei Nabokov sogar ein begehrendes weibliches Ich – als umgekehrt Schriftstellerinnen ein männliches[82]. Ingeborg Bachmanns *Malina* stellt eine Ausnahme dar – aber auch hier handelt es sich nicht um ein begehrendes männliches Ich, sondern um eine personifizierte Vernunft, ein rationales Alter ego in männlicher Gestalt. Das bedeutet aber, daß die Ich-Entwürfe der sexuell und intellektuell emanzipierten Frau immer weniger von ihren Schwestern, den Ich-Entwürfen männlicher Autoren und Künstler, zu unterscheiden sind. Mehr noch: Durch das Schreiben selbst, durch jeden Akt der Selbstbehauptung und mit jedem Ausdruck des Begehrens – also auch durch ihre schöpferische Arbeit – liefern diese Frauen mit ihrem Leib und ihrem Begehren eine *sichtbare* Bestätigung für die Realität der Ich-Entwürfe männlicher Künstler. Gerade als Künstlerinnen beweisen sie die Echtheit von Kunstfiguren wie Ada. Das heißt: Die schöpferische Arbeit, mit der sich Frauen gegen die Vereinnahmung zu schützen versuchen – gegen dieses Vereinigungsideal, das von ihnen als Schwester oder Geliebte das Opfer des Ichs fordert –, gerade ihre Versuche, sich der Verspeisung durch ein gefräßiges Ich zu entziehen, führen sie dorthin, wo sie ihre Weiblichkeit erneut besetzt finden: als Alterität, mit der nicht *ihre* Andersartigkeit, sondern eine Andersartigkeit vom »eigenen Blut« gemeint ist. Ihre Möglichkeiten einer Selbstbehauptung, ihre Aussicht darauf, Subjekt ihres Begehrens zu bleiben, gehen unter, weil sie als begehrende und sich selbst behauptende Frauen zum »sujet« geworden sind: zum Thema. Die Entfremdung, der schöpferische Frauen ausgesetzt werden, besteht also darin, daß sie als

Fremde gar nicht existieren dürfen, sondern sich vielmehr einem *Bild* von Fremdheit unterwerfen müssen, einer Andersartigkeit, die ihre Andersartigkeit gleichzeitig negiert. Mit anderen Worten: Wenn Nabokov und andere Schriftsteller und Künstler dem Schrecken des zur Realität erstarrten Traums durch die Erzeugung einer fiktiven Andersartigkeit zu begegnen suchen, so schaffen sie ihrerseits eine Realität, die Frauen allen Anlaß haben, als bedrohlich zu empfinden.

Daß die fiktive Alterität dazu beiträgt, die reale Alterität einer Schriftstellerin oder Künstlerin zu verleugnen, läßt sich mit vielen Beispielen aus der konkreten schöpferischen Arbeit belegen: etwa der Tatsache, daß es für Schauspielerinnen mit zunehmendem Alter immer weniger Rollen gibt. Ähnliche Erfahrungen machen aber auch viele Regisseurinnen (die für ihre Arbeit auf eine erhebliche Finanzierung und somit »Förderungswürdigkeit« angewiesen sind): Es ließe sich eine ganze Reihe von erfolgreichen Regisseurinnen aufzählen, die erfahren mußten, daß es für sie von einem gewissen Alter an schwierig wird, Gelder für eine neue Produktion bewilligt zu bekommen. Frauen, die durch ihr Alter, durch mangelnde Schönheit oder aus anderen Gründen nicht dem Bild der emanzipierten, sexuell attraktiven Adas entsprechen, werden nicht wahrgenommen. Ihre »Selbstverwirklichung« wird nur solange geduldet – ja gefördert –, wie sie sich als Photographie der Frauen »vom eigenen Blute« begreifen lassen; solange sie sozusagen als Verkörperungen einer Fiktion gesehen werden können. Ich denke, hinter diesem unlösbaren double bind, sich nur zum Preis der Unterwerfung unter ein fiktives Frauenbild verwirklichen zu können, verbergen sich auch einige der Gründe für die Faszination vieler Künstlerinnen und Schriftstellerinnen mit der Thematik des Todes: Es geht nicht nur darum, »die traditionelle Auffassung des weiblichen Todes aufzugreifen, um diese radikal umzusemantisieren«, wie Elisabeth Bronfen zu Recht schreibt[83] – es geht auch darum, daß der Tod zur einzigen Möglichkeit einer Unterscheidung zwischen dem Ich und dem fiktiven Frauenbild wird, unter dessen Diktat das Leben der einzelnen Frau – auch gerade der Künstlerin – steht. Vielleicht spielt dieser Aspekt sogar eine größere Rolle als der Versuch einer literarischen Umwertung der »schönen Leiche«. Denn die literarische Umwertung stellt immerhin eine Form von Überlebensstrategie dar – eine Verlagerung der Problematik auf die Symbolebene, die mit den tatsächlichen Selbstmorden von Virginia Woolf und Sylvia Plath kaum vereinbar scheint. Ebenso scheinen mir auch die Tragödien, die die Biographien einer Ingeborg Bachmann oder einer Marilyn Monroe kennzeichnen, in enger Beziehung zu dieser Auseinandersetzung mit dem fiktiven Frauenbild zu stehen[84].

Eine andere Konsequenz des Liebesmythos, den ich hier beschrieben habe, hängt eng mit dieser ersten zusammen. Wenn das Begehren nur noch durch die Anstrengungen des Imaginären zustande kommen kann, so wird die Realität eines Liebesobjekts immer mehr in den Hintergrund treten, ja unwichtig werden. Der Geliebte, die Geliebte werden beliebig, und je leichter er oder sie sich gegen einen anderen austauschen lassen, je weniger eigene Realität sie der Fiktion entgegenzusetzen haben, desto besser eignen sie sich wiederum zum Objekt des fiktiven Begehrens. Das bedeutet aber, daß die Geschlechter selbst austauschbar werden. Es wird keine Rolle mehr spielen, ob die Imagination ihr Begehren auf ein männliches oder ein weibliches Liebesobjekt richtet.

So liegt es *einerseits* nahe, im literarischen Mythos der Geschwisterliebe – diesem Mythos der Gleichheit, den ich als *den* großen Liebesmythos des säkularen Zeitalters bezeichnen möchte – auch den Ausdruck für ein neues oder künftiges Liebesideal der gleichgeschlichtlichen Liebe zu sehen. Was heute noch wie die Sexualität von Außenseitern erscheint, mag sich in wenigen Generationen schon als normaler, als die Wirklichkeit beherrschender Liebesmythos erweisen.

Andererseits deutet aber vieles auf genau das Gegenteil hin – vor allem die Tatsache, daß der Mythos der Geschwisterliebe inzwischen weniger auf das Ideal der Gleichheit als auf das Wunschbild der Andersartigkeit verweist (wohlgemerkt: Andersartigkeit »vom eigenen Blute«). So vermute ich, daß der Begriff der »Blutschande« schon bald im Zusammenhang mit Aids auftauchen wird. Anzeichen dafür gibt es schon jetzt[85]. Er wird aus verschiedenen Gründen auftauchen: Erstens hat der Begriff der »Blutschande« immer im Zusammenhang mit Liebesmythen und Sexualität gestanden. Zweitens scheint vieles auf eine immer engere Verbindung zwischen dem Liebesideal der Geschwisterliebe und dem Liebesideal der Gleichgeschlechtlichkeit hinzuweisen. Und drittens ist die Fiktion des »vergifteten Blutes«, die für den antisemitischen Rassismus von immanenter Bedeutung war, mit Aids auf merkwürdige Weise Wirklichkeit geworden. Und diese Verwirklichung des Mythos wird dazu dienen, das Liebesideal der Vereinigung (Geschwisterliebe als Ideal der Gleichheit und Symbiose) zu *desavouieren*. Weil das Liebesideal der Andersartigkeit – einer fiktiven Andersartigkeit – das Liebesideal der Vereinigung abgelöst hat, wird das Schimpfwort der »Blutschande« nunmehr dazu dienen, die Gleichgeschlechtlichkeit zu verurteilen, aus ihr die neue »Sünde wider das Blut« (vgl. S. 81f) zu machen. Es ist nicht auszuschließen, daß diese Umkehrung des Begriffs sogar antisemitische Komponenten enthalten wird. »Ich weiß seit zehn Jahren nicht, ob ich ein Mann oder eine Frau bin«, so sagte kürzlich ein junger Mann zu mir, und dann fuhr er unvermittelt fort: »Für mich ist das Judentum die extremste Form des Patriarchats. In keiner anderen Kultur gab es eine derartige strenge Trennung zwischen dem Männlichen und dem Weiblichen.«[86] Vor weniger als hundert Jahren behauptete Weininger genau das Gegenteil: Gerade im Juden habe das Weibliche seinen Niederschlag gefunden. Benutzte er das Bild des Juden zur Brandmarkung einer *ungeklärten* sexuellen Zugehörigkeit, so muß es heute offenbar für die Ablehnung einer sexuellen *Eindeutigkeit* herhalten.

Mit dieser Entwicklung wird der Begriff der »Blutschande« innerhalb von rund zweihundert Jahren einen Wandel erfahren haben, der eine immer engere Konzentration des Ichs auf sich selbst widerspiegelt. Damit geht auch eine ständig geringer werdende Offenheit für die Andersartigkeit, das Fremde einher. Auf dieser Offenheit für das Fremde beruht aber jedes Immunsystem.

Anmerkungen

1 Wobei natürlich nicht zu übersehen ist, daß auch der Dadaismus, einigen Legenden zufolge jedenfalls, seinen Namen dem russischen »Ja« verdankt. Übrigens gibt es auch einen »Nadaismus«: Er entstand in den 1960er Jahren in Medellin, Columbien und ist dem Existentialismus sehr verwandt. Es handelt sich um eine Dichtergruppe, die sich angesichts der verzweifelten sozialen Lage in Lateinamerika dem Kult des »Nichts« verschrieb und mit ihrer existentialistischen Haltung Unruhe stiftete. Vgl. Jaramillo Agudelo, *La poesia nadaista*, in: *Revista Iberoamericana*, No. 128-219, Pittsburgh/Pa. 1984

2 Im Roman *Die Verzweiflung* (*Otcajanie*, 1936) spielt Nabokov mit dieser Doppelbedeutung des Wortes. In einem anderen Roman, *Das Bastardzeichen* (*Bend Sinister*, 1947; aus dem Englischen von Dieter E. Zimmer, Reinbek b. Hamburg 1962) behauptet der Diktator Paduk, alle Menschen bestünden aus denselben, wenn auch unterschiedlich kombinierten *fünfundzwanzig* Buchstaben des russischen Alphabets. Er, der Herrscher, hat ihnen den sechsundzwanzigsten, den Buchstaben »ja«, genommen, sie somit auch ihres Ichs beraubt. Vgl. hierzu auch den Aufsatz von Felix Philipp Ingold, *Der Autor und sein Held*. Zu Vladimir Nabokovs Erzählkunst, in: *Neue Zürcher Zeitung* vom 4.4.1986

3 *The Novel Is Alive and Living in Antiterra: Vladimir Nabokov*, in: *Time Magazine* vom 23.5.1969

4 Vladimir Nabokov, *Ada oder Das Verlangen*. Aus dem Amerikanischen von Uwe Friesel und Marianne Therstappen, Reinbek b. Hamburg 1974. Das Buch ist hervorragend übersetzt, was angesichts von Nabokovs Sprachakrobatik und der immer wieder auftretenden Doppelbedeutung von Begriffen umso bewundernswerter ist. Der englische Titel »Ada or Ardor« stellt eines der wenigen Wortspiele dar, die sich nicht übersetzen ließen: Ardor heißt soviel wie Begehren, und der Name Ada wird im Russischen seinerseits wie Ardor ausgesprochen. – Die Zitate im folgenden entsprechen der Taschenbuchausgabe von 1977.

5 Nabokov, der von sich sagt: »Ich war ein ganz normales dreisprachiges Kind«, lernte Englisch, bevor er Russisch schreiben und lesen konnte. Französisch lernte er ebenfalls als Kind. Vgl. seine Memoiren: *Sprich, Erinnerung, sprich*. Wiedersehen mit einer Autobiographie. Aus dem Englischen von Dieter E. Zimmer, Reinbek b. Hamburg 1984

6 Richard B. Ulman, Doris Brothers, *The Shattered Self*. A Psychoanalytic Study of Trauma, Hillsdale, New Jersey 1988

7 Vgl. Anmerkung 11 im Aufsatz *Die »Blutschande«*

8 François René de Châteaubriand, *Atala* (1801), *René* (1803). Aus dem Französischen von Trude Geissler, Stuttgart 1962

9 E.T.A. Hoffmann, *Die Elixiere des Teufels*. Nachgelassene Papiere des Bruders Medardus, eines Kapuziners. Herausgegeben von dem Verfasser der Fantasiestücke in Callots Manier (1815), Frankfurt/Main 1978. Die Vorstellung von Weiblichkeit als Spiegel des Ichs in diesem Buch werden ausführlich behandelt in: Susanne Asche, *Die Liebe, der Tod und das Ich im Spiegel der Kunst*. Die Funktion des Weiblichen in Schriften der Frühromantik und im erzählerischen Werk E.T.A. Hoffmanns, Königstein/Taunus 1985

10 Vgl. die Ausführungen zu Leonhard Franks Roman *Bruder und Schwester* im Aufsatz *Die »Blutschande«*, S. 96ff in diesem Band.

11 Sibylle Wirsing, *Es waren zwei Königskinder*. Vladimir Nabokovs Roman »Ada oder Das Verlangen«, in: *Frankfurter Allgemeine Zeitung* vom 26.11.1974

12 Karoline von Günderode, *Die eine Klage*, in: Karoline von Günderode, *Der Schatten eines Traums*. Gedichte, Prosa, Briefe, Zeugnisse von Zeitgenossen, hrsg. und mit einem Essay von Christa Wolf, Darmstadt 1979, S. 90

13 »Es ist ein widerwärtiges und schreckenerregendes Land«, schrieb Nabokov einmal in

183

einem Brief über Deutschland. Zit. n. Wolf Scheller, *Vladimir Nabokov erinnert sich*, in: *Bonner General Anzeiger* vom 5.4.1984

14 Vladimir Nabokov, *Der Späher*. Aus dem Englischen von Dieter E. Zimmer, Reinbek b. Hamburg 1985, S. 116

15 Emily Brontë, *Wuthering Heights* (deutsch: *Die Sturmhöhe*), 1847

16 Alexandra Cordes, *Geschwister der Sünde*, München 1980

17 Elsemarie Maletzke und Christel Schütz (Hrsg.), *Die Schwestern Brontë*. Leben und Werk in Texten und Bildern, Frankfurt 1985, S. 17

18 Beide, Elizabeth Gaskell und Sylvia Plath, zitiert n. Maletzke und Schütz, *Die Schwestern Brontë*

19 Geno Hartlaub, *Der Mond hat Durst*, Hamburg 1963. Das Buch verkaufte sich beim Ersterscheinen fast gar nicht, fand aber bei seiner Neuauflage (Frankfurt/Main 1986) eine beachtliche Resonanz. Geno Hartlaub 1985 im Gespräch mit Sigrid Weigel: »Das waren die 60er Jahre, mein Gott, da galt Politik, da wollte man kein Geschwisterpaar. Ich verstehe es aus der Zeitsituation ganz gut, da erwartet man ja ganz andere Dinge. Das Neue heute, was ich so gut finde, ist, daß es gar kein «Privates» mehr gibt, daß eigentlich alles politisch ist und alles als ungeheuer wichtig und folgenreich angesehen wird. Da war in den 60er Jahren diese Trennung, hier Politik und Demo, und deine eigenen Dinge, die sind nicht so wichtig.« Ebda. S. 158f

20 Ingeborg Bachmann, *Der Fall Franza*. Unvollendeter Roman, München 1981

21 Ebda. S. 127f

22 Ebda. S. 130

23 Ingeborg Bachmann, *Malina*. Roman (1971), Frankfurt/Main 1981, S. 188f, S. 233, s. a. S. 222. Vgl. auch das Zitat in der Anmerkung 46 zum Aufsatz *Die »Blutschande«*

24 Ingeborg Bachmann, *Der Fall Franza*, S. 65

25 Ebda. S. 144

26 Elisabeth Bronfen benutzt diesen Ausdruck in ihrem Aufsatz *Die schöne Leiche*, in dem sie nicht nur die Erotisierung des Todes einer schönen Frau in der Literatur des 19. Jahrhunderts analysiert, sondern auch auf die Übernahme (und semantische Umformung) dieser Vorstellung von Eros bei Dichterinnen und Schriftstellerinnen des 20. Jahrhunderts verweist: Zu den von ihr angeführten Beispielen gehören Ingeborg Bachmann, Sylvia Plath und Anne Sexton. Während sich Texte der Bachmann auch als scharfe *Analyse* der männlichen Darstellung von Frauen und des männlichen Mißbrauchs weiblicher Realität begreifen lassen, greifen Plath und Sexton, wie Bronfen schreibt, »die traditionelle Auffassung des weiblichen Todes auf [. . .], um diese radikal umzusemantisieren und den Tod als Akt der autonomen Selbstautorschaft darzustellen.« Vgl. Elisabeth Bronfen, *Die schöne Leiche*, in: Renate Berger, Inge Stephan (Hrsg.), *Weiblichkeit und Tod in der Literatur*, Köln/Wien 1987, S. 87-115. In dem Gedicht *Lady Lazarus* heißt es bei Sylvia Plath: »Sterben ist eine Kunst, wie alles andere. Ich tue es gewöhnlich gut. [. . .] Ich schätze man könnte sagen, ich habe eine Berufung« (in: *The Collected Poems*, New York 1981, S. 244-47). Wie Anne Sexton wiederum, die ihrem Gedicht *Sylvias Tod*, das Sylvia Plath gewidmet ist, einen Text beigefügt hat, schreibt darin: »Wir redeten über den Tod, und das war Leben für uns, das trotz unser oder besser wegen uns, bestand.« Vgl. Anne Sexton, *The barfly ought to sing*, in: *Triquarterly 7* (Herbst 1966), S. 89-94. Angesichts der Tatsache, daß Sylvia Plath sich auch tatsächlich das Leben genommen hat, stellt sich die Frage, ob es hier wirklich zu einer radikalen Umsemantisierung im Sinne von autonomer Selbstautorschaft gekommen ist. Gewiß, den aufgezwungenen Tod in einen freiwilligen Tod zu verwandeln, stellt einen Akt der Selbstbehauptung dar. Aber – so wie jede Dichtung einer Art von Überlebensstrategie angesichts einer aussichtslosen Lage gleicht – wurde auch mit dieser Umsemantisierung der

Versuch unternommen, den realen Tod in eine Metapher zu verwandeln und ihn somit als Realität zu bannen. Daß dieser Versuch bei Sylvia Plath und einigen anderen Autorinnen gescheitert ist, hängt mit Faktoren zusammen, von denen noch die Rede sein wird, und die nicht nur mit der Umsemantisierung zu tun haben.

27 Reinhold Batberger, *Skalp*, Frankfurt/Main 1987

28 In seinem Roman *Auge* hat Reinhold Batberger ein anderes Motiv aufgegriffen, das mit dem Inzestmotiv eng verwandt ist und auch bei Nabokov eine wichtige Rolle spielt: das Verhältnis zwischen einem erwachsenen Mann und einem Kind. (Bei Nabokov vor allem: *Lolita* und *Der Zauberer*, einer Erzählung, auf die ich noch zurückkomme.) Aber anders als bei Nabokov spielt in Batbergers Roman der Eros, die Sexualität keine Rolle in diesem Verhältnis – eine Erscheinung, die vergleichbar ist mit den Kinder-Frauen in den Filmen von Wim Wenders (*Alice in den Städten* zum Beispiel). Es scheint wirklich, als sei in der deutschen Literatur und dem deutschen Film, anders als in der Literatur anderer Länder, das Inzestmotiv als Sexualtopos neutralisiert. Das Kind in Batbergers Roman heißt übrigens Auge, was an Nabokovs Roman *The Eye* erinnert. Reinhold Batberger, *Auge*, Frankfurt/Main 1983

29 Reinhold Batberger, *Skalp*, S. 144f

30 Ebda. S. 12

31 Ebda. S. 9

32 Ebda. S. 157f

33 Ebda. S. 139

34 Wieviel der Zwang zu sehen wiederum mit der deutschen Geschichte zu tun hat, habe ich in dem Aufsatz »Die schamlose Schönheit des Vergangenen« darzustellen versucht.

35 Reinhold Batberger, *Skalp*, S. 72

36 Ebda. S. 159

37 Beide Autoren werden in einem schon zitierten Aufsatz von Reich-Ranicki als Beispiele für die Lebendigkeit der Liebesliteratur im Ausland aufgeführt – ein Aufsatz, in dem er darauf verweist, daß die deutschsprachige Literatur nach dem Krieg keine nennenswerte Liebesliteratur hervorgebracht habe. Vgl. S. 105 in diesem Band.

38 Ian McEwan, *Der Zementgarten*. Aus dem Englischen übersetzt von einer studentischen Arbeitsgruppe des Instituts für englische Philologie an der Universität München, unter der Leitung von Christian Enzensberger, Zürich 1980

39 Michael Rutschky, in: *Der Spiegel*, Nr. 4 vom 24.1.1983

40 Marguerite Duras, *Agatha* (französisch-deutsch). Deutsche Übersetzung von Regula Wyss, Frankfurt/Main-Basel 1982

41 Aussagen im Dokumentarfilm *Duras filme* von Jérôme Beaujour und Jean Mascolo über die Autorin und die Dreharbeiten zu *Agatha*. Vgl. auch die Aussagen von Marguerite Duras, die auf S. 119f in diesem Band wiedergegeben werden.

42 Die Passage, in der beschrieben wird, wie öffentlich das intime Verhältnis von Ada und Van geworden ist, zeigt auf anschauliche Weise, wie sehr es sich bei dieser Liebesgeschichte um Literaturgeschichte handelt. Die Verbreitung von Van und Adas Romanze gleicht dem, was mit literarischen Stoffen geschieht, die zu Trivialliteratur oder Photoromanen werden: das heißt nur noch als Bilder – als Photos –, nicht mehr als Metaphern wahrgenommen werden. Als Ada erfährt, daß ein Photograph von Anfang an ihr Liebesleben verfolgt hatte, gerät sie in einen Taumel:
»Sie war sich nie im klaren darüber gewesen, sagte sie wieder und wieder (als ob sie beabsichtigte, die Vergangenheit von der Trivialität der Tatsachen des Albums zurückzufordern), daß ihr erster Sommer in den Obst- und Orchideengärten von Ardis quer durchs Land ein geheiligtes Geheimnis und Glaubensbekenntnis geworden war. Romantisch veranlagte Dienstmädchen, deren Lektüre aus *Gwen de Vere* und *Klara Mertvago*

185

bestand, adorierten Van, adorierten Ada, adorierten Ardensis Aboreta. Ihre Schäfer, die auf ihren siebensaitigen russischen Leiern unter den Blüten der wilden Racemosa-Kirschbäume oder in alten Rosengärten Balladen zupften (während die Fenster in dem Schloß eines nach dem andern ausgingen) fügten frisch komponierte Zeilen – naiv, lakai-maßliebchenhaft, aber von Herzen kommend – an Volksliederzyklen. Exzentrische Polizeioffiziere verliebten sich in den Glanz des Inzests. Gärtner paraphrasierten schillernde persische Gedichte über Bewässerung und die vier Pfeile der Liebe. Nachtwächter bekämpften Schlaflosigkeit und das Feuer des Trippers mit den Waffen aus *Vaniadas Abenteuer*. Hirten, die auf fernen Hügeln vom Blitz verschont blieben, benutzten ihre riesigen »Klagehörner« als Ohrmuschel, um die Liedchen von Ladore zu erhaschen. Jungfräuliche Burgfräuleins in marmorflurigen Herrenhäusern liebkosten ihre einsamen Flammen, die von Vans Romanze entfacht worden waren. Und ein weiteres Jahrhundert würde vergehen und das gemalte Wort von dem noch reicheren Pinsel der Zeit retouchiert werden.« (*Ada oder Das Verlangen*, S. 311)

43 Ebda. S. 96. Das Bild des Reims als ein Kind des Dichters, kommt auch in *Fahles Feuer* vor. Der Dichter John Shade, der sein Kind verloren hat, versucht die Mauer zu durchbrechen, die die Lebenden von den Toten trennt. In den Gesängen heißt es: »Wer reitet so spät durch Nacht und Wind? / Es ist des Dichters Schmerz. Es ist der wilde / Märzwind. Es ist der Vater mit seinem Kind.« Einmal glaubt der Dichter, in das Dunkel des Lebens nach dem Tode eingedrungen zu sein, einmal als er »eigentlich« schon gestorben war. In einer Zeitung liest er von einer Frau, die ebenfalls die Schwelle überschritten hatte und eine Vision von dem Danach gehabt hat, die ihm wie eine »Zwillingsoffenbarung« erscheint. Shade fährt fast dreihundert Meilen, um sie zu sprechen:

»[. . .]. Ich hätte insistieren können. Ich hätte
Sie noch mehr erzählen lassen können über die weiße
Fontäne, die wir beide ›jenseits des Schleiers‹ sahn.
Aber falls ich (sagt' ich mir) dieses Detail erwähnte,
Sie spränge darauf an, als wär's eine innige
Affinität, eine sakrale Bindung,
Die mystisch sie und mich vereint,
Und spornstreichs wären unsre beiden Seelen
Bruder und Schwester, zitternd am Rande
Süßen Inzests. [. . .]«

Tatsächlich stellt sich heraus, daß es sich bei der »Zwillingsoffenbarung« um ein Mißverständnis handelte, das auf einen Druckfehler im Zeitungsbericht zurückzuführen war. Die Dame hatte in ihrer Vision nicht einen hellen Brunnen (fountain) gesehen wie Shade, sondern einen hellen Berg (mountain).
(Vladimir Nabokov, *Fahles Feuer*. Deutsch von Uwe Friesel, Reinbek b. Hamburg 1968, vgl. S. 58, 61, 63)

44 Kritiker haben immer wieder auf die »Rätselhaftigkeit« des Autors Nabokov hingewiesen – allerdings auch oft mit kritischen Untertönen. Er kokettiere »allzusehr mit der eigenen Rätselhaftigkeit« schreibt Thomas Urban (*Neue Zürcher Zeitung* vom 27.5.88), und Sybille Wirsing schreibt, Nabokov kokettiere mit dieser Rätselhaftigkeit »wie eine durchtriebene Frau mit ihrer geheimnisvollen Gefährlichkeit« (*Frankfurter Allgemeine Zeitung* vom 26.11.1974). Der Vergleich mit der durchtriebenen Frau ist nicht uninteressant: Daß das Spiel mit der eigenen Rätselhaftigkeit, die sich bei Nabokov als eines von vielen Manövern verstehen läßt, das reale Ich zum Verschwinden zu bringen, mit dem Wunsch zu tun hat, dem Ich eine weibliche Verkleidung zu verschaffen, wird im Folgenden noch deutlicher werden. Aber auch Otto Weininger, dessen Ablehnung der

Weiblichkeit zweifellos viel mit dem Wunsch zu tun hatte, eine Frau zu sein, schrieb schon: »Das Weib als Sphinx! Ein ärgerer Unsinn ist kaum je gesagt, ein ärgerer Schwindel nie aufgeführt worden. Der Mann ist unendlich rätselhafter, unendlich komplizierter.« Interessanterweise sieht Weininger einen Beweis für den Mangel an Rätselhaftigkeit des Weibes darin, »daß regelrechte Fälle von ›duplex‹ oder ›multiplex personality‹, Verdoppelung oder Vervielfachung des ›Ich‹, nur bei Frauen beobachtet worden sind.« (Otto Weininger, *Geschlecht und Charakter*, Wien/Leipzig 1917, S. 277) Die schmückende Rätselhaftigkeit ist für Weininger also ein Attribut der *Ein*deutigkeit des Ichs – anders als bei Nabokov. Gerade der Mythos des Geschwisterinzests zeigt, wie sehr im ausgehenden 20. Jahrhundert die *Gespaltenheit* des Ichs zum Idealzustand erhoben wird. Mit dieser Gespaltenheit ist freilich nicht die Akzeptierung der Andersartigkeit gemeint, sondern die Schöpfung männlicher Weiblichkeit. Es handelt sich also auch hier um eine Vorstellung von Eindeutigkeit, wie bei Weininger.

45 Nabokov 1922 in einem Essay über Rupert Brooke, zit. nach Felix Philipp Ingold, *Der Autor und sein Held*

46 In der Einleitung zur *Kunst des Lesens* schreibt Nabokov: »Wir werden nach Kräften bemüht sein, nicht den Fehler zu begehen, in Romanen dem sogenannten realen Leben nachzuspüren. Unternehmen wir also gar nicht den Versuch, die Fiktion der Fakten mit den Fakten der Fiktion in Einklang zu bringen. Der *Don Quijote* ist ein Märchen, so wie *Bleak House* oder *Tote Seelen* auch. *Madame Bovary* und *Anna Karenina* sind ganz außerordentliche Märchen. Aber ohne diese Märchen wäre die Welt nicht real. Ein Meisterwerk der Fiktion ist eine originale Welt und als solche der Welt des Lesers schwerlich einzupassen. Andererseits – was ist dieses vielgepriesene ›reale‹ Leben, was sind diese soliden ›Fakten‹? Sie werden uns verdächtig, sobald wir sehen, wie Biologen mit scharf geladenen Genen aufeinander losgehen oder zerstrittene Historiker ins Raufen kommen und sich im Staub der Jahrhunderte wälzen. Ob für den sogenannten Mann von der Straße das sogenannte ›reale‹ Leben nun aus der täglichen Zeitung besteht und aus den auf die Zahl 5 reduzierten Sinnen oder nicht, so ist zum Glück eines gewiß: Daß nämlich dieser Mann von der Straße selber ein Stück Fiktion ist – ein Konstrukt der Statistiken.« (Vladimir Nabokov, *Die Kunst des Lesens*. Cervantes' Don Quijote. Hrsg. von Fredson Bowers. Mit einem Nachwort von Guy Davenport. Aus dem Amerikanischen von Friedrich Polacovics, Frankfurt/Main 1985) In *Sieh doch die Harlekins* sagt der Ich-Erzähler, ein Schriftsteller, der auf der Suche nach seiner Identität ist: »Ich wurde heimgesucht von einem traumatischen Gefühl, daß mein Leben eine Parodie sei, die minderwertige Variante eines anderen.« Und an anderer Stelle geht ihm durch den Kopf: »Es war mir vorher nie aufgefallen, daß historisch betrachtet Kunst, oder zumindest Artefakte, der Natur vorausgegangen sind, nicht ihr gefolgt waren; aber genau dies geschah in meinem Fall.« (Vladimir Nabokov, *Sieh doch die Harlekins*. Deutsch von Uwe Friesel, Reinbek b. Hamburg 1979, S. 270)

47 *Ada oder Das Verlangen*, S. 260

48 Zit. n. Felix Philipp Ingold, *Der Autor und sein Held*. Der Spruch taucht (im Deutschen als Knüttelvers) wieder auf in dem (1974 erschienenen) Roman *Sieh doch die Harlekins*: »Das Ich/im Buch/stirbt nich/im Buch«, vgl. S. 265. Der Ich-Erzähler in diesem Buch heißt mit Vornamen Wadim und kann sich gelegentlich nicht erinnern, ob der Familienname Naborro, Naborcroft oder Nablidse lautet.

49 *Ada oder Das Verlangen*, S. 31

50 Vgl. z.B. *Fahles Feuer*, S. 293f

51 Vgl. z.B. *Ada oder Das Verlangen*, S. 276f

52 »Es gibt die Frau nur unter Ausschluß der Natur der Dinge, die die Natur der Worte ist, und man muß sagen, wenn es etwas gibt, worüber sie sich im Moment ziemlich

beklagen, so eben darüber. Nur, sie wissen nicht, was sie sagen, das eben ist der Unterschied zwischen ihnen und mir. [...] Das sexuelle Sein der nicht-vollständigen Frau entsteht nicht über den Körper, sondern über die Logik der Sprache. Denn die Logik, diese Kohärenz, die in der Tatsache begründet ist, daß es die Sprache gibt, befindet sich außerhalb der Körper, die sie agiert. Kurz: Der Andere, der sich, wenn man so sagen kann, als sexuelles Wesen inkarniert, fordert jede einzeln.« (Jacques Lacan, *Dieu et la jouissance de (la) femme*, in: *Le Séminaire XX*, Paris 1975, S. 68)

53 Jacques Lacan, *Funktion und Feld des Sprechens und der Sprache in der Psychoanalyse.* Übers. von Klaus Laermann, in: Lacan, *Schriften*, Bd. 1, Frankfurt 1975, S. 100

54 Vladimir Nabokov, *Der Späher*, S. 122

55 Am 31. Juli 1936 hielt Jacques Lacan auf dem Internationalen Psychoanalytischen Kongreß in Marienbad einen Vortrag unter dem Titel »Le Stade du Miroir« (Das Spiegelstadium). Er griff das Thema 1949 auf dem XVI. Internationalen Psychoanalytischen Kongreß in Zürich wieder auf unter dem Titel: »Le *stade du miroir* comme formation de la fonction du *je*«. (Das Spiegelstadium als Funktion der »Ich«bildung), vgl. *Revue Française de psychanalyse* 4, oct.-déc. 1949, S. 449ff. Die Thesen Lacans lauten, vereinfachend zusammengefaßt: Ein Kind von sechs Monaten, das sich im Spiegel sieht, glaubt das Spiegelbild sei ein anderer. In einem späteren Stadium aber erkennt das Kind, daß es sich bei dem Spiegelbild um ein Abbild seiner selbst handelt. Diese primäre Identifikation des Kindes mit seinem Spiegel bildet die Grundlage aller anderen Identifikationen. Sie ist »dual«, reduziert auf den Körper des Kindes und seine Abbildung und, wie Lacan sagt, zugleich *imaginär*. Denn das Kind identifiziert sich mit einem Doppelgänger seiner selbst: mit einem Bild, das nicht es selbst ist, ihm aber erlaubt, sich zu erkennen. Die Ich-Konstitution besteht also aus einem Vorgang, der zugleich die Erkenntnis und Konstitution des Selbst beinhaltet wie auch eine Entfremdung, die Unterwerfung des Kindes unter das eigene Abbild.

56 Vladimir Nabokov, *Der Späher*, S. 107f

57 Vladimir Nabokov, *Sprich, Erinnerung, sprich*, S. 93

58 Ebda. S. 140f

59 Vladimir Nabokov, *Ada oder Das Verlangen*, S. 410

60 Jacques Lacan, *Funktion und Feld des Sprechens und der Sprache in der Psychoanalyse*, S. 100

61 Vladimir Nabokov, *Sprich, Erinnerung, sprich*, S. 75

62 Vladimir Nabokov, *Ada oder Das Verlangen*, S. 444

63 Vladimir Nabokov, *Sprich, Erinnerung, sprich*, S. 140f

64 Vladimir Nabokov, *Fahles Feuer*, S. 44. Ein ähnliche Thematik taucht auch im Roman *Sieh doch die Harlekins* auf. Mit dem Harlekin spielt Nabokov auch auf eine Schmetterlingsart an: des Spanners aus der Gruppe der Macrolepidoptera!

65 »Meine Helden sind Galeerensklaven«, sagte Nabokov einmal in einem Interview: »Jede Figur folgt dem Kurs, den ich ihr weise. Ich bin der perfekte Diktator in dieser privaten Welt, denn ich alleine trage die Verantwortung für ihre Stabilität und Wahrhaftigkeit [...].« Zit. n. Felix Philipp Ingold, *Der Autor und sein Held*. Von Tolstoi (den er sehr bewunderte) sagt Nabokov:
»Hier ist es nun eigentümlich zu sehen, daß Tolstoi, der sich stets seiner eigenen Person bewußt war, der immer wieder in das Leben seiner Gestalten eingriff und beständig den Leser ansprach, als Autor in den bedeutenden Kapiteln, die seine Meisterwerke ausmachen, unsichtbar ist, so daß er jenes leidenschaftslose Ideal erreicht, das Flaubert jedem Autor so entschlossen abforderte: unsichtbar zu sein und überall zu sein wie Gott in seiner Welt«. (Vladimir Nabokov, *Die Kunst des Lesens*. Meisterwerke der russischen Literatur. Hrsg. von Fredson Bowers. Aus dem Amerikanischen von Karl A. Klewer,

Frankfurt/Main 1984, S. 207) An einer anderen Stelle in demselben Band schreibt er: »Göttlich ist ein Kunstwerk, weil der Mensch dadurch Gott am nächsten kommt, daß er aus eigenem Vermögen ein wahrer Schöpfer wird.« Und Nabokov bezieht das keineswegs nur auf die Gestalten des Werkes, sondern auch auf die Gestalt des Lesers, der »bewundernswert« sei, »weil er jede Einzelheit des Textes in sich aufnimmt und versteht, sich an dem freut, woran er sich nach dem Willen des Autors freuen soll; er strahlt innerlich und äußerlich, wird begeistert von den Zauberbildern des Meisterfälschers, des Phantasie-Fälschers, des Magiers, des Künstlers. Von allen Gestalten, die ein großer Künstler schafft, sind seine Leser die besten.« (S. 39)

66 Dieser Wandel von einer Omnipotenz-Vorstellung, die auf Eindeutigkeit beruht, zu einer Allmachts-Vorstellung, die auf Gespaltenheit, Ichlosigkeit im Sinne von mangelnder Identität beruht – dieser Wandel also weist eine bemerkenswerte Ähnlichkeit zum Wandel des hysterischen Krankheitsbildes auf: Bezeichneten die Nosologen einst jene als hysterisch, die sich der herrschenden Norm widersetzten, so sieht die Nosologie des 20. Jahrhunderts in der Hysterie eine Krankheit der Angepaßtheit, der »Ichlosigkeit«. Vgl. Christina von Braun, *Nicht ich. Logik Lüge Libido*, Frankfurt/ Main 1985, 1. Kapitel: Die Hysteriker und ihre Therapeuten. Die Ähnlichkeit und Zeitgleichheit beim Wandel von Omnipotenzbild und Krankheitsbild hängt zweifellos mit den Phantasien von Zweigeschlechtlichkeit zusammen, die die Hysterie seit der Aufklärung begleitet haben – vor allem die männliche Hysterie, die sich im 19. Jahrhundert unter Künstlern und Schriftstellern besonderer Beliebtheit erfreute. Vgl. S. 56f in diesem Band.

67 Vladimir Nabokov, *Fahles Feuer*, S. 42 und S. 176

68 Es scheint beinahe, als werde das Thema der Alterität, der Fremdheit im Ich, nicht nur zu einem der Leitthemen der Literatur sondern auch der Philosophie des ausgehenden 20. Jahrhunderts. Vgl. Tzvetan Todorov, *Nous et les autres*. La réflexion française sur la diversité humaine, Paris 1989 (eine eher historische Betrachtung des Themas); und Julia Kristeva, *Etrangers à nous-mêmes*, Paris 1988

69 Vgl. den Aufsatz *Die »Blutschande«* in diesem Band. In der zeitgenössischen irischen Literatur (die man auch als eine Literatur der Selbstbehauptung und der Auflehnung gegen die kulturelle und sprachliche Entfremdung betrachten kann) spielt das Inzestthema kaum eine Rolle. In einem Roman taucht es dennoch auf – und hier auch im Sinne des Wiederfindens. John Banvilles *Birchwood* (London 1984) handelt von der Geschichte eines Jungen, der während des Bürgerkriegs und der Aufstände gegen die Engländer heranwächst und in dieser unruhigen Zeit im besetzten Irland seine Identität zu begreifen versucht. Allmählich kommt er dahinter, daß er nicht das Kind der Frau ist, die er für seine Mutter hielt, sondern der Schwester seines Vaters. Er flieht von zu Hause und schließt sich einem Wanderzirkus an, in der Hoffnung, seine verschollene Zwillingsschwester wiederzufinden.

70 Vladimir Nabokov, *Der Zauberer*. Aus dem Englischen von Dieter E. Zimmer, Reinbek b. Hamburg 1987. Für die folgenden Zitate vgl. S. 13, 39, 92

71 Maurice Couturier schreibt zu Nabokovs Romankunst: »So wie Nabokovs Roman konzipiert ist, stellt er ein stummes Kunstobjekt dar; er ›redet‹ nicht, ebenso wie ein Bild, er liefert keinen Diskurs. Er redet nicht, weil es in diesem Roman keine Trennung gibt zwischen dem, was Sprache und dem, was nicht die Sprache ist. Er ist ein Objekt, das sich über eine Sinnlichkeit, die an die Sprache gebunden ist, auf machtvolle Weise an unsere Imagination wendet und über diese wiederum, in einem seltsamen Vorgang, an unsere Sinne.« (Maurice Couturier, zit. Felix Philipp Ingold, *Der eine und der andere Nabokov*, in: *Neue Zürcher Zeitung* vom 9.1.1981)

72 Jacques Lacan, *Dieu et la jouissance de (la) femme*, S. 71

73 Vladimir Nabokov, *Die Kunst des Lesens*, S. 158f

74 Vladimir Nabokov, *Ada oder Das Verlangen*, S. 299f

75 Ebda. S. 188

76 Es ist natürlich unbestreitbar, daß diese Tradition auch schon in der Romantik eine wichtige Rolle spielt: »Die Kunst, auf eine angenehme Art zu befremden, einen Gegenstand fremd zu machen und doch bekannt und anziehend, das ist die romantische Poetik«, sagte Novalis. Novalis, *Werke* (hrsg. von Gerhard Schulz), München 1969, S. 561. Schulz schreibt dazu: »Die Romantiker sind die Entdecker der Entfremdung des Menschen vom Menschen.« Gerhard Schulz, *Der Fremdling und die Blaue Blume, zur Novalis-Rezeption*, in: *Romantik heute*, Bonn 1972, S. 42. Aber während in der Romantik das »Symphilosophieren« und die »Harmonie«, hinter der sich die Bemühung verbarg, die Andersartigkeit zum Verschwinden zu bringen, eine wichtige Rolle spielt (vgl. die Aufsätze *Männliche Hysterie – weibliche Askese* und *Die »Blutschande«* in diesem Band), während es also in der Romantik um das Ideal der Vereinigung der beiden geteilten Hälften geht, scheint sich die Literatur des 20. Jahrhunderts zunehmend auf das Ideal der *Erzeugung* von Andersartigkeit zu verlegen. Ein Beweis, falls es dessen noch bedarf, für den Untergang der Andersartigkeit.

77 John Montague, in: Christina von Braun, *Die eingepflanzte Zunge*, in: *Zeitgenössische irische Literatur*, Film in drei Folgen, Saarbrücken 1986, Teil 2

78 Vgl. Jack B. Rochester, John Gantz, *Der nackte Computer*, Köln 1984; s.a. Joseph Weizenbaum, *Wir sitzen auf einem Vulkan*. Interview mit Karl-Heinz Karisch, in: *Frankfurter Rundschau* vom 10.11.1988

79 Es ist *kein* Widerspruch, Greenaway für einen großen Filmemacher zu halten, der der Filmsprache wichtige neue Anstöße gibt (vgl. S. 119 in diesem Band) *und* Kritik an den Mythen zu üben, die durch diese Filmsprache vermittelt werden. Ich möchte sogar die Behauptung aufstellen, daß gerade die wirklichen Neuerer in Literatur und Film die Entwicklungen vorantreiben, von deren fataler Wirkung hier die Rede ist. Das galt für Novalis, und es galt für einen Gutteil der Künstler, die sich im Verlauf des 19. Jahrhunderts mit dem Begriff der Hysterie geschmückt haben. Es gilt auch für Nabokov und Greenaway. Meiner Meinung nach wird geradezu die »Größe« eines Künstlers vor allem an seiner Fähigkeit gemessen, die hier dargestellten Entwicklungen – Entwicklungen die das Verhältnis der Geschlechter bestimmen – voranzutreiben und ihnen neuen Ausdruck zu verleihen.

80 Vladimir Nabokov, *Die Kunst des Lesens*. Meisterwerke der europäischen Literatur. Hrsg. von Fredson Bowers. Mit einem Vorwort von John Updike. Aus dem Amerikanischen von Karl A. Klewer unter Mitarbeit von Robert A. Russell, Frankfurt/Main 1982, S. 12

81 *Frankfurter Allgemeine Zeitung* vom 5.7.1977; dort wird er auch »einer der größten Erotiker unseres Jahrhunderts« genannt. Werner Vordtriede über *Ada oder Das Verlangen*: »Der sinnlichste, schamloseste, poetischste, amüsanteste Liebesroman der neueren Zeit«, in: *Die Zeit* vom 13.9.1974. Marcel Reich-Ranicki zu *Lolita* und *Der Zauberer*: »Wollust, Hörigkeit, Liebe«, in: *Frankfurter Allgemeine Zeitung* vom 6.10.1987. Joachim Kaiser: *Nabokovs sinnliche Romanlabyrinthe* (zum Tod des Schriftstellers), in: *Süddeutsche Zeitung* vom 5.7.1977 usw. usf.

82 Auf eine Ausnahme soll jedoch verwiesen werden: Marguerite Yourcenar, deren fiktive Hadrian-Memoiren als gelungenes Beispiel für die Versetzung einer Autorin in ein männliches Ich betrachtet werden können. *Mémoires d'Hadrien*, Paris 1951 (deutsch: *Ich zähmte die Wölfin*, Köln 1953). Marguerite Yourcenar wurde belohnt (oder bestraft, je nachdem, wie man es sieht): Sie wurde als erste Frau in die Académie Française gewählt. Vgl. Christina von Braun, *Begegnungen der Ersten Art*. Marguerite Yourcenar und die Académie Française (Film) München 1980

83 Vgl. Anmerkung 26

84 Ingeborg Bachmann und Marilyn Monroe wurden in demselben Jahr geboren. Daß ihre Biographien mehr als nur derselbe Jahrgang verbindet, darauf hat Sabina Kienlechner in ihrem Aufsatz verwiesen: *Undine geht*, in: *Freibeuter* 16, 1983

85 In England – aber eben nicht nur da – kommt es seit Aids zunehmend zu gewalttätigen Ausschreitungen gegen Homosexuelle und Schwulenkneipen, bei denen die »Ordnungshüter« sehr oft nicht gegen die Angreifer, sondern gegen die Angegriffenen vorgehen. Dabei spielt die Angst vor dem »vergifteten Blut« eine entscheidende Rolle. Vgl. *Die Zeit* vom 7.10.1988. Überhaupt taucht der Begriff der Vergiftung seit der Verbreitung von Aids immer häufiger im Zusammenhang mit der Sexualität auf, wobei es nicht nur um die Vergiftung des Blutes, sondern der Liebesbeziehungen überhaupt geht. Vgl. z.B. *Der Aufklärer*. Gegen Panik, für die Lust – Aids-Therapie für den Patienten Gesellschaft, in: *Die Zeit* vom 20.1.1989

86 Ein Gespräch im Februar 1989 in München. Dieser junge Mann steht mit seinen Vorstellungen keineswegs allein. Georg Groddeck interpretierte die Beschneidung des Juden als Mittel, eine »eindeutige« sexuelle Identität zu erlangen:
»Wenn die Juden die Vorhaut abschneiden, so beseitigen sie damit die Zwiegeschlechtlichkeit des Mannes, sie nehmen das Weibliche an dem Männlichen fort. *Der Jude wird durch die Beschneidung Nur-Mann.* Man sehe sich das Besondere des jüdischen Wesens an: es gibt kein Volk auf Erden, das so ausgeprägt *männlich* ist wie das jüdische.« (Georg Groddeck, *Die Zwiegeschlechtlichkeit des Menschen*)
Ich verdanke den Hinweis auf dieses Zitat Nicolaus Sombart, *Zwischen Männerbund und Matriarchatsmythos. Das Arcanum im Fatum Carl Schmitts.* Unveröffentlichtes Manuskript. Vgl. auch Roger Lewinter, *Antijudaisme et bisexualité*, in: *Nouvelle Revue de Psychanalyse*, 7, Paris 1973. – Daß sich die Beschneidung auch völlig anders interpretieren läßt, nämlich als Versuch, dem Mann eine Form von Weiblichkeit zuzugestehen, als Ritualisierung der Bisexualität, darauf verweist Bruno Bettelheim, in: *Die symbolischen Wunden*. Pubertätsriten und der Neid des Mannes, Aus dem Amerikanischen von Helga Triendl, Frankfurt/Main 1982

Der Einbruch der Wohnstube in die Fremde entstand im Mai 1987 als Vortrag für das Kunstmuseum Bern.

Von Liebeskunst zur Kunstliebe: Don Juan und Carmen wurde 1985 als Feature im Hessischen Rundfunk gesendet.

Männliche Hysterie – Weibliche Askese. Zum Paradigmenwechsel der Geschlechterrollen war ursprünglich ein Vortrag, der im Mai 1987 im Psychoanalytischen Seminar in Zürich und kurz darauf auf dem Kongreß »Die Frauen, das Sexuelle und die Kunst« in Wien gehalten wurde.

Die Blutschande. Wandlungen eines Begriffs: Vom Inzesttabu zu den Rassengesetzen erschien in einer ersten Fassung im März 1988 unter dem Titel »Sünden wider das Blut« in der ersten Nummer der Berliner Zeitschrift »Emile«.

Die schamlose Schönheit des Vergangenen entstand im Sommer 1988 als Vortrag für die Akademie der Künste München.

Erste Entwürfe des Aufsatzes *Nada Dada Ada oder Die Liebe nach dem Jüngsten Gericht* wurden Anfang 1989 als Vorträge an der Hochschule für Bildende Kunst in Hamburg und an der Universität München gehalten.